JN134424

絆を伝える
ソーシャルワーク入門

社会福祉・児童家庭福祉・相談援助の
サブテキスト

宮武正明　著

大空社出版

本書のねらい

本書は、保育・福祉・教育を学ぶ学生が、実際に現場に立ったときに役立つように、対人社会サービス・社会福祉援助の意義と方法を、広い範囲に渡って、実際の保育や福祉の現場の記録および事例をもとにわかりやすくまとめたものである。

「社会福祉」や「児童家庭福祉」およびそれを受けた「相談援助」の授業、保育者をめざす学生の「保育相談支援」「社会的養護」の授業や社会福祉をめざす学生の「低所得者支援」などの授業は、実際の現場を知り、現場から学ぶことが欠かせない。

これらの授業は、共通して対人社会サービスの方法、あるいはソーシャルワークとも言ってよい科目である。対人社会サービスとは、人と人、人と社会の絆を伝え、人と人、人と社会の絆をつないでいくことである。したがって本書のタイトルを『絆を伝える　ソーシャルワーク入門』とした。

本書は、「社会福祉」「児童家庭福祉」「相談援助」「福祉と教育」の4部に大分類しているが、これらの分類は、授業科目による分類ではない。

ここでの「社会福祉」は、いずれの進路に進もうと人の生活と生活支援に関わる援助者が必要な知識を、講演記録を含めわかりやすくまとめている。「児童家庭福祉」は、おもに子どもの成長と発達、社会的養護に関する現場の記録を集めている。「相談援助」は、援助方法の基礎理論とともに、子どもの親たちが求めている子育て支援に関する記録を紹介している。「福祉と教育」は、保育者・教育者となる上で必要な知識と心構えを集めている。

したがって、本書を授業に使われる教員は、分類の枠を超えて、シラバスの内容と関連する章を選んで授業に使っていただきたい。学生の皆さんは、各々の授業において学んだことの現場がどうなっているのか、学んだ知識をどう活かせばよいか、を知りたい時に関連する章を見つけてぜひ読んでいただきたい。そうしたことから、「社会福祉・児童家庭福祉・相談援助のサブテキスト」と表記した。

本書は、アメリカ・社会学シカゴ学派が展開し、イギリス・ロンドン大学のケン・プラマーの著書『生活記録の社会学―方法としての生活史研究案内―』(光生館 1991)にまとめられている「生活記録から学ぶ授業方法」を参考にした。子どもたちや福祉の利用者、従事者が綴った生活記録や現場の映像を具体的に紹介し、学生の皆さんが社会福祉援助をわかりやすく学べるように構成している。

保育・福祉・教育を学ぶ学生の皆さんが、社会人になっても手元において、末永く活用していただくことを願っている。

あなた自身のノートを作りましょう！

このテキストは、受講者自身が書き込むメモ欄（……）が付き、「講義ノート」を兼ねています。講義を聴きながら、語句・用語の説明、解説の補足、特記や注意事項などをメモしましょう。さらに、講義中にひらめいたアイディア・今後に活かしたいことなど、何でも気づいたことを書き込みましょう。あなたの考えが記された講義ノートは、あなたの将来の展開のいろいろな場面で、きっと役立つものになるでしょう。

（著者）

目次

第2部　児童家庭福祉

第３部　相談援助（保育相談支援）

第４部　福祉と教育―子どもの貧困―

凡　例

1．各章の始めに「学習のねらい」としてその章の主題、学んでほしいことなど、要点をまとめた。また、著者の授業で得た受講学生の反応の一端を「学生のノート」として参考に付した。学習あるいは教授の指針にしてほしい。
2．本文中、引用文の出典表記は簡略にし、詳細は巻末「参考文献・資料」にゆずった。
3．主要な人名、法令・法規、事項を索引にした。人名には生没年を補足してある。

第1部
社会福祉

1.1 子どもと社会の現代史

学習のねらい

明治期、「棄児」「貧児」という法律用語があった。社会福祉のしくみのない時代に、生活苦から親が借金をし、子どもを育てられないため育児を放棄する。棄てられた子どもは、生きるために窃盗し、非行に走る。

そうした子どもたちを、救済しようとした先駆的な若者たちによって、日本の社会福祉、児童福祉は始められた。

＊ ＊ ＊

1．戦前の子どもの状態と社会事業

（1）棄児養育米給与方

明治維新以降の急速な経済状況の変化の中で、都市部だけでなく農村部にも貧困無告者や棄児が増加した。各藩府県はこれらの貧困無告者、棄児を当初取り締まりの対象としたが、藩や府県は独自に棄児養育を奨励するために養育料の支払いを行うところが増えた。そうした中で明治政府は 1871（明治 4）年「棄児養育米給与方」を制定した。棄児を養育する保護者に、棄児が 15 歳（後 13 歳に変更）に達するまで年間米 7 斗を支給するものであった。この給与方は、棄児救済に欠かせないものとなり、わが国で最初の里親委託制度として、1929（昭和 4）年「救護法」の成立まで続いた。

（2）恤救規則

1874（明治 7）年太政官通達第 162 号として公布された「恤救規則」は、済貧恤救、人民相互の情誼による救済を前提に、労働能力を有さない「無告の窮民」に限って生活困窮者に国が救護するわが国で初めての救貧制度であった。

対象者は 70 歳以上の老人または 13 歳以下の児童で、扶養、養育する者がいない者および家族が廃疾（重度障害者）、重病、老衰の者に限られていた。費用は実施にあたる市町村が負担し、米の現物支給、被保護者数は 1931 年全国で 18,100 人であった。

（3）学制

政府は 1872（明治 5）年「学制」を公布した。学制により、小学校は町村費によって江戸期からの寺子屋、私塾を利用するなどして開設され 1879 年頃までにほぼ整えられた。義務教育は当初 4 年制で、校舎が足りず午前・午後の 2 部制にして発足した地域も少なくなかった。

当時は多くの家庭では子どもを労働力としていたため学校に通わせない親が少なくなかった。国は1900年授業料を無料にし、貧困者には教科書代等の就学費補助を行うことで義務教育の徹底を図った。低所得世帯への就学援助費制度の始まりである。その後、1907年義務教育は6年制になった。

なお、1876年東京女子師範学校で附属幼稚園が設置され、1879（明治12）年の「教育令」により「幼稚園」が教育機関として位置づけられた。

（4）家制度

明治期、わが国は、戸籍制度に基づく家父長的な「家制度」の強化により、富国強兵による欧化政策を目指した。家制度は「国体」（天皇制を絶対とする考え方）の強化、「地主・小作人」化の進行とともに国の隅々まで強められた。1890（明治23）年制定「教育勅語」による教育の統制も、国体や家制度の強化を進めた。

家制度は、家長への絶対服従を妻、子ども、その他の家族に求めた。家長による子どもや妻への虐待も横行した。夫が死亡、離婚した場合、妻は遺産相続も財産分与も受けられず、直系男子の次の家長に引き継がれる制度であった。女性は夫と死別した場合子を置いて家を出された。それらの女性の多くは実家に戻ることも難しく下女として住み込むか、娼婦になるか限られた選択肢しかなかった。

家制度から漏れた貧困者は都市に出て「細民、貧民」となって都市スラムを形成する。一方で飢饉、凶作や地震等の災害を契機に生活苦や病苦のため子どもを手放し、それらの児童は「棄児、貧児」となり、生きていくために非行を繰り返す状態が各地で見られた。家制度から漏れた母子世帯等は生活の手立てがない場合が多く、子どもを捨てるか、親子心中する場合も少なくなかった。

（5）児童の救済、慈善事業から社会事業へ

「棄児養育米給与方」と「恤救規則」しか救貧のしくみがない状態を補ったものは、放置された棄児、貧児等の状態を見るに見かねた篤志家による「慈善事業」であった。

●児童養護施設の始まり

わが国における児童養護事業の始まりは1869年開設の「日田養育院」と言われる。大分・日田の儒学者広瀬林外らが地元の商人、医師、県令らの協力のもとに棄児防止、孤児、貧児、貧困妊婦の保護のために開設したもので、開設は3年間のみであった。

その後、1874年岩永マキらは長崎「浦上養育院」を開設し、明治新政府初期のキリシタン迫害で流刑になった者の孤児や赤痢流行による孤児らの保護を行っている。

1879年東京・渋谷区広尾で今川貞山が仏教各派に呼びかけて「福田会育児院」を開設し、堕胎や圧殺防止のために貧困無告の児童を保護養育している。

1887年宮崎県出身の石井十次は岡山市に「岡山孤児院」を開設し「最も必要

な援助は父母と生活できない孤児」と考え、東北大飢饉による棄児など一時は全国から 1,200 名を超える孤児を保護収容し、さらに「里子委託」も実施した。石井の活動を知った財界人・大原孫三郎（倉敷紡績）、小林富次郎（ライオン歯磨）らは財政的な支援を行っている。石井はわが国における「児童福祉の父」と言われ、「岡山孤児院 12 則」（2.3 参照）の理念は、今日の児童養護施設にも活かされている。

●保育所・放課後児童クラブ・母子生活支援施設の始まり

1890 年赤沢鐘美は新潟市に「新潟静修学校」を開設した際に、背負われてくる弟妹を集めて託児所を設けている。わが国で最初の保育所と言われている。

1900 年野口幽香・森島（斎藤）峰は「日中親の就労や疾病により放置された子ら」を預かる「二葉幼稚園」（後の「二葉保育園」）を東京・麹町に開設しているが、その後四谷鮫河橋の大規模なスラム街に移して貧児の保護、養育に努めている。このスラムは皇居に隣接していたため、二葉保育園には宮内庁から資金の一部が恩賜されるようになった。

1926 年二葉保育園は卒園児童が小学校入学後も放課後保育所に通所してくるため「少年クラブ」「少女クラブ」として専任の保母を置いたが、これがわが国の学童保育所、学童クラブの始まりと言える。

1918 年大阪の孤児院に「節婦館」母子寮が作られるが、母子の悲惨、母子心中に心を動かされたことを設立理由とし、母子生活支援施設の始まりである。以後各地に「母子寮」や戦没者遺族を対象とする「軍事母子寮」が作られていく。

●児童自立支援施設の始まり

1885 年新聞記者であった高瀬真卿は東京・駒込に 20 歳以下の放逸不良の者（非行児童）を集めて「東京感化院」を開設し、「過去の行為は一切問わない」ことを信条にその後 18 年間で 235 名を保護、更生している。

岡山県出身の教誨師（監獄等において入所者の更生を図る民間人）・留岡幸助はアメリカの監獄に学んで帰国し「犯罪者をつくらないためには 13 ～ 15 歳が大切」「家庭にして学校、学校にして家庭たるべく境遇をつくる」と 1899 年東京・巣鴨に「家庭学校」を開設、その後 1914 年北海道・遠軽に「北海道家庭学校」を開設し、労働と教育による少年の更生を図って今日に至っている。（2.5 参照）

これらの施設は 1922（大正 11）年「感化法」による「感化院」として各府県に設置された。

●障害児教育・障害児施設の始まり

障害児の教育は、1878 年「京都盲唖院」、1880 年「東京楽善会訓盲唖院」が開設され、職業教育に力を注いでいる。東京訓盲唖院の教員石川倉次は 1888 年「日本点字」を完成させている。同教員の小西信八は聾唖教育に口話・筆談を採用し「口話教育」が普及した。

1892 年佐賀県出身の石井亮一は濃尾大震災で生じた孤児のための施設を開設するが、その中で知的障害児の施設の必要性に気づき、アメリカの知的障害児施設に学んで東京・北区に「滝乃川学園」を開設し、妻石井筆子は児童指導にあたった。

これらの放置できない児童の救済として始められた慈善事業、社会事業は、いずれも各地に施設がつくられていった。これらの慈善事業、社会事業の資金は、教会等宗教関係者からの寄付による場合が多く、国の予算措置は 1932 年「救護法」の実施までは行われなかった。ただし、社会事業施設に宮内庁から皇室の資金の一部が下賜される場合があった。

なお、これら児童の救済に取り組んだ石井、留岡、賀川（後述）らは学校を出たばかりの 20 歳代前半であったことは特筆したい。

（6）セツルメント、社会改良運動

●児童館・公民館の始まり

貧困者が多く住む地域で欧米に倣って「セツルメント」が開かれるようになった。

片山潜はイギリス・アメリカに学んで帰国し、1897 年セツルメントを神田三崎町に開設し「キングスレー館」と名づけて、青年クラブ、労働者の夜間学校や母親就労のための幼稚園、料理や英語の教室も開設している。1908 年救世軍・山室軍平は同じ神田三崎町に「大学殖民館」を開設している。

1909 年賀川豊彦は神戸市新川の貧民窟に住み、一膳飯屋、無料診療所など貧民救済、隣保事業を行い、貧民窟を描いた『死線を越えて』（1921 年）はベストセラーになったが、後に幼児教育に力を入れ、関東・関西に多くの幼稚園・保育所を開設した。

日本基督教婦人矯風会は 1919 年東京・墨田区に「興望館」セツルメントを開設し、学童クラブを作って今日に至っている。セツルメントは 1924 年「東大セツルメント」の開始など子どもや底辺の労働者と触れる大学生の学習の場ともなり、その総合的な活動方法は内務省等の防貧対策に反映されるとともに、戦後の地域子ども会や児童館、公民館、夜間教育機関のさきがけとなった。

●婦人保護施設の始まり

各都市に花街が形成され、1920 年代全国の公娼者は 5 万人、実際の娼妓はその数倍と推定される。その多くは世帯の生活苦から前借金により少女期に身売りされて花街に入った女性達であったが、長期間廓に拘束され、性病や結核などにより健康を害し、梅毒による精神病が進む場合も少なくなかった。「花柳病予防法」（1927 年）による「公娼制度」により娼妓検査所への届け出と定期検診が行われたが、これは性病が兵士等男子に流行することを恐れて設置されていたものであった。

1886 年設立の日本基督教婦人矯風会（創立者・矢島楫子）は救世軍とともに「廃娼運動」に取り組むが、その中で 1894 年花街から逃れる女性の駆け込み寺

「慈愛寮」を設立し、婦人保護事業の先駆けとなった。救世軍（山室軍平）は1900年「醜業婦救済諸所」を設置して廃娼運動に取り組んだ。

廃娼運動により1890年群馬県では「廃娼令」が制定された例があるが、これらの性産業は家制度、男性上位の風土のもとで温存され、売買春はアジア占領地での「慰安婦」や戦後アメリカ占領軍基地周辺の「慰安街」へと続くことになり、「売春防止法」が成立したのは戦後10年を経た1956（昭和31）年になってからであった。

（7）13歳からの女子労働者―女工哀史の時代―

産業革命がすすみ、規制のない原始的な労働条件におかれた工場労働者が増える中で、とりわけ13歳で社会に出た女子労働者の労働環境は苛酷で不衛生なものであった。それらを記録した文献は次のようなものがある。

横山源之助は、この時期の貧民、職人、手工業・機械工場の労働者、小作人の生活状態を調査し1899年『日本之下層社会』を著している。その中で、職人、職工、小作人らの大多数が「下層」、スラム・貧民窟の人々が「最下層」と下層社会の形成を分析している。

当時の農商務省は、中心産業であった繊維部門の劣悪な労働条件（労働賃金、労働時間、募集、寄宿舎等）を調べて、「粗製濫造」を生む原始的労働関係を改善し工場の近代化をすすめようと1903年『職工事情』全5冊にまとめた。

同じ繊維部門に働く紡績女工の大正時代後期の生活状態を調査したものが1925年細井和喜蔵『女工哀史』である。著者は紡績女工を「人類の母」ととらえて、その女工が屈辱的、非人間的な環境に置かれている工場制度の実態を資料として集めている。

> 「衣類は絶対に必要欠くべからざるものなり。（……）“糸引き、紡ぎ、織る、編む”の労働で死ぬのは実に彼女ばかり。万人が生きていくために、彼女らが犠牲になるという法は断じてあってはならぬ」

当時全国の稼動年齢女子1,140万人の内、紡績女工は160万人、7分の1であった。小学校を卒業した者の多くが都市に出て、成長をつづける紡績等の工場労働者となっていた。

それらの調査を受けて1911（明治44）年成立、1916年施行となった「工場法」は「12歳未満の児童の使用禁止」「15歳未満の児童および女子の12時間を越える労働および深夜労働を禁止」した。

（8）子ども・女性と文化―大正デモクラシーの時代―

大正期は、議会政治、自由の尊重とともに教育、文化への期待が高まり、「大正デモクラシー」と言われている。

それまでの生活文化は伝承や因習による非科学的、非合理的なものが多く、家制度はそれらの生活様式を温存してきた。そうした中で、1903年羽仁もと子は

『家庭之友』（後『婦人之友』）（婦人之友社）を創刊、当時の女性たちに台所・家事などの生活様式の改善を提案し、翌年から「家計簿」を発行、その後婦人雑誌の新年号に家計簿がつく先例となった。

1914年には『子供之友』（婦人之友社）が創刊された。同年鈴木三重吉は「大人社会の醜さ、子ども達は美しいもの、豊かな文化と接することが大切」と考え、芥川龍之介、有島武郎、北原白秋ら当時第一線の作家・詩人らとともに『赤い鳥』を創刊した。『赤い鳥』に掲載された児童文学は、新美南吉「ごんぎつね」など今日でも多くの作品が小・中学生の教科書に掲載されている。絵本雑誌『コドモノクニ』も創刊（1923年）されている。

1922年マーガレット・サンガー女史の来日を契機に山本宣治等は「貧乏人の子沢山」と言われる貧困者、労働者の中で「産児制限運動」を進めたが、これらは家族計画の指導、普及として戦後の保健行政に引き継がれていく。

（9）貧困世帯の増加

わが国の工業生産は、1914年～1916年の第一次世界大戦を経て飛躍的な伸びを示したが、物価が急騰し庶民の生活はかえって苦しくなり、1918年富山県魚津市で「米騒動」が起きて全国各地の都市に波及した。米騒動により社会運動の広がりを怖れた国は、治安維持のためには労働環境、生活環境の悪化を放置しないよう一定の社会政策を実施せざるを得なくなった。1918年政府の調査機関として設置された「救済事業調査会」の提言による治安予防、防貧の応急的な社会政策が実施され、各種の社会事業施設が各地につくられていった。また、社会生活の基盤としての「借地借家法」「市場法」などが整い、府県等に児童健康相談所などが設置された。

1919年以降「方面委員」制度（戦後の民生委員制度）が全国に広まっていく。この制度は1917年岡山県（笠井信一知事）の「済世顧問制度」、1918年大阪府（林市蔵知事、小河滋次郎府嘱託）の「方面委員」制度の救貧方法を各府県が取り入れたものであった。

1923年には関東大震災が起きている。1924年には震災義捐金による「同潤会アパート」の建設や不良住宅街の改善等の区画整理による街づくりが東京市内各所で行われている。（表参道ヒルズは同潤会アパートの跡地に造られた）

大正の末、国は1925（大正14）年「普通選挙法」（選挙権は納税する男子のみ）を制定するとともに「治安維持法」を制定し、国民に対してアメとムチの政策を強めていった。

（10）救護法

方面委員制度はできても貧困者の救済は進まず、全国の方面委員、社会事業施設などの関係者は「救護法」・「児童扶助法」制定のための運動に取り組んだ。

1927年「昭和恐慌」が起こり、大量の失業者の地方への帰村によって貧困は都市部から農村部に広がり、全国各地で結核の蔓延を招き、さらに欠食児童、母子心中、子どもへの虐待を増加させ、貧困者を救済する救護法の制定は急務の課題になった。

●生活困窮者の保護

そうした中で1929（昭和4）年に「救護法」（1932年施行）が成立した。救護法の特徴は、対象を「労働能力のない生活困窮者」とし、妊産婦および「13歳以下の幼者」の一部として母子家庭の救済を可能とした。1937（昭和12）年には「母子保護法」が制定され、母子保護を救護法から分離している。

さらに、孤児院、養老院等の社会事業施設は「救護法施設」となって、食費等の入所費用および施設費用の一部も国と府県から補助されることになった。このしくみが戦後児童福祉施設、社会福祉施設入所者等の「措置制度」の元になっていく。

困窮者の保護を行なう方面委員が制度化され、市町村に方面事務所が設置された。費用負担は市町村が原則で府県及び国が補助した。被保護者数は1937年236,000人であった。

救護法施行と同時に、貧児の欠食児童対策として「学校給食事業」が制度化された。

1933年（救護法実施の翌年）に東京市（現在の東京23区）が調査した「社会統計」によれば、当時500万人市民のうち1割にあたる50万人が要保護者で内34,000人が保護受給している。64万名の小学生のうち10,770名が欠食児で内7,923名に学校給食が実施され、託児所では5,149名の幼児のうち1,133名が欠食児で、うち746名に給食が実施されている。

●戦前の児童の記録

多数の児童が生活苦を抱えていた東北地方の教師達により1930年『北方教育』が創刊され、子どもたち自身が生活事実を把握する「生活綴方運動」が提案されている。また、前述の『赤い鳥』から1937年東京・葛飾区に住む小学生・豊田正子の作文集『綴方教室』が出版され、東京下町の不安定なその日暮らしの庶民の生活が描かれて共感を呼び、ベストセラーになったことは注目される。

（11）戦争の時代

わが国は1931年満州事変、1932年「満州国」建国、1936年日中戦争、1938年国家総動員法発令、1941年太平洋戦争と戦争を拡大し、出兵による戦争犠牲者も急増していった。そのため1937（昭和12）年には「軍事扶助法」を制定したが1944年247万人が受給していることから、いかに多くの兵士が戦死者、傷痍者となっていたかがわかる。

さらに「戦争は未亡人製造業といっていい程、未亡人を多量に製造する」と軍事母子寮寮長の草葉隆円が『未亡人のすがた』にまとめているが、戦争は多くの戦没者遺児、母子世帯をつくった。1944年学徒勤労動員、学童集団疎開が始まり、学童疎開では「対馬丸事件」が起こっている。さらに、沖縄、本土の空襲等により国内でも多くの児童、国民が犠牲者となるとともに、多くの戦災孤児や傷病者を生み、中国等に多くの残留日本人孤児・婦人を残して戦争は終わった。

2．戦後の子どもの状態と児童福祉

（1）（旧）生活保護法から（新）生活保護法へ

第二次世界大戦でわが国の主要な都市は空襲を受け、多くの家屋が焼失した。また、多くの家庭で稼動者を失うなど犠牲者を出した。工場等が壊滅して失業者となった者とともに出兵兵士の引揚げ、帰国がつづき、失業者は推定1,400万人に達した。国は救護法の対象を「失業者」に広げて対応したが、1946（昭和21）年9月無差別平等を明記した「（旧）生活保護法」が成立、10月から施行された。

1946年制定の「日本国憲法」第25条の生存権保障による国家責任、保護請求権、保護の水準、不服申立制度を明記した「（新）生活保護法」が1950（昭和25）年5月に成立し施行された。

（2）児童福祉法と児童憲章

戦後の混乱の中で、戦災孤児や欠食児童、浮浪（ふろう）児童が都市に溢れた。国は終戦（1945年8月）の翌月「戦災孤児等保護対策」、1946年「浮浪児童その他児童保護等の応急措置実施に関する件」を定め、都市部では浮浪児童の「刈り込み」を実施し、児童施設を各地に増設して収容した。

1947（昭和22）年厚生省に「児童局」が設置されると意見具申を受け、要保護児童だけでなく18歳未満のすべての児童を対象にして同年11月「児童福祉法」が成立、翌年1月施行された。同法に基づき都道府県、政令市に「児童相談所」が設置され、児童に関する総合的な相談窓口になるとともに、戦前の託児所、孤児院、母子寮は同法による「児童福祉施設」に位置付けられた。1948年厚生省令において児童福祉施設の設備基準、対象者、職員等について「児童福祉施設最低基準」が定められた。

さらに1951（昭和26）年5月5日「児童憲章」が制定され児童福祉に関する基本的理念がまとめられた。

> 「われらは、日本国憲法の精神にしたがい、児童に関する正しい観念を確立し、すべての児童の幸福をはかるために、この憲章を定める。児童は人として尊ばれる。社会の一員として重んじられる。よい環境の中で育てられる」

児童福祉法および児童憲章は、児童は親の私有物ではなく、生まれながらにして独立した人格を持っている社会の子であり、社会の一員であることを明確にした。

（3）戦後の児童のくらしの記録

1946年軍国主義教育の元となった教育勅語は廃止され、1947（昭和22）年には「教育基本法」「新学制」が定められ、義務教育は9年間となった。1950年頃から都道府県では公立高校、市町村では公立保育所・幼稚園の開設が進んだ。

中学校を卒業し、地方から都市に出て働く労働力は「金の卵」と呼ばれ、戦後の経済復興を支えた。1949（昭和24）年「社会教育法」が制定され、各地域に公民館・隣保館など住民が自発的に学ぶ場が設置され、青年団活動や婦人会活動が展開されるようになった。

そうした中で、戦後の農山村の貧しさを東北の一農山村の中学生達が綴った無着成恭『山びこ学校』が1951年のベストセラーになり、映画化され、戦後民主主義教育の原点と言われた（4.2参照）。1959年には九州の炭鉱地帯で親を亡くしたきょうだい4人が助け合う生活を綴った安本末子『にあんちゃん』がベストセラーになり、ラジオ放送や映画になって多くの国民に感動を与えた。1958年東京・江戸川区の公営住宅に住み父親が肺結核のため入院、その間の生活を綴った島村直子・典孝『ぼくらも・まけない』も全国の小・中学校を巡回する教育映画になった（1.5参照）。これらの児童が生活を綴った記録が多くの人の共感を呼び、その後の児童福祉、社会福祉政策について国民が関心を持つ土壌をつくっていった。

1965年頃からは、都市への若年人口の移動、共働き家庭の増加の中で、保育所や公立高校の増設、学童保育所づくり、乳幼児医療費無料化などの市民運動が広がった。

（4）児童をめぐる国際社会と日本

国際社会では、1959年国連総会は「児童の権利宣言」を満場一致で採択し、ユネスコによる児童の救援活動が世界各地で続けられるようになった。国連は1975年を国際婦人年、1979年を国際児童年、1981年を国際障害者年と定めて、人権の尊重と福祉のための取り組みが各国で進められた。1989年には国連総会で「児童の権利に関する条約」が採択されたが、子どもの意見表明権をめぐっての議論によりわが国は1994（平成6）年158番目の遅い批准国となった。けれども批准後は、「子どもの権利ノート」の施設児童への配布など積極的な取り組みがされるようになった。

3. 現代の子どもの状態と児童福祉

（1）少子化とエンゼルプラン、子育て支援施策

1989年版「厚生白書」は「長寿社会における子ども・家庭・地域」をテーマにしたが、核家族化が進むとともに家族関係の脆弱化、家庭のない家族の状態が深刻なものになり、少子化の中で、子どもの多くが家庭や地域から孤立してきている。

1990年全国社会福祉協議会は「夜間一人暮らし児童」を調査し、各地で一定数の該当する子どもがいることがわかった。この調査を受けて厚生省は1991年

「トワイライトステイ事業」（各市区で一箇所実施）や「メンタルフレンド事業」（各児童相談所で実施）を予算化した。

さらに1994年には文部・厚生・労働・建設各大臣合意の「今後の子育て支援のための施策の基本的方向について」通称「エンゼルプラン」を策定した。このプランでは、

⑴　安心して出産や育児ができる環境を整える

⑵　家庭における子育てを基本とした「子育て支援社会」を構築する

⑶　子どもの利益が最大限尊重されるように配慮する

という3つの基本的視点が明記されている。同プランの具体化として「緊急保育対策等5ヵ年計画」が策定された。

1997（平成9）年「児童福祉法」が初めて大幅に改正され翌年4月から施行されたが、改正の主な点は、保育所措置入所を「契約入所」に改めたこと、母子寮を「母子生活支援施設」、養護施設を「児童養護施設」、教護院を「児童自立支援施設」に呼称を改めたこと、学童クラブを「放課後児童クラブ」として法律に初めて位置づけたことであった。

その後、児童福祉法は、2000年母子生活支援施設利用を「契約入所」に改め、2006（平成18）年「障害者自立支援法」の成立に合わせて障害児・者の施設利用を「契約利用」に改めるなど部分的な改正を毎年繰り返している。

1999年国は「少子化対策基本方針」および「新エンゼルプラン」を策定し、2003（平成15）年には「次世代育成支援対策推進法」および「少子化対策基本法」を制定し、国・地方公共団体・事業主・国民の責務と前3者の子育て支援計画の策定を義務づけた。

2004（平成16）年には広汎性発達障害に対応するため「発達障害者支援法」が制定され、相談機能の充実が図られている。2006（平成18）年には「就学前の子どもに関する教育、保育等の総合的な提供の推進に関する法律」（認定こども園設置法）が制定され、幼稚園と保育所の統合が試みられてきた。

（2）いじめ社会と子育て

わが国の経済が高度経済成長から低成長となる中で、総中流社会から格差社会に変容し家庭機能がさらに脆弱化する中で、児童虐待事件が頻発し、いじめによる児童の自殺が相次ぐなど「より弱い者いじめ」の傾向が強まった。親の児童虐待に公的機関が介入するため2000（平成12）年「児童虐待防止法」が制定され、2004年、2006年に一部改正されている。

また、援助交際が児童におよぶ中で行為者を処罰するため1999（平成11）年「児童買春、児童ポルノにかかる行為等の処罰および児童の保護に関する法律」（児童買春、児童ポルノ禁止法）が制定され、夫や恋人からの暴力に対して公的機関が介入できるようにするため2001（平成13）年「配偶者からの暴力の防止及び被害者保護に関する法律」（DV防止法）が制定されている。

さらに、家庭での教育力が弱まり、児童の学習が不徹底なものになって不登校児童が増えた時期があり、彼らの多くがその後「無職少年」となり、非行、家庭内暴力あるいはひきこもりを招く結果となった。さらに、就職氷河期に社会に出てニートやフリーター、非正規雇用となった現在20歳代後半から30歳代後半の青年の今後が危惧されている。

不安定雇用が増加する中で、子育て中の若年夫婦の経済力が低下し、公立小・中学校の学校教育法「教育の機会均等の保障」による低所得世帯への「就学援助費」の対象児童は2000年代に入って増加し、全国平均で2005年には12%を超え、東京・大阪等大都市では1/4を超えている。また、公立高校の授業料免除者も1割を超えて増加した。子どもの貧困と言われている。これらに対して、国は「児童手当」を小学6年生まで、その後中学3年生までに延長したが、児童一人あたりの金額は少額であり、若年者の不安定雇用の問題を含めての抜本的な対策が求められている。

（3）子どもの貧困・貧困の連鎖（れんさ）と高校就学保障・学習支援

高校進学率の上昇による社会の発展、雇用の変化の中で、経済的に高校進学できない児童が中学卒業で社会にでた場合その多くが「無職少年」になり、非行などの問題を抱え、貧困の連鎖になっていることが指摘されるようになった。

そうした中で、1989年厚生省は「児童養護施設等における児童の高校就学の促進」を通知し、それまで長年続いてきた中学卒業後は就職し施設を出ることを改め、高校就学について特別育成費により費用を保障することとなり、2006年からは希望する施設児童の「大学等高等教育への進学機会の促進」を図って、施設をでて自立して学ぶ際の入学準備費用の一部を支給することとなった。

1995年母子世帯に支給される遺族年金、児童扶養手当は、“18歳になるまで”から“18歳の年度末まで”に改正され、高校卒業までを保障する制度となり、2010年8月からは父子世帯も対象となった。

生活保護世帯の児童については2005年から「高校就学費生業扶助」により公立高校の範囲において就学費用を保障するようになった。公立高校授業料は2010年から無償となった。

勉学する機会に恵まれない生活保護世帯、母子世帯等の児童が学習に遅れがちで貧困の連鎖が起こっていることに気づいて、学習支援、中学生勉強会が各地で取り組まれるようになり、国はそれらの費用を自治体に補助する施策を始めた。

2013（平成25）年には「子どもの貧困対策推進法」が制定され、国と自治体が子どもの貧困率を把握して学習支援等に取り組むことが定められた。(4.1参照)

2020（令和2）年には、生活保護世帯・児童養護施設・非課税の低所得世帯の児童の大学等進学に「給付型奨学金」制度が実施された。

1.2「私が出会ったごぜ」―小林ハルさん―

学習のねらい

社会福祉のしくみのなかった時代に社会的弱者はどう生きたか

江戸期から明治期にかけて、日本の各地に瞽女（ごぜ）の職業集団が形成され、視覚障害の女性が生きるための貴重な「専門職」となっていた。江戸川区の2つの名主（なぬし）屋敷に残されていた記録からごぜの記録を集めた『瞽女の記録』には、江戸時代中期以降のごぜの来村の足跡が克明に記録されている。実際には、鎌倉期から時間をかけて全国各地に形成された瞽女の職業集団は、その多くがいずれも同じ「瞽女能妙音講（みょうおんこう）縁起之事」を集団の掟にしていた。そのことから瞽女の集団が各地に分散し定着したことがわかる。

最後のごぜ・小林ハルさん

下重暁子（しもじゅうあきこ）さんの『鋼（はがね）の女（ひと）』に記録された小林ハルさんは、昭和期戦後まで「ごぜ」の仕事を続け、「最後のごぜ」の一人と言われる。ハルさんの母は失明の娘をどう育てたか、「ごぜ式目」の掟はなんのためにあったのか、女性が職業を持ってどのように働くべきか、下重さんの講演内容と小林ハルさんの生涯から学ぶことは多い。

（注） 瞽女　本書では「ごぜ」ないしは「ゴゼ」と書く。

（映像） 最後のごぜ・小林ハルさんの半生を描いた「瞽女 GOZE」が 2020 年秋、瞽女 GOZE 製作委員会によって製作され、各地で上映されている。

■「私が出会ったごぜ」学生のノートから

1.「ごぜ」の言葉を知っていましたか…　□知っていた　☑知らなかった

「ごぜ」の職業について思ったこと…

「ごぜ」という職業は、障害のある人でも社会の一員として生活していく上ですばらしい職業だと思った。

2. ハルさんは年少期、家の奥の部屋で外から見られないように住まわされていた（1978 年までは多くの重度の障害児者はそのように置かれていることが多かった）ことを

□知っていた　☑知らなかった

ハルさんの母の子育て、扱（しご）きについて思ったこと…

ハルさんの母は目の見えない自分の子どもを他の子どもと同じように生活していくことができるように、辛いことを知りながら厳しく扱きを行いとてもすごいと思った。障害者ということで差別しないという考えを持って行っていたのだと感じた。

3.「ごぜ式目」はなぜ必要だったのか、現代にも共通することは…

ごぜは特別な職業ではなく、他の職業と変わりないということを示し、また、現代にもあるような、上下関係についてや一人一人の責任の重さについて、社会の中でみなが守らなければいけない規則について書かれていて、ごぜがしっかりとした1つの職業であると示すために必要だったと考える。

4. 感想・考察…

私は「ごぜ」という職業について名前は聞いたことがあるけれど、どんな職業であるか、どんなものなのかという内容は、まったく知らなかったので、今回の授業を通して「ごぜ」について知ることができ、とても勉強になった。今は昔よりも障害者や女性に対しての差別はなくなってきたが、昔はとてもひどかったと痛感した。

《講演》

私が出会った瞽女（ごぜ）・小林ハルさん
―作家 下重暁子さんの講演から学ぶこと―

1．瞽女宿

これからお話します小林ハルさんは、1900年1月23日生まれです。品のある人です。美人というわけではないのですが、歳をとってだんだん美しくなってきて、最後は品格のあるお婆ちゃんになりました。私たちは歳を重ねるごとにその人らしくなれればいいと思うのですけれど、なかなか難しいですね。

私とゴゼさんとの出会いは私の故郷から始まっていて、子どもの頃に母からゴゼさんの話を聞きました。ゴゼさんはよく家に来ていたと言うのです。

春になり、雪が溶けると、町からゴゼさんが村に登ってきます。「ゴゼ宿」というのを聞いたことはあるでしょうか、宿といっても旅館ではないのです。若い方はご存じないと思いますが、ゴゼさんというのは目の見えない方たちがうたったり、物語を語って歩くのです。村の有力者や地主の家に泊って、人々がそこに集まって唄や物語をきく。そこが「ゴゼ宿」だったのです。

いつも決まったゴゼさんが来て、うちの母も子どもでしたから、「ゴゼさんが来たよ」と言って近所の人を誘いにいって、お座敷に入れて、一夜・二夜・三夜といろいろな語りものを聞くことができ、非常に楽しみだったといっています。

目が見えないというのに、立派で、きちんとしていたということを、私が子どもの頃から聞かされていました。ゴゼさんのことを調べているうちに、家に来ていたゴゼさんが健在だと聞いて、高田の町を訪ねました。私が高田の家を訪ねた時は、家に来ていた親方の杉本キクイさんは亡くなっていまして、養女であった杉本しずさんと、手引き役の難波コトミさんの二人が住んでいました。ゴゼさんたちは目が見えませんから、最初に歩く手引きの人が少しは目が見えて手を引いてあげる。肩に手を置いて3、4人と連なって歩いて旅をする。訪ねていきますと杉本しずさんが出て来て「どうぞどうぞ、入ってくんない」と家にあげてもらいました。3月頃で寒かったですから、目の見えない人が、しゃっしゃっとストーブをつけてくれて「あらこの人、目が見えるのじゃないかしら」と思うぐらいびっくりしました。実に器用なのです。

こたつに入っていろいろな話をしていましたら、うちの祖母のことをよく覚えていて、「家に行くとよくお昼なんかごちそうになりましたわね」「ごりょんさん、いつも高い声でねぇ」祖母は甲高い声をしていましたので、目が見えない人は、声だけが印象になりますから、声を覚えていてくれて、いろいろ話を聞いたのです。話をしているうちに、祖母のことを思い出しました。杉本しずさんはふくよかな美人なのです。

帰る時に「本ができましたら持ってきます」と言いましたら、「持ってこられる時にはもうここにいないかもしれない」というのです。

「どこにいくんですか」と尋ねると、新潟にたったひとつだけある目の見えない人の施設、黒川村（胎内市）にある老人ホーム「胎内やすらぎの家」へ行ってしまうというのです。目が見えないうえに歳をとってきたので、不安になってくるし、このあと病気もするだろうから二人で入ることにしましたと。

『思へばこの世は仮の宿』（講談社 1984）という祖母のことを書いた本が出来たら持っていく約束をしました。

2．胎内やすらぎの家

初めて訪ねた時は9月初めの暑い日でした。ちょうどみなさん、外に出掛けていて帰ってくる時でした。目の見えない人たちですので、前の人の肩に手を掛けて歩いている。延々と歩いているその影が長くて、「ゴゼさんもこういうふうにして連なって歩いていたのだろう」と思いました。

杉本しずさんに会うと、老人ホームに入ってからの方が淋しいというのです。上越に育ったので、阿賀野川を挟む下越は東北に近く、文化も違っていて、ことばもわからないことが多く、通じ合わないからです。

「だれか相談にのってくれる人はいないの？」と聞くと、難波コトミさんと二人で同じ部屋にいるのだけど、隣の部屋に小林ハルというむかし長岡でゴゼだった人がいるというのです。

当時は85歳ぐらいでしたけど、その人がむかしゴゼをやっていて、いろいろ相談にのってもらっているというので、隣の部屋へ行き、初めて小林ハルさんという人に会いました。

前からゴゼに興味がありましたから、祖母の家に来ていたゴゼさんを書こうと思っていたのですが、小林ハルさんを見たとたんに、小林ハルさんを書こうと思ったのです。

なぜかというと、端然と座っていて、小さなおばあちゃんなのに存在感があって、一言もしゃべらないで座っているだけなのにこちらが圧倒されるようなものを持っている……。140㎝しかなくって白髪でおかっぱに切り揃えてあります。この人はどういう人生をおくってきたのであろうと非常に興味が沸きました。

それから私の胎内通いが始まったのです。

次の年になり、妙音講というゴゼさんたちのお祭りが5月の13日に行われました。昔から集まってやってきたらしいのですが、それを胎内やすらぎの家でやるというので、そこへ行きました。

「ゴゼ式目」という、ゴゼの由来がうやうやしく巻物になっているものがあります。私はゴゼの由来など知らなかったのですが、紫色の房のついた巻物になっていて、お坊さんがそれを広げてうやうやしく読むのをきくと、嵯峨天皇の御代に娘に目の見えない子が生まれ、芸事を教えた歴史があり、そのお姫さまに5人ぐらい弟子を付けて、観音経をみんなで勉強した。それがゴゼの始まりというのです。

後に専門家に尋ねると「いや、それは事実ではない。目の見えない人が自分で働いていこうとするときの励みにするために瞽女式目というものをつくった」そうです。　(注)「瞽女能妙音講縁起之事」28 頁に掲載。

瞽女歌奉納があり、民謡を唄う。その後で語りものが奉納されました。

三味線で 1 時間も 2 時間も物語を語るもので、「石動丸（いしどうまる）」などの懐かしいお話もあります。一番有名なのが「葛の葉子別れ」。これは狐がクズノハ姫になって結婚して子どもを生む話です。

本当のクズノハ姫がお帰りになったときには、自分は身を消してシノダの森へ帰るのですが、自分の生んだ子は置いていくという悲しいお話です。自分がいなくなった時のため、様々なことを言い聞かせる。それを小林ハルさんと杉本しずさんが歌いました。

後半を、小林ハルさんが歌いはじめました。第一声を聞いたとたんこれはいったい何なのだろうと思いました。大きい声ではないのですが、全然ビブラートという演歌なんかにあるふるえる声が無いのです。真っすぐな声で、鼓膜を突き破るようなのです。

母は狐の子に注意することを言い聞かせて、シノダの森に帰っていくのです。

ビブラートもないし、声そのものに感情はないのです。それなのに、聞いている人は泣いてしまう。この芸の力はいったい何なのだろうと思い、小林ハルさんに興味を持ち、それから小林さんの元へ通うことになり、一冊の『鋼の女（はがねのひと）』という本を書くことになるのです。

最初の頃は、小林さんは私のことを、杉本さんのお客さんとしか呼んでくれないのです。あの人たちは非常にきちんとしていますから、他の人のお客さんはそう呼ぶのです。私は杉本さんの知りあいだから「杉本さんのお客さん」。

何度も何度も通ううちに私は小林さんのことを「お婆ちゃん、お婆ちゃん」と呼ぶようになり、いつしか向こうはちゃんと「下重（しもじゅう）さん」と呼んでくれるようになりました。心が通じ合ってきたのですね。それまで 1 年かかりました。それからぽつりぽつりと話し始めました。

3. 小林ハルさんのこと

余分なことをいっさい言わない。「言えば、言われる」というのです。なにか口に出すとそれが元で人に言われることになるから言わないほうがいい。自分の中だけに収めておくという人ですから、話を聞き出すというのは、大変だったのです。少しずつ、少しずつ聞き出しまして、だんだん喋ってくれるようになりました。

彼女が生まれたのは上越新幹線の燕三条（つばめさんじょう）という駅から車で 15 分ぐらい行きましたところの信濃川の土手のすぐ脇にある家です。そこで生まれ育ちました。

彼女のお家はその付近のお家に比べれば恵まれていたほうでして、その地域の区長さんをやっていたといいます。

彼女は生後 100 日目にはもう目が見えなくなって。昔はソコヒとかいいました。

ソコヒは、今で言う白内障のことで、今のような技術だったら治ったかもしれないと思うのです。それからもう一つよくあったのは天然痘で目がつぶれる、伊達政宗もそうだったと言います。目がつぶれるということはよくあったようです。

彼女の場合は 100 日で目が見えなくなったので、心配して、彼女のお父さんが、田畑の行き帰り必ずハルさんを抱いて大事に大事にしていたそうですが、2 歳のとき亡くなってしまったそうです。

それから孫爺様といって、お爺さんの弟にあたる人がまだ生きていましたので、その人が家を支配することになりました。その当時はどこでもそうなのですが、男の人が中心ですから、その人がいろいろ面倒をみていたのです。

ハルさんのお母さんは喘息で非常に身体の弱い人で、田圃へ行きますと喘息が起きるというので、家にいることが多く、兄弟もいるのですが、彼女は末っ子で歳も離れていて、上の子たちはちゃんと目が見えるので、お祭りにも行くし、遊びにも行くのですけれど、彼女はというと、奥の部屋で、ずっとそこに住まいさせられていて、ご飯もひとりでそこで食べていました。目が見えない子が生まれたというので、よその人に知られたくないというのがあったのかも知れません。

そこの部屋に入れられたまま、ご飯を運んできてもらって、「この寝具くれるからここで住んでろ」と言われ、そこでずっとおとなしく暮らしていたのです。

だんだん大きくなりますと、一番将来を案じたのは、お母さんですね。この子はどうやって暮らしていけばよいのであろう。目が見えなくてこのまま家のなかで厄介者扱いされてもかわいそうだ。なんとかして自立させなければいけない。

お母さんはすごいと思うのですけど、自分自身で食べていけるように、自分自身のことは全部自分でできるように、目が見えないといって自分に甘えているのではない生き方をさせなければいけないと、積極的に考えたのです。

それで孫爺様と相談しまして、やはり当時目の見えない人の仕事としてのマッサージとかも考えたのですが、その家にゴゼさんが来ていたので、そのゴゼさんを見ていて「あぁ、ゴゼさんのお弟子にしてもらおうじゃないか」と決めたのです。そのためには、全部自分一人でできなければいけないから、それからお母さんのすごい扱きが始まるのです。

涙ぐましいような扱きが始まる。着物も自分で着られるように、何でも自分でできないといけないと教えたので、ハルさんはなんでも出来ます。

針の糸も通せます。どうやって通すとお思いになりますか。自分は全く見えないのですよ。歯を使ったのです。歯を使って、舌先で針の溝をこちらではミズと言いますけど、溝を確かめておいて、縒っといたものを何度も何度もやって、やっと針の穴に入れたのだそうです。

最初は畳針みたいな太いものから、だんだん細いものにやっていく。「こんな細いものどうやって通すのだ、縛っとくのかね」というふうに、よくハルさんはお母さんに聞いたそうですけれど、お母さんは出来るまで厳しくやらせたのです。今でも彼女は単衣も縫えるのです。

皆さんの中で、単衣が縫える人いらっしゃいます？　縫える方は何人かいらっしゃるようですけれど。縫えない方がほとんどですよね。私だって縫えません。

ハルさんは、だれの助けも得ないで、全部一人で縫えます。どうやって縫うかといいますと、出来たものを何度も何度もお母さんがほどくのです。そしてそれを触らして、ここはこうゆうふうに縫われているのだといって、ちゃんと一人で、単衣が縫えるのです。編み物も出来る。

お料理も上手です。例えば、こんにゃくを煮るにしてもただ煮るのではなく、捻って潜らせて、ちょっと変わった形にして煮るとか、そういうことも工夫して出来る。全部自分のことは自分でできるようにお母さんはしつけたのです。ゴゼのしつけも始まりますが、これが大変厳しいのです。

芸能者の声の基礎を「寒声」といいます。一番寒い１月の寒の間に鍛えて出した声にする。一度、地声をつぶしてしまって、その後に出てきた自分の声をいうのです。

ゴゼの親方が自分の家に通ってくれていろいろ練習をするのは昼間です。朝晩は自分で信濃川の土手に立って練習をする。あの広い信濃川の河口に近い川に向かって声を出します。雪深い中を素足に草履ばき。

４時ぐらいに起きて、みんながまだ寝ている頃から声を出す。寒い中でやるのです。杖を頼りにして。で、本当に声が出なくなってしまう。血が出てくる。そうすると黒豆とかナメクジとかを食べさせられるというのです。ナメクジというのは、なぜ喉にいいのか？　昔はそう言ったのだそうですね。私はハルさんの話の中でそれが一番気持ち悪かったのです。そういうふうな修行をさせられまして、やっと声をつぶして出てきた声が本物の声だといわれて、寒声が出るようになったというのです。

当時練習をしていると、信濃川の広い向こう側の土手を歩いている人に声が聞こえたそうです。風の運び具合もあるかも知れませんが、相当幅広い川です。一直線に通る声を自分で作り上げていったわけです。

いよいよ旅に出るのに、部屋に閉じ込めていたままじゃ駄目だというので、外に出すようになるのです。近所の子どもたちとも遊ぶようになる。その頃、ハルさんは光は少し見えていたらしいので、なんとか手を引いて遊んでもらうことができたのです。「花を摘んでこい」と言われれば、摘むことができ花を摘んでくるのですけれど、目の見える子どもたちですから「みんな赤い花を摘んでこよう」と言うと、そうするとハルさんには見えませんから、赤や白や形は同じだけれどもいろんな色の花を摘んできてしまう。「ハルは目が見えないからこんなことしか出来ない」と言われるのです。

赤い花も摘んでこれない、初めてその時ハルさんは、目が見えないということはどういうことなのかを知ったわけです。それまではあまり人との接触もないし、お母さんぐらいで兄弟ともあまり話をしない状況だから、目が見えないというのがどういうことかという自覚があまりなかったのでしょう。初めてそのことを知らされて、泣いて帰り、お母さんの所に行きますと、お母さんは涙ながらに「目が見えるということは、色がわかる、物には色というものがあるんだよ。」と教えてあげるのです。

そして近所の子どもたちにも目が見えなくても一緒に遊んでやってくれと頼んでくれました。そしていよいよ、家にきていたゴゼさんの師匠に頼んで旅に出ることになるのです。

4．瞽女という仕事の旅

最初の旅は、新潟県下田村というところです。もちろん当時のことですから、全部歩いていくのです。大きな荷物を背負わされまして、今でも小さい人なのですから。子どもの時はもっと小さかったでしょう。よちよち歩きの子どもが歩いているように見えたのです。それなのに、山のように荷物を背負わされて、親方が自分のものまで全部背負わして、荷物が歩いているようで、お母さんは何度も呼び止めようとしたけれど、ハルさんのためだと堪えて送り出すのです。ハルさんが 11 歳の時でした。

そうして旅をするのですけど、本当にいじめられてばかり、新入りですから、一番辛いことを全部やらされるのです。何が一番辛いかといいますと、宿取りです。決まった家があるときはいいのですが、決まった家がないときもあるのです。ないときにどうやって宿を取るかというと、一番下のものが頼みにいって、宿を取るのです。ハルさんは一番下だから取りにいきます。そうしますと、こんな小さな子はおしっこをたれるから泊められないというのです。それで、親方と姉弟子と手引きの分だけ頼んで、自分は泊めてもらえないことがしょっちゅうだっそうです。

どこに泊まったかというと、木の洞。鳥じゃないんですから。木の洞なんて、夜は恐かったといいます。音は聞こえるのですから。あとはお宮さんに泊まる、野良猫なんか来て、ごぞごぞいろんなものをひっぱっていく。音だけしか聞こえないでしょ。本当にいつもお念仏を唱えていたといいます。

それでなんとか最初の旅が終わったのですけれど、おいしいものはみんな親方とかが食べちゃって、彼女はほとんど食べさせてもらえない。ご飯とかお漬物といった感じで、そんな生活がずっとつづきました。

挙げくのはては、彼女のことをボッコレヤカン、ボッコレヤカンと言いますと破れヤカンのことです。声が破れたヤカンみたいだというのです。こんな声の悪い子はいらないといって家に返されたのです。家に返されると、縁切り金といって親方にお金を取られてしまうのです。

その間にお母さんが亡くなっていました。14 歳の時。本当にハルさんの行く末を心配して、お母さんがいたからハルさんはちゃんとあの辛い中で生きてこられた。やっぱりお母さんだなと思うのです。そのお母さんが亡くなってしまった。

「ハルが代わりに死ねばよかった」とまわりの皆が言うのです。彼女も「私が代わりに死ねばよかった。どうせ目がみえないんだから」とずいぶん思ったそうです。

旅に出ても辛いことがあるのですけど、二番目のお師匠さんが大変やさしい人で、長岡ゴゼというきちんとした系統のあるゴゼだったので、そこのお弟子さんにしてもらう。ゴゼさんには、いろいろ系統があって、高田ゴゼ、長岡ゴゼ、もうひとつ糸魚川（いといがわ）とかいろいろあるのです。

そこに、一番頂点となるというゴゼさん、山本ゴイというお名前ですけど、その頂点の下に次の親方、その次などとピラミッドのようにいる、そのゴゼさんの一番下に連なることになったのです。

歌もいっぱい教えてもらいました。彼女の声はあんまり美声ではないのですけども、記憶力は大変いい人ですから、覚えることはどんどん出来たらしいです。その二番目の師匠と方々を廻ることになるのです。

ところが、その二番目の師匠は大変身体の弱い人で、時々旅に行けなくなってしまう。そうすると姉弟子と手引きと３人で行かなければいけなくなってしまう。姉弟子で大変意地悪で、ある時ハルさんが道端で転んでしまったら、けしからんというのでハルさんを棒で滅多突き（めったつ）きにする。どこを滅多突きにしたかというと、非常に言いにくいのですが、女性として一番大切な所です。

血がたらたら出て、重傷を負ったのです。それでもハルさんというのは文句を言わない。医者に連れていかれて、どうしたのだと聞かれても、木の根っこで転んだとしかいわないのです。人を悪く言わないのです。絶対に人のせいにはしない。全部自分で引き受ける人なのですね。突かれたのも自分が悪かったと思う。

そして彼女はもう一つ、病気がありまして、頭痛持ちなのです。人様からみれば頭痛持ちぐらいと思われるんですが、これがおきている間はなにも手につかないぐらい辛いですね。当時はいい薬がなかった。ほっておくと、だんだん吐き気がしてくる。それがつわりと何度も間違えられたのです。

ゴゼさんの組織には、男と交渉を持ってはいけないという規則があるのですね。

何のためにあったかというと、一つは団結のためでしょう。男性が出来てしまうとそっちへ気がいってしまう。団結して一緒に歩いていくというのが出来なくなってしまう。

もう一つは、ゴゼさんは家庭で巫女さんのように迎えられることもあるのです。当時蚕（かいこ）を各家庭で飼っていましたから、お蚕さんの糸の出がよくなると信じられていたり、ゴゼさんの歌を聞かせると病気が治るといった人もいるのです。そういうふうにとらえていた部分があるので、やっぱり処女性というのを重んじたのでしょうね。

『離れゴゼおりん』という水上勉の有名な小説で映画にもなりましたが、あれはゴゼさんで、男の人ができて離れていった人をテーマにしています。

それでハルさんは、正統のゴゼさんですから、「おまえはつわりで、そういうふうになったのではないか」と非常に厳しく問い詰められて、「医者に見せて証明してもらってこい」と言われるのです。それで、なんでもないということがわかるのです。当時は夜這いというのがありまして、人の家を一軒一軒訪ねていくわけですから、男が暴力づくで来ることがあります。そういうことがいっぱいあったらしいです。

ハルさんも、そんな予感のする日は絶対に着替えて寝なかったと言います。正装したまま、座って寝ていたそうです。それから、杉本しずさんに聞きますと、危ないなと思うと畳に針を突き刺して寝たと言います。そういうふうに身をまもったといいます。

病弱だった２番目の師匠が亡くなってしまいます。３番目の人になるのですが、その人はあまり働きたがらない人で、ハルさんだけに歌わせたり働かせたりしてお金だけ持っていく人でした。何度か廻るうちに、米沢とか会津とかへ行くのですけど、会津に行く道は八十里越えと言い大変厳しくて、そこを越えて、熱のある時でも、川をジャブジャブ渡って歩いていかなければいけなかったということです。米沢に行く場合も、谷を縫いひどいところを通ります。

私はハルさんが行ったところをほとんど歩いてみたのです。全部とはとても言えませんけど、今は楽ですよ、車で行きましてそこから歩くのですから。

あの人たちは全部谷筋を歩いたのです。化け物峠と彼女たちが言うところがあるのですが、それは山形県境に近く、谷口峠を越えますとパーと山が開けて、これは大パノラマで、美しかった。

彼女たちには見えないですが、ハルさんは分かったというのです。峠にたった瞬間、風が全然違うと言うのです。それで峠に立ったのが分かった。ついにお師匠さんが働かないものですから、ハルさんの方からさよならをしました。

３人、ゴゼさんの親方にも恵まれない人生でした。

今度はお弟子さんを連れて歩かなければならない。それで、お弟子さんも沢山できたのですけど、彼女は自分が小さいとき非常に苦労しているから、お弟子さんには大変やさしかったのです。そうしたら、お弟子さんはろくなものにならなかったと言います。やさしすぎたのでちゃんと歌も覚えないで、わがままになってしまって、辛いと言って逃げて帰ったり、男の人をつくって出ていってしまう。弟子運にも恵まれなかった。

そのうち、男の人を連れてきて紐みたいにハルさんを働かせて、全部取り上げてしまうという生活になってしまい、自分で働いたものが手に入らないという悲惨な生活がずっとつづいて、終戦の頃には病気になり、手におできができた。

今まではあまり実家の世話にはならないと思っていたけど、もうしょうがないから実家に戻り、「病気の治るまで置いてくれ」と言ったら、その実家の代は変わっていますから、「そんなうつされるような病気を持っているものは置けない」というのです。

一晩だけで出ていってくれと、米一俵だけ持たされて出ていかされたのです。彼女は実家のためを思って自分の貯えの中からちゃんと田畑も増やしてもらっておいたのに、実家から追い出されてしまう。そこで家を断ち切るのです。

自分はもう二度と実家には戻らない。家というものはあてにするべきものではない。自分しかあてにできないのだと、その後実家には行っていない。テレビの取材で実家のお母さんのお墓をいっぺん詣でて、それだけで後は一切断っている、非常にそういうところは強いというか誇り高い人なのです。そうしなければ自分を守れないのです。強くなるために、断ち切ってやってきたのです。

でもやっぱり愛情をかけるものがほしいので、戦後ですけど１人養女をもらって、一軒家を構えるのです。貧しい家の子をもらいまして、その子に歌を仕込んで養女にする。可愛がって育て、そして大きくなる。大きくなったらお婿さんをもらって、そして子どもが生まれる。

そしたら、一家で住んでいるのですが、それだけ世話になっておりながらハルさんを邪魔しはじめる。ついに子どもたちが、お婆ちゃんが早くどっかにいなくなればいいとか言っているのが耳に入ってきて、彼女はそこも断ち切ってしまうのです。

「自分の人生は自分で決める」と言って老人ホームに入るのです。最初は目の見える方も入っているところに入ったのですけど、その後目の見えない人の老人ホームに入ったのです。その頃から、皮肉なことにゴゼという職業が見直され、芸能を大事にしようということでそれを録音しようという動きもあって、1978年瞽女唄が「選択無形文化財」として選択され、小林ハルさんもその保持者の一人として認定されたのです。

５．「鋼（はがね）の女（ひと）」

彼女は自分の人生を振り返って、私が話を聞くといつもぽつりと警句を吐くのです。私が一番印象に残っている言葉は、

「いい人と歩けば祭り、悪い人と歩けば修行」

すごい言葉だと思いませんか？　この言葉を言い聞かせて生きてきたというのです。

いい人と旅をする時は祭りのように楽しい。悪い人と旅する時は、これは自分のための修行だと自分に言い聞かせて歩いてきたというのです。こんな哲学的な言葉を普通とても言えません。自分の人生を全（まっと）うに生きてきた人だから言えるのです。

私たちの人生はその一言で表されてしまう。そういう生き方を実践してきた人です。

その老人ホームには昔お弟子さんだった人が偶然にも数人いまして、今一緒に歌を歌ったりしていますけど、今でも人の噂とかあると「いい人と歩けば祭り、悪い人と歩けば修行」。同室になった人がよければああこれは祭りだと、あんまり気の合わない人と一緒になったらこれ

は修行なのだと自分に言い聞かせて生きている人なのです。

だから、彼女の口から人の悪口とか文句なんかを聞いたことがないと他のゴゼさんは言うのです。自分の身を律して生きてきた人なのです。だからあのようにだんだん美しくなってきて、存在感を身につけていったに違いないと思うのです。

本当にハルさんに出会えたことが幸せだったなあと思います。あの人は鋼のように自分に辛いことがあればあるほど磨きをかけてきた人なのです。

そうやってかつての女たちは自分を磨いてきたのです。あの時代に、目が見えないのにちゃんと自立して生きていたということは凄いことです。

目が見えないのに、ちゃんと経済的にも自立していた。精神的にも、もちろん自分を律して自立していたのです。もう一つ、やっぱり自分の身の回りのことを全部出来た、遠くへ自分ひとりでは行けないだけという凄い人がいたことを書きたかったのです。

男も女もそうですけど、人間は研（と）げば研ぐほど美しくなる部分を持っているということです。私は、今の世の中はそれが一番蔑（ないがし）ろにされていると思うのです。ですから、かつての女の人のような美しさを持った人はいなくなりました。自分で自分を磨くというのが、非常に少なくなったような気がするのです。

かつての辛い時代の女の人たちというのは本当に見事に生きてきたなあという気がします。そこを振り返ってみる必要があると思うのです。

しかも貧しさの中を頑張ってきたのです。暗かったかと言いますと明るいのです。これが不思議なのですけど、ハルさんや他のゴゼさんと話をしていると、無口なんですけど、喋り始めると突き抜けるような明るさがあるのです。この明るさはなんだろう。がけっぷちぎりぎりを歩いてきた人だからわかる明るさがあるのです。

暗いトンネルを長い間歩きつづけてパーと外に出たときのあの明るさを身につけている人なのです。私はそれにも感動しました。

ゴゼさんと聞くと哀愁とかロマンとかだけで捉えがちです。私も母から聞いているだけの時はそういう部分があったのですが、でも実際に付き合ってみると全然違う。そんな生易しいものではないのです。哀愁とかロマンとかでなく、本当の生活者で、自分でぎりぎりの線を生きてきて、だからこそ、突き抜けた明るさを持っている。これはすばらしいものだと感動しました。

ある時、私は敦賀（福井県）に行きましたら、そこに産屋（うぶや）というのが残っているのです。昔女はそこに無理やり入れられてお産したと言います。今の私たちからすると、悲惨なもの、要するに血の汚れというのでそこに入れられた。そこで子どもを産んだことのあるお婆ちゃんにあったのです。それで「大変だったでしょうね」と言ったら、「とんでもない。産屋ぐらい楽しいものはない」と言うのです。「どうして？」と聞きましたら「お腹の大きいお嫁さんばかり集まって、お姑さんも来なくてそこで皆と話し合ってとても楽しいところだった」。

もともとは悲惨なものだったのですが、楽しいものに女たちはしてきたのでしょう。そのエネルギーがすばらしいです。日本の女たちは悲惨な人生を全部自分で違うものに変えてきたのです。エネルギーに私は感動するのです。そういう時代があったからこそ、今の時代が来ているのだと思います。私たちが楽しく生きられるのはそのためだと思う。

私は歴史というのは、思いを引き継いでいくものだと思うのです。その時代のたくさんの下積みにいた女たちがどんな思いで生きてきたか、そして次の時代には少しでもいいようにと生きてきた。

その思いを何かの方法で伝えたいと思い、祖母や母たちの世代を経て、やっと女の人も自分らしく生きることができる今という時代が来たのです。思いを引き継いできたおかげだと思うのです。

歴史というのは思いを引き継いでいくことなのです。

「なんで今頃ゴゼさんなの」「なんでそんな古いことばかりやってるの」って言う人がいるのですが、私はいつも違うと思っている。私という人間がいるのは、私の先輩たちがいて、そして歴史の一点に私がいるだけの話です。ですから、私もなにかの形でそれを次へ引き継がなければいけないと、喋ったり書いたり。私にはそれしかできませんからやっているということです。なにかの形で私たちは思いを引き継いでいかなければいけない。

皆さんも福祉についての思っていることを引き継いでいかなきゃいけないのです。私は福祉の専門家でもないし、よくわかりませんけれども、胎内やすらぎの家に通っていていつも思うのですけれども、今の時代というのはある意味では大変恵まれているところもあるのですが、生きがいというのを大事にしなければいけない。

例えば、お婆ちゃんにしろ他のゴゼさんにしろ歌という専門のものを持っていても今生かす術(すべ)がないのですね。マッサージの上手な方がたくさんいらっしゃいますけれども全然生かすすべがないのです。私はそういうものをどうやったら生かせるのかなという気がしてならないのです。

私はハルさんと付き合うことでいろんなことを考えさせられました。胎内やすらぎの家に通うことによって、それまではあまり機会のなかった福祉についてもいろいろなことを考えさせられまして、やっとの思いで私は5、6年たって新潟日報の夕刊に半年間連載をし、そして『鋼の女』という本を書き上げました。お婆ちゃんの写真をみていただきたい。「鋼の女」というのはこういう人だということを見ていただき、その人生を知っていただきたいのです。

(注) 小林ハルさんは、2005年4月25日105歳で死去された。

下重暁子著『鋼の女』が刊行された直後1991年に、公的扶助・社会福祉の現場職員による「新潟セミナー」が開催され下重さんが記念講演をされた。本文はその講演を文字に起し、講演者の校閲を得たものである。内容、表現ともできる限りその時の思いと言葉がそのまま伝わる文にしたいとの下重さんの意図を感じとってほしい。本来活字にする目的でなかったお話を本書に収録することにご快諾下さった下重さんに感謝申し上げる。

●参考

江戸川べりの堤で唄を歌う瞽女

昭和初期に北関東から東京郊外の村々に来ていた瞽女の一行

昭和初年ごろ村吉庄三郎氏撮影（『瞽女の記録』所収）

本書にはお孫さんの村吉慶子さんの承諾を得て掲載した。

瞽女の記録

■妙音講（みょうおんこう）にみる瞽女の掟―「瞽女能妙音講縁起之事」

一　仲間の師匠になるものは40年の経験により、師匠になるべし。
　　その派の内、経験年齢が高い者がいず、40年に不足する場合に限ってはその人を師匠にあてるべし。但し、その派の意志で考えられた結果では、派の代表で協議して、他の派に合流してもよい。誤って、その師匠の1人が慈悲の道を踏み外した時は、その派全体が瞽女の道には成功しなかったものと心得よ。

一　師匠より下の者を呼ぶときは、名前のみを呼べ。

一　仲間に非行があった場合は、年落としの処分をせよ。
　　5年、7年、10年その経験がなかったこととしてとりたてよ。
　　（経験が浅い順に荷物運び、宿泊先が確保できない時の野宿等の雑用を行う）

一　その派を裏切り、他派の師匠に付いた者は、戻ってもそれまでの経験年数をみないこととして計算せよ。

一　弟子をとって師匠になった者は、弟子の将来を約束しなければいけない。
　　争って弟子を捨てた場合は、その師匠に罰がある。

一　弟子との約束は、3年以上経過した者には、その後1年に1分の給金（ボーナス）をあたえること。

一　嵯峨（さが）天皇に宣告されたとおりにすべし。この掟のとおりにすべし。

一　妙音講は、病気の時以外は1人も欠席しないこと。

一　師匠より、回り状を出して、名前をつげて、村々を廻ること。

一　年貢は、嵯峨天皇から定められた5派合わせて一貫200文を納めること。

一　師匠が交代するときは、10年以上同じ派で同じ行いをした者が、師匠の後を継ぐこと。
　　他派と合流するときは、他派の弟子を思いやること。

一　庄屋宅に泊まった時は、祝儀等は多くないようにすること。これは、嵯峨天皇の勅定によって定まっていること。
　　弘化5甲年2月日、写之　すはら

（「須原（すはら）家文書」より。筆者が文語体を訳す）

（注）働いて収入を得ていた瞽女にとって、年貢（税）を納めることは当然のことであった。職業集団としてまとめて年貢を藩に納付することで、社会的信用を確保していたと推測できる。
「村や村人からの祝儀は多く受け取ってはいけない」多めの祝儀にはその人の下心が隠されているから気をつけなければならない。盲目の瞽女自身を護るための約束事であった。

■村に残る瞽女の記録

江戸期、江戸周辺の村の名主宅に残っている記録から、村が瞽女の一行をどのように迎えたかがよく分かる。一之江新田村の文書には、1800年（寛政12年）からの瞽女に関する詳しい記録が残っている。当時の村は、村を挙げて瞽女の一行を迎え入れている。宿泊に必要な費用は、村費から宿泊を引き受けた庄屋や村の有力者宅に支払われている。その費用は瞽女の食事代などの経費にあてられ、残りを瞽女への祝儀としたものと思われる。村費による瞽女の受け入れは明治初期までつづく。村費のうちの1/4近くを瞽女の経費として支出している年がある。

当時の村はおおよそ50世帯から100世帯ほどの集落で構成され、村の人口はおおよそ250人から500人ほどであり、今日に例えれば町会・自治会単位の規模と推定される。当時の村の予算規模は、今日に直すとおおよそ150万円ほどで、そのうち30～40万円を瞽女の宿泊費用に支出していることは注目される。

当時の村が瞽女の一行を歓迎したのはどのような理由からなのだろうか。

⑴ 瞽女の来村は、田植え等で農作業が忙しい前後の2月と6月、今日の暦では3月と7月が多い。田植え前後の一息入れる時期の村人の憩いの場になっていたと思われる。但しなぜか収穫を祝う秋祭りの時期には呼ばれていない。秋祭りは、村人が自分たちで祝うためだろうか。

⑵ 子どもが文化と触れ合う貴重な場になっていた。村の子どもたちは、瞽女歌を覚え、瞽女から聞く物語によって空想の世界を広げていった。なお、江戸時代中期頃から寺子屋が村にも少しずつ普及していく。

⑶ 瞽女の来村は、他の村、他の地域の情報を知ることができる貴重な機会であった。当時人の往来がきびしく制限されていた中で、瞽女は他の村、他の地域で聞いた新しい情報や智恵を村人に伝えた。甘藷（かんしょ）等の品種改良が広まる上でも瞽女は村々に貢献した。

江戸幕府は村々を往来する瞽女等について再三禁止のお触れをだすが、にもかかわらず村の記録では瞽女は村費を出して迎えられ、江戸時代中期頃から途絶えることはなかった。さらに、瞽女の一行は村から村へ廻り状によって引き継がれていた。

瞽女はきびしい掟をつくり、瞽女の集団の結束によって自分たちが生きることをまもった。当時盲目の女性たちが生きるための貴重な職業であった。

村の名主が「瞽女能妙音講縁起之事」を当時瞽女の一行から見せてもらい書き写していることが注目される。

（江戸川区教育委員会社会教育課文化財係『江戸川区の古文書にあらわれた瞽女の記録』）

■一之江新田・笹ケ崎村ゴゼ止宿記録—村費の支出を中心に—

（「田島家文書」および前出「須原家文書」・『瞽女の記録』から筆者作成）

		一之江新田 （支出：文）		笹ケ崎村 （支出：文）	
1800	寛政 1		米　6 斗		
17	文化 14	8000	1 株ニ付 571 文 名主・他		記録の数字の推定（参考） 448 文＝ 11,648 円 2 人宿泊分 300 文＝ 7,800 円 1 人宿泊分 1,800 文＝ 46,800 円 12 人宿泊分
26	文政 9	600	12 人分（1 人 50 文）		
35	天保 6		25 人分止宿　　名主宅		
38	9		33.5 人分止宿　　名主宅		
43	14	6804	45.5 人分　1 人 149 文		
			名主宅・他 13 軒宅へ順泊		
44	15		31.5 人分		
			名主宅・他 12 軒宅へ順泊		
47	弘化 4	8548			
48	嘉永 1	8624			
49	2	3248			
50	3			5448	名主宅へ止宿
51	4	5200		8100	〃
52	5	6400		7400	〃
53	6	7200	1 人費用 149 ～ 150 文	5400	〃
			名主宅・他 11 軒宅へ順泊		〃
54	安政 1	8700		9348	〃
55	2			5800	〃
56	3	9500		5100	〃
57	4	9516		7100	〃
58	5	7000	70 人分（1 人 100 文宛）	9400	〃
59	6	6500	65 人分（1 人 100 文宛）	13500	
60	万延 1	7772	61.5 人分（1 人 126 文）	13200	
61	文久 1	12300	123 人分（1 人 100 文宛）	23900	
62	2	7200	30.5 人分（1 人平均 149.9 文）	20200	名主宅・他宅へ止宿
63	3	8200	31.5 人分（1 人平均 149.9 文）	23900	
64	元治 1	8600		24869	名主宅・他宅へ止宿
65	慶応 1	11400		14400	名主宅・他宅へ止宿
66	2		61 人分（1 人 200 文）	15400	
67	3			13000	
68	明治 1	28000		13200	名主宅・他宅へ止宿
69	2	53600	67 人分（1 人 500 文）	55000	44 人分（1 人 300 文）
70	3	57600	72 人分（1 人 800 文）	144000	名主宅・他宅へ止宿 144 人分（1 人 1000 文）
71	4			94000	名主宅・他宅へ止宿 94 人分（1 人 1000 文）
72	5			5 円 40 銭	

（注） 一之江新田は、現在の東京都営地下鉄新宿線「瑞江駅」の西側、笹が崎村は同「篠崎駅」の北側にあった村である。現在、一之江新田「村」には「一之江名主屋敷」が文化財として保存されている。

1.3　障害児をささえる

学習のねらい

障害児の進路保障

「障害（児）者福祉」のテキストには、特別支援教育についてほとんど書かれていない。

1979 年障害児の全員就学が始まり、それとともに中学部、高等部卒業後の進路保障が求められるようになり、各自治体で障害者作業所が毎年のように新設された。そして、今日では大半の障害児が特別支援学校高等部を卒業するようになるとともに、障害者総合支援法による広範囲の進路への取り組みが、特別支援学校および各自治体の障害者福祉課の連携で進められている。

ラブジャンクス・ダンスレッスン

ラブジャンクス（代表・牧野アンナ）による障害児、ダウン症児のダンス教室が注目されている。それまでの障害者観を大きく変えるほど、障害児、ダウン症児が自らダンスに参加する。それまでは、心臓に負担がかかるためダンスなどの動きの激しい運動はさせてはいけないという定説があった。ラブジャンクスのダンス教室では障害児自身が自由にダンスを取り入れる。

私たちは、保育や福祉の分野と違った分野の人に教えられ、学ぶことが大きい。

（映像）「ピュアにダンス」2004 年 5 月フジテレビ系放映、以下ほぼ毎年続編を放映中。ラブジャンクスは毎年各局の 24 時間チャリティ番組にも登場している。ラブジャンクス代表牧野アンナさんは現在多くのアイドル・グループのダンス振付師として指導されている。

■「ピュアにダンス　障害児者の支援」学生のノートから

1.「ラブジャンクス」を知っていましたか…　☑知っていた　□知らなかった
（☑ 24 時間ＴＶ　□「ピュアにダンス」続編（フジＴＶ）　□その他　　　　）

2. 特別支援学校小学部での学生ボランティアの記録から、接し方など印象に残った学生の感想文と印象に残ったこと…

私がこの学生の感想文で印象に残ったことは、担当の自閉症の子どもに無理に接しようとはせずに、ただひたすら待つということだ。言葉をかけるのではなく、ただひたすら待つことでも、相手の子には、この学生の気持ちがしっかりと伝わり、しっかりと学生の気持ちに答えているということがとても印象に残った。

3. 障害者が作業所に通うこと、施設等で日中作業することはなぜ大切なのか…

日中に作業所に通い、作業をすることは、働くことにより、仕事の大変さ、お金をかせぐことの大変さや、うれしさを感じるだけでなく、他の人とのコミュニケーションの場にもなり、障害者が社会の一員として自立するための 1 つの場として大切だと考える

4.「ピュアにダンス」を見て思ったこと、気づいたこと…

私がこのビデオを見て思ったことは、ダンスレッスンをしている子どもたちは、自分の気持ちを体いっぱいに表現し、本当に楽しそうに笑顔でダンスしているということだ。そして自分の気持ちをとても素直に恥しがらずに表現していると感じた。その一方で、障害の子どもを持った親たちは、自分の子どもに、障害があると分かったときに、とても辛い思いをし、それを乗り越えるまでにたくさんの苦労をしてきたと感じた。そして、自分の気持ちを上手くコントロールできないダウン症の子どもたちを指導していく立場の人たちは、子どもたちの微妙な気持ちの変化に気づき、支援していくことが大切だと感じた。

障害児の進路保障

1．特別支援学校卒業後の進路

人口70万人のある自治体には、肢体不自由児の特別支援学校、知的障害児の特別支援学校が1校ずついずれも小学部から高等部までそろっている。また、中学校の特別支援学級は区域内の中学校3校に設置されている。近年、中学校特別支援学級の卒業生の大半は特別支援学校高等部へ進学する。特別支援学校高等部の卒業生は合わせて毎年40名ほどである。

高等部では本人、保護者と面接を繰り返し行い、希望する一人ひとりにあった卒業後の進路を探していく。そのために実習を繰り返し行っている。民間企業、作業所、通所更生・授産施設、訓練施設や学校などの進路を決める際には、ハローワークや自治体の障害者福祉課、実習先の施設にも参加してもらい、関係機関合同の会議や保護者説明会などを開催している。進路先を確保するためには、こうした場に自治体関係者を参加させることが大切である。

約40名の進路はほぼ毎年、民間企業への就職が数名、作業所への通所が20名強、通所更生・授産施設への通所が10名弱、訓練施設や学校に入所・入学が数名である。中学校特別支援学級を卒業して直接上記の進路を選ぶ生徒若干名が前述の数に加わる。

したがって、この自治体では、特別支援学校卒業後の進路として、毎年20名規模の作業所を一つ増設すること、4～5年に1ヵ所通所更生・授産施設を新設することがどうしても必要なのである。もし、そうしなければ卒業後の進路が保障できない。

2．それは1979年障害児の全員就学から始まった

戦後、教育の分野では、1947（昭和22）年「学校教育法」で「特殊教育」の実施を規定し、1948年には盲・ろう学校義務制が実施された。1952年に文部次官通達「教育上特別な取り扱いを必要とする児童・生徒の判断基準について」が出され特別支援学校が整備される一方で、重度・中度の通学が困難な障害児については「義務教育を猶予する、免除する」とされ、義務教育の蚊帳（かや）の外に置かれた。

1956（昭和31）年に「公立特別支援学校整備特別法」が交付され、特別支援学校の適正配置が進められていった。その年の義務教育猶予・免除児童は25,041名であった。

1973年、政令第339号文部次官通達により、障害児の就学義務の実施が準備されることとなり、知的障害児・肢体不自由児の特別支援学校が各地域に配置された。その年の義務教育猶予・免除児童は10,806名であった。

1978年、文部次官通達「教育上特別な取り扱いを必要とする児童・生徒の教

育的措置について」が出され、1979（昭和54）年には「特別支援学校の義務化、障害児の全員就学」が実施された。

この実施によって義務教育猶予・免除児童は、1979年2,424名、1980年1,880名、1990年1,015名となり、その後は全国で義務教育猶予・免除児童は千名未満となった。

このことによって特別支援学校高等部の設置と高等部への進学もすすみ、高等部卒業後の進路を毎年すべての児童にどのように保障するのかが、地域としてどうしても解決しなければならない課題となった（下表参照）。2007年には「養護学校」が「特別支援学校（学級）」に名称変更した。

特別支援学校・進路指導の年間計画表（個別の支援計画表）

月	指導内容	参加者
4月	進路説明会1	学校、保護者、関係機関（福祉司・CWを含む）
5月	進路懇談会1	学校、関係機関（福祉司・CWを含む）
6月	現場実習1	本人
7月	相談面接	本人、保護者、福祉司・CW
10月	現場実習2	本人
11月	家庭訪問	本人、保護者、福祉司・CW
1月	調整会議	自治体内関係機関（福祉司・CWを含む）
	進路懇談会2	学校、関係機関（福祉司・CWを含む）
2月	現場実習3	本人
	調整	学校、関係機関（福祉司・CWを含む）
3月	決定通知等	自治体・各作業所から本人、保護者に連絡

注1：「関係機関」とは、自治体障害者福祉課、福祉事務所、身体障害者福祉司、知的障害者福祉司、障害者福祉ケースワーカー（CW）、地域内の通所授産・更生施設、地域内の福祉作業所、小規模作業所等、地域の障害者福祉に関係するすべての機関と施設のこと。

2：「学校」は、特別支援教育コーディネーターの教員、進路指導担当の教員等を指す。

3.「そよ風のように町に出よう」

それでは特別支援学校の義務化以前の義務教育猶予・免除児童のその後はどうなったか。

1970年代に、ある福祉事務所のケースワーカーだった筆者は、地域を巡回していて、ある噂を耳にした。「あの家の奥には病気の人がいるらしい」。その家を訪ね両親に事情を説明し、その人に会わせてもらった。家の奥の光のない真っ暗な部屋であった。

40歳代の男性で脳性マヒ、言語の習得はなく親は本人の様子で主訴を判断していた。障害者手帳の手続きはしておらず、年金も受給していなかった。運動の機会もなく、言語習得の機会もなく、知的障害の有無の判断の機会もなかったのである。当時、義務教育猶予・免除になった障害者の多くは外に出る機会がない状態に置かれ、抵抗力が弱く風邪から肺炎を併発するなど高齢を迎えることは容易ではなかった。

1990 年代、筆者は障害者福祉のケースワーカーになったが、特別支援学校義務化以前の障害者と以後の障害者の状態はまったく異なっていた。義務教育猶予・免除されていた障害者のいる家庭では、その多くが室内で親が懸命に介助していた。近隣にも障害者がいることを隠している家族が少なくなかった。どの親も「子どもは自分で看取りたい」と懸命であった。

特別支援学校義務化以降の障害者は、民間企業への就職のほか、大半の人が作業所、通所更生・授産施設に通うようになっていた。障害者団体の雑誌に「そよ風のように町に出よう」をタイトルにしたものがあるが、日中は外に出ることで身体を動かすことによる健康や人とのつながり、コミュニケーションの場が確保され、そのことが家庭での介助を無理のないものにしている。

途中で施設へ入所したものを除いて、通所の作業所も通所更生・授産施設もそこを卒業される方はまだほとんどない。外に出ることで健康になり、長寿になったからである。したがって、通所先が空くことはほとんどなく、作業所および通所更生・授産施設を増設していくしか方法はないのである。

4．地域のなかで障害者は今

1990 年クロネコヤマト会長（当時）の小倉昌男（おぐらまさお）さんが「ヤマト福祉財団」をつくった際、援助を申し出た多くが障害者作業所だったことに驚く。全国 5,000ヵ所もの障害者作業所のことが福祉の本に説明されていず、国の福祉予算ではほとんど補助がされていなかったからである。さらにこれらの障害者作業所に通所している障害者に支払われている作業の報酬は月 1 万円に満たないことにも驚いている。「せめて障害者に月 5 万円の賃金を」と小倉さんは自らも作業所づくりを始めた。（小倉さんは「ガイアの夜明け」2004 年 8 月 17 日・テレビ東京に出演されて、小倉さんのつくった障害者雇用のためのパン工房の取り組みが紹介された後、2005 年 6 月 30 日に亡くなられた。）

共同作業所は各自治体で補助が異なるが、一ヵ所20名で2〜3名の人件費補助および家賃補助などである。自治体の補助では人手が足りないため、各作業所とも数名の指導員を置いているが、指導員の賃金は驚くほど少ないのが現状である。

そうしたなかで、国は 1995 年、一定の条件を満たした作業所を「小規模作業所」と位置づけ、年間 110 万円ほどの助成を行うことになり、当初 2,500ヵ所ほどが該当した。

2003 年に各市町村を窓口とする「障害者支援費制度」がはじめられた。在宅で常時介護を要する、あるいは家事が困難な重度・中度障害者の方の「訪問介護（ホームヘルプ）」の利用もこの制度では必要な人が利用しやすくなったが、費用が拡大したため市町村の財政負担が増加した。そのため 2006（平成 18）年に介護保険と同様の１割本人負担を取り入れた「障害者自立支援法」となり、施設を、日中活動のみの施設と夜間もそこで生活する施設に分類しなおした。

それまでの授産・更生施設と福祉作業所を目的別に組みなおして、「日中活動の場」としての「就労移行支援、就労継続支援Ａ型・Ｂ型、療養介護（医療型）、生活介護（福祉型）、自立訓練（機能訓練・生活訓練）」に分類しなおすとともに、「地域活動支援センター」を設置してデイサービスを行うこととした。「夜間も施設で生活する」施設は、大規模の「障害者支援施設」と小規模の「ケアホーム、グループホーム、福祉ホーム」に分類した。

障害者自立支援法の実施は、当事者の費用負担等に強く批判が出されたことから、各サービスごとに負担額の上限を設定するなどの改善を行い、旧制度と新制度の併用期間をとって、移行を準備し、2013（平成25）年からは「障害者総合支援法」に名称を変更した。

なお、障害児については、2012年の児童福祉法の改正で、障害者自立支援法の対象だった「児童のデイサービス（障害児の学童保育）」が児童福祉法に移り、「障害児の通所支援（児童発達支援、医療型児童発達支援、放課後等デイサービス、保育所等訪問支援）」と「障害児入所支援（福祉型障害児入所施設、医療型障害児入所施設）」に変更して、入所施設の分類を２つにまとめた。

５．介護者の高齢化、障害者の高齢化

地域に作業所や通所更生・授産施設がつくられるようになって40年が経つ。現在、保護者の集まりでは、介助してきた保護者の高齢化や本人の高齢化が心配の種になっている。

「自分が高齢になり通所の送迎バスに乗せるのも困難になってきた」「多動な子に身体がついていけない」「自分が寝込んだらどうしよう」など、介助する親たちの悩みは深刻である。親亡き後の対策、あるいは通所施設が遠くて通所できない場合の「障害者（入所）施設」は、「療護施設」「障害児施設」とともに、まだ通所施設がほとんどなかった時代から各地につくられてきたが、通所施設が増加する一方で、国は2004年度から入所施設の新設を制限し、東京都でも入所施設の新設を1998年から取りやめている。

親との意思疎通はできても、親以外の家族との意思疎通が困難な重度・中度障害者の親が高齢になった時や亡くなられた時に入所施設はなくてはならないものである。そうした点で、介護者の高齢化、障害者の高齢化が進むなかで、地域にグループホームや小規模の入所が可能な施設、障害高齢者が入所できるケアハウスや特別養護老人ホームが揃っていて、利用者と保護者が選択できることがこれからの課題である。

心身に障害を持った児童への援助

1．知的障害

A　知的障害

原因　①遺伝　②染色体　③周産期の問題（外傷、低栄養、低酸素、胎内での毒物摂取、感染症）　④乳幼児期の問題（外傷、毒物摂取、感染症、疾病）

出現率　おおよそ1%

援助方法　〈乳幼児期〉遊びなどの中で音声言語によるコミュニケーションを促す　色・形・大きさなど遊びの中で概念の理解を促す　〈児童期〉机上での作業や学習を取り入れる　失敗経験を少なく、達成感を多く感じられるものを工夫する　買い物、電話、人に道を聞くなど社会生活に必要な技術を得るよう援助する　〈青年期〉自立した生活がおくれるように、職業に繋がる技術、社会人としてのマナー、健康の維持や安全のための技術の獲得、自身の障害についての一定の理解と受容を促す

B　自閉性障害＝広汎性発達障害

特徴　①人との関わり方の障害（他者の心を読むことができない＝マインドブラインドネス）　②コミュニケーションの障害（反響言語＝エコラリア）　③行動や趣味の狭さの障害（自分の興味に熱中する　パニックを起こして危機を回避する）

原因　中枢神経系の異常による発達障害（内、知的障害者75%　てんかん発作の出現25%）

出現率　おおよそ1万人中2～5人

援助方法　〈乳幼児期〉自然なやりとりの中で、適切な行動は促し、不適切な行動は無視する（行動療法的）　〈児童期〉一定時間作業が続けられるように、集団の中で順番や規則を守れるように援助する　〈青年期〉他者と親密になり、余暇を楽しめるように援助する

＊アスペルガー障害＝高機能自閉症　言語には異常がない自閉症

C　学習障害（LD）

特定の能力が、知能に比して著しく低い中枢神経系の異常による障害

出現率　2～10%　注意欠陥・多動性障害を併せ持つことが多い

援助方法　〈児童期〉知的能力に関する検査により、子どもにあった学習プログラム　〈青年期〉キャリアカウンセリング

D　注意欠陥・多動性障害（ADHC）

不注意、多動、衝動性が著しい　①不注意優先型　②多動、衝動性優先型　③不注意及び多動、衝動性「混合型」

出現率　3～5%

援助方法　〈乳幼児期〉やってよいことと悪いことの区別　行動を制限しない　〈児童期〉集団の中でその子のよい面を評価し、集団に登場する場面をつくる　役割を持たせる　〈青年期〉いじめや非行の被害者にも加害者にもなることがある　自尊心の低下、意欲の低下を防ぐ

2．身体障害

A　運動障害＝肢体不自由

原因　①脳性疾患　脳性マヒ、脳外傷後遺症、脳水腫など　②脊椎（せきつい）・脊髄（せきずい）疾患　二分脊椎など　③筋原性疾患　進行性筋ジストロフィーなど　④骨関節疾患　先天性股関節脱臼（だっきゅう）など　⑤骨系統疾患　先天性骨形成不全症　⑥代謝性疾患　⑦四肢の奇形・変形　⑧緩性マヒ

運動機能の異常の表れ方　①運動発達が遅い　②姿勢や動作の異常

援助方法　障害のない部分の機能の発揮　補装具・機器とそれらによる訓練　言語療法によるアプローチ　心理面での援助

B　病弱・虚弱

気管支ぜんそく、腎炎・ネフローゼ、精神・神経疾患、心疾患など　①日常生活に制約を受けることから経験や知識が不足しやすい　②周囲から保護される中で、依存的になり、意思・自発性が乏しくなりやすい　③病気への不安

援助方法　①医学的な知識を大人が理解する　②子どもの行動を都合で制限しない　③スポーツできる機会やキャンプの体験の機会をつくる　④年齢や病状に配慮しながら子どもに情報を与える　⑤子ども自身が自分の病気を理解し、自分で健康管理ができるように援助する

C　視覚障害

①視力障害　歩行時付添いが必要　　②弱視　文字の拡大等の対応が必要

視覚的情報による学習ができない→概念の把握がむずかしいことが多い　全体的に知識量が不足ないし部分的に理解できないことがある

ブラインディズム＝盲児癖　ひとりで体をゆらしたりする

援助方法　聴覚、嗅覚、触覚による環境認知、歩行や指の訓練等が必要

D　聴覚障害

①聾　②難聴　末梢（まっしょう）性難聴、神経性難聴、中枢性難聴

原因　①胎児期の問題　感染、薬物中毒、母体の代謝障害　②周産期の問題　仮死、外傷、重症黄疸　③乳幼児期の問題　疾病や事故

援助方法　コミュニケーションの困難　話を聞くことが困難な場合が多い、学力・理解力に支援が必要　読解力に「9歳の壁」、発語、読語、聴能訓練、指文字、補聴器使用など

E　言語障害

①構音問題　②音声問題　③吃音（きつおん）　④言語発達遅滞　⑤失語症

援助方法　低年齢児に言葉遊びなどで言語の世界をつくる

《学生の記録》

ラブジャンクス・ダンスレッスン

筆者の元勤務地の特別支援学校小学部・夏休み企画「ラブジャンクスのダンス教室」に 50 名の保育専門学校生と一緒に参加した。子ども一人に学生一人が付くようにし、事前に各々の障害を特別支援学校教員のメモで理解し、ペアで一緒に遊び一緒に弁当を食べる時間を 2 時間程もって、一対一のコミュニケーションが成立したところで、ラブジャンクスが登場。各々の子どもは、あっという間にダンスを始めて、親や教員を驚かせた。 **(注)** 本文の「先生」は特別支援学校教員、**「先生」** はダンスの先生＝ダンサー。下線は特に注目したい。

□　ａｋｉ

その子を紹介された時、先生に「この子はよく癇癪（かんしゃく）を起こして腕に爪をたててぎゅっと掴まれることがある」と言われました。

その子はトランポリンとか扇風機がとても好きなようで、トランポリンで遊んでいましたが、扇風機が来ると扇風機の方に走っていきました。扇風機は危険なので、「近づくのはここまで」と腕でさえぎってそれ以上近づかないようにしました。そこでその子は初めて爪をたてて私の腕をギューとつかまれました。とてもびっくりしましたが、一度つかまれてしまえばもう恐れることはなかったのです。

ダンスが始まり、「皆の所へ行こう」と言っても、行ってくれません。一緒にダンスを見ていると、曲がかかると曲に合わせてジャンプをしだしました。

ダンスの**先生**が「前に出て踊りたい人」と言った時、その子はパッと立ち上がり、前に出て行ったのです。さっきまで、全然積極的でなかった子が、踊りたいと前に出ていった時は驚きました。その子が前に出て踊っている間中、なんだか母親のような気分でずっと応援していました。

その後も、曲が流れるとリズムに合わせて手をたたいたり手を握って振ったりジャンプしたりとても楽しそうでした。ギューと掴まれたりしましたが、私も負けないように頑張りました。それで、その子から手をつないで一緒に踊ってくれたことは、頑張った成果のような気もして強く印象に残っています。

□　ｋｈｉ

私が担当になった子は、ほぼ自立できていて排泄などの時に少し声掛けをしてあげれば対応がきちんとできる子でした。しかし当日はいつもならすぐに帰宅するのに、残っている自分のペースが乱れて不安になってしまい、先生から離れなくなってしまい、お弁当もなかなか食べられずにいました。先生は抱きしめて安心して食べられるように配慮していました。

ダンスレッスンでは上半身を動かしてリズムをとったり、前で踊っているダンスの**先生**の動きをジーッと見たり、とても興味津々にしていました。しかし、一緒に踊ってみようと誘いをかけてもなかなか踊る気になれない様子でした。先生は、A君は毎年踊るのを楽しみにしているとのことだったのですが、今年はなかなか踊りませんでした。最後の方になると先生の力も借りて一緒に楽しく踊ることができました。

□ mor

ダンスレッスンが始まる前に、担当した児童と一緒に遊びましたが、担当した児童は言葉が理解できる子だったので、話をしていてなんだか私の方が年下のような感じがしました。ブロック遊びの時も、「そこは違うよ」と指摘されたり、座る時に自分の場所だけでなく私の場所も用意してくれてとても嬉しかったです。

ダンスレッスンの時間になって、一番前の方に一緒に座りました。私はダンスは簡単な振付を一緒に覚えるものと思っていましたが、違っていて、それぞれ好きなように自由に曲に合わせてダンスをするというものでした。ジャンプをしたり、ダンスの**先生**の真似をして踊っている子もいました。本当に驚きました。**先生**のダンスをそっくりそのまま真似をして、見よう見まねであんなことができてしまう子がいるんだなと思いました。

先生対子どもでダンス対決をした時も、本当に障害を持った子どもとは思えないくらいみんな踊りやリズム感がよかったです。私が担当していた子は、曲が流れても手を打ったりしていましたが、ダンスの**先生**が来てくれて、一緒に手を持ってジャンプしているのを見て、こういう方法もあるんだなととても勉強になりました。一緒に手をつないでジャンプするだけでとても一体感を感じました。担当の児童もとてもうれしそうにジャンプしていたのでよかったです。

□ mer

授業でたくさん学んだことがあったが、ここではとてもいいことを学びました。特別支援学校の先生は私のことを見て「笑顔がいいね」「うそのない笑顔」「みんな障害を持っていて、人間だから悲しいとか辛いとかたくさんの気持ちを持っているから、その気持ちも分かってあげられるといいね」と言われました。

私が担当した子は自閉症の子でした、テレビで自閉症の子を見たことがあるが、初めてでした。顔合わせの時、笑顔を見せてくれませんでした。ずっと一つの物しか見ていませんでした。私はどうしてよいか分からず、その子のとなりに座っていると、先生が「待つことも大切」だと言われたので、ひたすら座っていたらお弁当のリンゴを私にくれました。言葉では何も言っていないが、私はすごくうれしかったです。その時からすごく仲良くなりました。

ダンスレッスンでは最初にマイクに興味を持ってイタズラばかりしたり、体育館をぐるぐる廻っていました。追いかけるのが大変でした。音楽がかかったら大きな音が嫌だったみたいで、ずっと耳を押さえて怖がっていました。そして、両親がお迎えに来た時は私が「バイバイ」って言ったら手を振ってくれました。あんまり言葉を発していないが、いろんなことが通じた気がしました。

□　yos

その男の子は自分のことはほとんど何でもできて、こちらの言うことも理解しているようでしたが、言葉は出ません。私は既に施設実習は終えているものの、どう接していけばよいか初めは緊張しました。がその後、男の子の笑顔が緊張を解いてくれ、安心して接することができました。

ダンスレッスンが始まると、みんな本当に楽しそうに表情豊かに踊っていた。私の担当した男の子は、突然走りだし、ダンスの輪から抜け出してしまうなど、正直追いかけるの大変でしたが、まるでそれを楽しんでいるかのようでした。かと思えば、積極的に前に出て踊ったり、ダンスの**先生**を見て一生懸命真似して踊ってみたり。

どの児童も自由に嬉しそうに踊る姿はとても印象的でした。私は、このダンスレッスンに参加することで、みんなが楽しめる、みんなで時間を共有できる素晴らしさを学ぶことができました。

□　noh

障害の子どもとダンスをしたりするのは初めてだったので、最初はどこまでできるかわからず「ダンスを一緒にやろう」と誘ってみたりしましたが、あまり反応がなかったのでダンスにはあまり興味がないのかと思い様子を見ていました。するとみんなが楽しそうに踊るのを見ていてジャンプをしたりしはじめたので、手を持って「ジャンプ、ジャンプ」と言って一緒に飛んだり回ったりしました。すると笑って喜んでいました。私がその時に思ったことは、無理に誘ったりしないで、子どもが興味を持って楽しくやりはじめたら、自分がその子どもの気持ちを盛り上げて一緒に楽しめばいいと思いました。

□　suz

私が担当した子はKちゃんというニックネームの男の子でした。Kちゃんは、自閉症の男の子でした。Kちゃんの特徴は移動は手をつないで歩かないと自分の好きな所に行ってしまいます。食事はフォークで上手には刺せないので少し手助けしてあげます。また、デザートを見るとご飯の前に食べてしまうので、デザートは最後まで見せません。排泄は時間を見て連れていってあげます。その他は1人でできます。

好きな遊びは走り回ること、トランポリンなど元気な遊びが好きです。その他、行動では頭を叩いて「イーイー」と言うことがあります。理由があるときもありますが、理由が分からない時はギューと抱きしめてあげて「大丈夫だよ」と言ってあげると落ち着きます。

そしてダンスレッスンが始まりました。Kちゃんは自由遊びの時に遊びすぎたのか眠くなってしまったみたいでゴロゴロしていました。Kちゃんの嫌いなことは大きな声、大きな音だったので少し不安でしたが、しばらくすると立ち上がって横に揺れながらダンスを楽しんでいました。

□　ｋｕｒ

私が担当した子どもは２年生の男の子です。この男の子は、会話はどんどん話しかければゆっくりですが返事をしてくれる程度のコミュニケーションはとれました。しかし、排泄の一部介助が必要で、声掛けしてトイレを促したりしました。また、食事の介助も一苦労でした。食べ物を見て突然泣きだしてしまい、なだめながら何とか食べさせようとしても拒否されてしまい、どうしたらよいか分からなくなってしまいました。結局ほんの少し口にするだけでやめてしまいました。

そしていよいよダンスレッスンの始まりの時間がやってきました。どの子どもも一生懸命体を動かしています。ライブパフォーマンス等見せていただきましたが、音楽に合わせてとても気持ちよさそうに踊っています。ダンスをとおして自己表現するのが目的だそうで、本当に心から楽しんでいるのが手に取るように分かりました。そして、私もつられて踊ってしまい、久しぶりにこんな楽しい思いをしました。日頃なかなか笑顔で何かに打ち込むことがなかった自分にとって、心から楽しめました。わずかな時間でしたが、本当に充実した時間をありがとうという思いでいっぱいになりました。

□　ｙａｍ

担当の子は４年生の男子で自立のできた子で、他の子たちの面倒まで見てあげられる明るく元気な子でした。すぐに自分とも打ち解けられ、自由時間には一緒に紙芝居を読んだり、読んであげたり、本を読んだり、パズルや積木をして楽しく遊ぶことができました。
ダンスレッスンもともにとても楽しみにしていました。

しかし、ダンスの**先生**に「一緒に踊りたい人、前に出てください」と言われたとたん、「嫌だ、一緒には踊らない、前には行かない」と言いだしてしまい、今までとても楽しみにしていたのに、急に内向的な態度になってしまいました。

手拍子をしたり音楽にのったりはしていたのですが、前に出て踊ることは最後までできませんでした。先生方やＰＴＡの方も声かけをしていたのですが、「嫌い、踊らない」の一点張りでした。あの雰囲気に圧倒されてしまったのだと思いました。先生方も「じゃあいいよ、無理しなくて、お姉さんと一緒に手拍子をしてな」と優しく言葉がけをしていました。最後の「世界に一つだけの花」の時に、自分が「立って手拍子してみようか」と声をかけました。その時今まで「嫌だ」の一点張りだったのですが、「うん」と言い、立って拍子をとることができたのです。

そして、私もダンスの**先生**のまねをして足でリズムをとっていたら、一緒に足を少しずつ動かしリズムをとれるくらいになって、手で振付ができるようにまでなりました。

（愛国学園保育専門学校　学生のレポートより）

1. 4「母は恋人」－ケアワーク－

学習のねらい

高齢化社会と介護保険

1990年代ゴールドプランの目標の実現と2000年からの介護保険制度は、寝たきり高齢者や認知症(にんちしょう)高齢者の問題を国民全体で解決する課題とし、介護の社会化を大きく進めた。ゴールドプランと介護保険によって、市町村単位の福祉の町づくりの基盤は一応整った。

けれども、介護保険を支える人びとの給与・報酬の低さなどの問題は解決されていない。そうした中で、私たち自身でさらに福祉の町づくりを進めるためにさまざまな取り組みが必要になっている。

保育士が高齢者福祉を学ぶ理由

保育者をめざす学生に、ケアワークと保育の共通点が多いと言うと多くの学生はびっくりされる。食事介助、口腔(こうくう)ケア、排泄介助、衣類の着脱、移動時の付き添い、入浴介助とプール指導、レクリエーションなどそのノウハウは、介護施設と児童福祉施設だけでなく、保育（所）園・幼稚園とも共通するものが多い。その中でも最も共通することは、予告、声かけ、笑顔、コミュニケーションである。

保育者が日々接し会話する人は、子どもの親だけではない。送迎が祖父母であることも多い。祖父母と介護保険などを相談されることも多い。

（映像）「若者たちと老人」1999年10月31日、日本テレビ系ドキュメント放映、西日本放送製作。香川県高松市のある特別養護老人ホームの一日のケアワーカーの仕事、食事介助、口腔ケア、入浴介助、排泄介助、レクリエーション、散歩、夜勤を映像にした。

■「母は恋人―ケアワーク―」学生のノートから

1．特別養護老人ホームなどの介護施設について…　☑知っている　□知らなかった

□小中高の時一日見学、ボランティアで行ったことがある
□祖父母など身近な方の入所で行ったことがある
□(家族、知人、近所の人）で勤めている方がいる　□建物をよく見かける
☑高齢者の送迎車をよく見かける　□高校家庭科等の授業で学んだ

2．「母は恋人」の文を引用し、高齢者と接する上で大切だと思うこと…

高齢者と接する上で大切なことは本文の「ホームではボーッとした顔つきが家族や周りからの働きかけが一生懸命されるとキリッとした顔つきになる」という文から自分たちが高齢者に対して、しっかりとした意志で、誠意を表しながら接することであると考える。

3．ケアワークと保育の共通点、ケアワークから学べる点を2～3点…

ケアワークと保育において共通することは、相手を不安にさせないために予告をする、活動中にたくさんの言葉かけをするなど、コミュニケーションを大切にしている点であると考える。ケアワークから学べる点は、こちら側が相手に対して一生懸命接しているという誠意をみせること、人とのかかわりを大切にすることの重要さであると考える

4．その他きょうの授業で思ったこと、気づいたこと…

高齢者の介護において、まわりの人々が協力して介護をしていくことが大切であり、まわりの人々の働きかけによって高齢者も生きよう、頑張ろうと思うようになると感じた。また、人との触れ合い、特に子どもとの触れ合いは、高齢者にとっても、子どもにとっても大切なことであると思う。そして、ビデオを通して、介護が自分が思っていた以上に過酷な仕事であると感じた。しかし、介護者の人々は嫌な顔をせずに行っていてすばらしい。

《講演》

母は恋人・我が家の老人問題
―木村松夫さんの講演から学ぶこと―

1．母のこと

今日は老人問題と言っても、私の家庭の問題、自分の生活のことを話します。今でも週１回、仕事があろうとなかろうと母に会いに行きます。母に会いにいく時間を取ることは、生活そのものです。その中で、母と一緒に生きていると考えるだけです。

不思議なことに、家族のなかに認知症の親を抱えると、社会に見せたがらない。脳溢血や脳血栓などですと「家のおばあちゃん、脳溢血でどこどこの病院に入院して大変なのよ」と話をするのですが、ボケた時は「最近あそこのおばあちゃん、見かけないけどどうしたんだろう」って噂が広がる。

私がやっていることは変わったことだとは思わないのですが、お嫁さんが一生懸命介助しているとそれは当たり前で、実の息子が介助すると不思議がられる。

2．母の現状

写真展を始めて、「お母さん、どうですか」と聞かれることがよくあります。母は最悪の状態から笑顔を取り戻すまでになりましたが、歳は若くならないから能力は徐々に衰えてきています。ある一定の水準から発展していくことはあまりない。すべての人がそうであるとは言い切れませんが、せいぜいよくて現状維持で、衰えていくのが普通ではないかと思います。母は、あと３日で84歳になりますが、やはりいろんな衰えがあります。運動機能が低下してすぐ倒れたり、歩こうとして今までと違ってバランスを崩して倒れてケガをします。そして入院すると元の体調になるまでたいへんな時間が必要で、元の体調以上にはなりません。

今年の正月に、小さい時の菌が体内に残っていて、抵抗力が落ちているため水疱瘡になって、特養ホームから病院に入院し、体調は下降してしまいました。

そうすると私なんか、もう回復は無理と思ってしまう。でもここで周りが諦めると一層下降してしまうでしょう。「まだなんとかなるわよ」と思うと、また上昇していく。

母は入院して１週間で全然歩けなくなりました。点滴の合間をぬって歩かせる訓練をしました。１週間も寝ていると歩くことを忘れてしまいますから、足に力が入らない。疲れるから少し休んでまた歩く。１日何回か繰り返しやっていると、夕方には何とか自分で歩こうとするようになり、特養ホームに戻りました。

以前は１日でできたことが、最近では１週間かかるようになりましたが、それでも本人に生きようとする力がある限り回復していくことができます。それをどう保たせるかは私達家族の、母との関わり方です。私達が下からどうやって支えるか、老人の持つべき能力にどうやって近づけるか。これが上から引っ張り上げるだけだったら老人は答えてくれないでしょう。下からヨイショ、ヨイショ「何とかしよう」みたいな関わり方をすることが大切です。

3．ホーム・家族

母との関わりの中で幾つか判ったことがあります。

ホームはお年寄りがいきいきと生活できるように、様々な取組みがなされています。しかし家族との間には深い河が流れていて、なんとなくかみあいの悪さがあります。私達家族は、あくまで母という個人、個別的なものをとおして何かをしてほしいと思うのですが、ホームの側は50人の施設なら50人全体をどうやってフォローするか、から関わるわけで、その関わり方の違いだと思います。

それから家族が変わってきました。子どもたちがいろいろやってくれるのです。おばあちゃんに食事を介助する時、姪が食べさせると、一番口を大きく開きます。「家に連れてきていいわよ」「私が面倒みるわよ」と孫のほうから言ってくれるようになりました。ホームでボーとした顔つきが、家族や周りからの働きかけが一生懸命されると、キリッとした顔つきになります。なかなかこの表情が写真に出せないのですが、この表情が見たい。母がエネルギーを持っている限り私達は何とかしたいと思いながらホームに通っています。

4．認知症とのかかわり

写真展を始めて今日で71回目です。新聞やテレビで紹介されたりするのですが、親孝行物語なんかじゃなくて、人間関係のつくり方としてやってはいけないことをやってきた結果が母をボケ（認知症）に追い込んだと思います。

みなさんいろいろなことをイメージなさるのですが、私は100人のボケ老人（認知症）がいると、100種類のボケと、100の現れ方と、100の状態があると思います。母を考えてみますと、家族や社会との関係がうまく取り結べなくなった関係障害と理解していいのではないかと思います。

例えば脳溢血とか病院のベッドで寝たきりになったおじいちゃんがいるとします。おじいちゃんはその1週間はまだボケていない。娘さんが見舞いにきたとか、看護師さんが注射を打ちに来たとか判る。ところが、3ヵ月位するとだんだん言うことが変になってくる。娘が来ても誰だか判らない。めったに来ない息子なんてもっと判らない。

お年寄りにとっては3ヵ月前、寝たきりになる前までは元気に自立していた、今では食事も一人で食べられない、排泄も人の世話になる。いやですねこんな状態。3ヵ月前の自分が本当の自分であると、3ヵ月前のことばかり考えるようになり、現実の状態を否定してしまう。これが傍目（はため）から見ると、現実と本人の話とが辻褄（つじつま）が合わない、こう見えることがボケとして現れる状態だと思うのです。

母の場合、良家のお姫様で今までお花の生け方とかお茶の入れ方しか知らなかったのが、ある時ポーと庶民の家に嫁に出された。おやじも苦労したと思いますが、母は冷たい関係の中でだいぶ寂しい思いをしたと思います。生来（せいらい）の虚弱、育ちから来る社会性のなさで、おやじが育児、家事をするような家庭でしたから、子どもは成長するにしたがい、おやじを頼るようになり、子どもからも疎外されるという家族関係がありました。

家事が苦手でも家族の中で人間的な位置がある家族関係ができていたなら、母の病気の進行は穏やかで、家庭とか地域社会で受け入れられるような状態で進んだのではないかと思います。まともな社会生活が出来なくなった母は、当時ですから最初は精神病院に入院しました。（当初認知症は特別養護老人ホームにも入所できなかった）

安定剤の服用から、指先が小刻みに震える、顎が締まらない、締まらないから入れ歯が合わなくなる。歯がないからベロが出る。ベロだけでなく涎も出てくる。感覚が鈍くなっていて、それを拭おうともしない。毎日曜の面会でそんな母を見ていた私と姉は、これでは駄目だ、何とかしなければと母の受け入れ先を捜しました。

母は、その後、公立の特別養護老人ホームに受入れてもらいました。

ホームに入って母はみるみる元気になりました。面倒みのよい寮母さんには頭が下がりました。廊下を徘徊したり、自分の部屋が判らなかったり、トイレが判らなかったりしていたのですが、そんなの当たり前という感じで、ガミガミ言われない、「いいな」「ありがたいな」と入所した当時はせっせと通いました。

その内、息子の私が誰だか判らなくなって来ました。母にすれば、現実の世界が嫌で、心のなかに閉じこもっているのに、その現実生活で一番嫌だったのが結婚生活を否定しているのですから息子がいるわけがないのです。

5．母から判ったこと

専門用語で、義理面会とかアリバイ面会とか言うのですが、ホームの人様に世話になっているのですからたまに顔を出さないと申し訳がたたない。ホームによく来られる家族は、娘さんとかお嫁さん。実の息子は面会時間が 40 分あったとして、30 分はロビーで TV を見て、後の 10 分は母親のベッドの半径 2 m以内には近寄らない。息子にとって、親父、お袋が寝たきりになったりボケたりしたのは、あるべき状態ではない。それを見るのが辛いということと、付き合い方を知らない。手の一つでも握れば付き合い方も判ってくるけど、当初は判らなかった。

時々面会に行っているうちに、母の状態がどんどん悪くなっているのに気づいたのですが、ある日ホームから「これ以上面倒みられない」と言われ、愕然としました。当時の特養ホームはまだ認知症老人への個別の対応ができる状態ではなかったのです。

こんな状態になるまで放置して、環境やホームに問題があるのではないか、と批判ばかりして、私達自身は何もしてなかったし、いろいろホームに言える立場でないと、姉と作戦会議の結果、翌日から交代で毎日ホームに通うことにしました。

母と向き合うことで様々なことが判ってきました。字なんか読めないと思っていたのですが、読めるのです。言葉の訓練をしていないから言葉になって出てこないけれど、「おや、読めるじゃないか」ってことに気づきました。

孫を連れていくこともしてみました。イヤだというのですが無理やり連れていって、触らせちゃう。触らなくちゃ始まらないのです。触れたとたんに「このおばあちゃんは大切にしなくちゃいけない」と子どもは心と心で通じ合っていきます。何もしなければ心も体も動きませんが、人と触れ合い体を動かす中で、自然に心と体のリハビリテーションができるのです。

「外に行きたいの」と聞くとウンと言う。散歩にも連れ出しますが、すれ違う人みんなが知り合いに見えるようで、みんなにお辞儀をするのです。お辞儀をされた方は驚いてしまう。特に子どもは同類だと思っているので、見ると近づいて行っちゃう。今までの私達だったら、こんな場面は避けて通りました。でも今では「このおばあちゃん、あそこのホームに居るのだけど、時々迷子になっちゃうの、その時は教えてくれない」って言います。それで、「握手してくれる」と言って握手してもらうと、もう子どもは友達になります。今度会ったら子どもから挨拶してきます。

あるがままの状態を受け入れて、あるがままの姿をさらに世の中に押し出してしまえばよいということが、判ってきたのです。

認知症老人とのお付き合いの基本は何か、と考えを進めていきますと、

一つ目は、静かで落ちついた環境

二つ目は、やさしく穏やかな働きかけ

三つ目は、適当な運動と社会的刺激

ではないかと思います。

6．付き合い方の基本

徘徊がある、トイレが判らなくてお漏らしする、部屋を間違える、当時はこれらがすべて異常行動と捉えられて、集団生活に不適当と言われたのです。

異常とされた徘徊についても、訳もなくうろついているのではない。何か自分に嫌なことが起こった時に、理性的に言葉や行為で相手に伝えられない、嫌な状態を「嫌です」あるいは「何かをしたい、してもらいたい」ことを要求するための意思表示が徘徊です。

それから、怒鳴られた時、喧騒(けんそう)な状態の時にひどくなります。けれども母を叱りつけた寮母さんも、母を憎くて怒っていた寮母さんはいないのです。本人にとって良くないのだからと愛情を持って怒鳴りつけている。もう一つは認知症のスケールに対する理解の仕方で、21点の人を22点に引き上げなければならないという対応が問題だと思うのです。母なんか完璧に0点です。うちの母は0点だけど、まぎれもなく生きていて、しかも言葉を交わす能力もある。母を正面からみること、一生懸命に生きようとしていることを認めることによって、母も私が息子とは理解できなくても、私を認めてくれる。これが人と人とのお付き合いの基本だと思うのです。これは視線の問題です。

母は、三度目になりますが、姉の家の近くにできた特別養護老人ホームに入所しました。新設のホームですから、介護のノウハウが蓄積されているわけでもないのです。

それでも、母の異常行動が落ち着きをみせ、活き活きとした表情を取り戻したのは、お付き

合いの基本があるからです。経験のない若い介護職員ばかりだったから、とにかくお年寄りを楽しませなくてはいけない、お年寄りの心を掴まなくてはいけない、という介護だったのです。これが母の心を和ませるのによかった。

今、私が母とゆとりを持って、母の笑顔を導き出せる付き合いができるのは、母が施設にいるからです。これが24時間家で母の面倒をみていかなければならないとしたら、私もそういうゆとりがなくなります。ゆとりがなくなれば、絶対に重たい存在以外の何物でもなくなって、働きかけも押しつけそのものになる。

そうではなくて、自分の生活があって、今日一日を母に会う時間に捧げれば、また明日、自分の仕事ができる。きちんとした付き合い方ができる。そこに施設の持つ重要な役割があります。施設の数が足りなくて、在宅とか地域の中で生活している認知症の人をどう介助していくかは、差し迫った問題だと思います。

7．福祉・介護の現場

写真展の後に、多数の方々から電話がありました。認知症の人を抱えた家族の方がほとんどでした。皆さんとても困っていて、情報を欲しがっているのがよく判りました。

電話の中で、「役所、福祉事務所、支援センターへ行って相談しましたか」と聞くと、「あんな所、行きたくない」と言う。最初の内は聞いてくれるのですが、その内「また来たか」と言うような態度をとる。

30分ほど喋らせてもらって、「頑張ってくださいね」と言ってくれるだけで、少しは元気になれるのです。それくらいグチを言う相手もいなくて、家族の方は頑張っている。

いろんな制度とかはありますが、役所・福祉事務所・支援センターは御用聞きには来てくれません。申請して、初めて適用されるのですが、相談窓口がどこにあるのかが、あまり知られていません。となると、どうやって相談の窓口を知らせていけるのか、施設とか行政、医療、それに家族の人が一緒に集まって話し合うことが必要だと思います。

つたない経験で、でっかいことを言いましたが、やりはじめた写真家として頑張っていきたいと思いますので、支援していただければと思います。皆さんも現場で頑張ってください。ありがとうございます。

（木村松夫・写真集『母は恋人―ある痴呆性老人の素顔―』）

（注）「認知症」は、当初「ボケ老人」その後「痴呆性老人」その後「認知症」と呼称が変わってきた。木村さんの写真集は、国の認知症への取り組みを大きく進める契機になった。

この写真展と木村さんの講演は、1991年新潟市のヘルパーさん、ケアワーカーさん、福祉事務所のケースワーカーの皆さんで企画されたもの。講演者からご承諾をいただきテープ起しをした。

地域包括支援センター

1．概要

地域包括支援センターは、地域で暮らす高齢者の方を、介護、福祉、健康や医療などの面から総合的に支えるために設置されている。市区町村直営型と市区町村社会福祉協議会委託型、民間の介護事業所委託型があり、市区町村によって設置が異なっている。地域に密着したサービスが望まれるため、多くの市区町村で複数のセンターが設置されている。

2．仕事内容

地域包括支援センターでは、主任ケアマネジャー、社会福祉士、保健師などが中心となって各々の地域の高齢のみなさんの支援を行っている。スタッフはそれぞれ専門分野を持っており、専門分野の仕事だけ行うのではなく、互いに連携をとりながら「チーム」として総合的に利用者を支えている。

⑴　介護予防ケアマネジメント業務

高齢者の方々が、自立して生活できるように、支援を行う。１人で買い物に出かけたい、また料理を作れるようになりたいなど、生活の中で実現したいことを目標に、介護予防をする。

【介護予防のサービス】

運動器や口腔機能の向上、栄養改善、閉じこもり予防・支援、認知症予防・支援など。

⑵　権利擁護業務

地域包括支援センターで成年後見制度の利用が必要と判断した場合は、申し立てなど手続きの支援をする。また、高齢の方たちが適切な成年後見人を選任できるよう、成年後見人候補を推薦する団体なども紹介する。その他にも、虐待の早期発見・把握に努め対応している。

⑶　総合相談業務

介護に関する相談や悩みにのり、寝たきり・認知症などによる要介護認定の手続きを行うことともに、介護に関すること以外にも、健康や福祉、医療や生活に関することなど、地域の高齢者のどのような相談にも対応している。

⑷　包括的・総合的ケアマネジメント業務

地域の高齢者の方々が必要な支援を受けられるように管内の高齢者ひとりひとりの状況を把握するとともに、地域の施設・事業所のケアマネジャーが円滑に介護保険の仕事ができるように、支援や指導を行っている。また、より暮らしやすい地域にするために、医療機関も含め、様々な関係機関とのネットワーク作りに力を入れている。

《学生の記録》

愛媛県久万高原町（くまこうげんちょう）における高齢者福祉の町づくり
―地域包括支援センター主催の「在宅ケア会議」に参加して―

久万高原町は、東は石鎚山、南は四国カルストの標高1000mを超える四国山地に囲まれた高原の町である。自然の豊かさ、癒しの札所、スキー場などの高原リゾートの機能、豊富な農林資源によって、町は「住む・働く・遊ぶ・憩う」人々の生活に調和した、ひと・里・森がふれあい、ともに輝く元気なまちづくりをめざしている。けれども、町は、高齢化率は45％を上回り、1．高齢化対策の充実、2．町内で暮らせる定住対策の推進、などの課題に対応したまちづくりが求められている。

町の地域包括支援センターは、2006年4月に町が開設し、運営協議会によって運営されている。運営協議会の構成は、町議会、保健医療関係者、介護サービス事業者、民生児童委員、住民、社会福祉協議会、行政の各代表による。センター職員は、保健師、社会福祉士、ケアマネジャー、および事務職員である。

町は、町のさまざまな介護施設、社会福祉協議会、地域包括支援センター、住民すべての相互関係の緊密さが大きなネットワークとなっていて、広大な面積の山間部の孤立しがちな高齢者にも施策を行き渡らせている。

久万高原町における高齢者施策は、次のような特徴がある。

(1) 需要が多い配食サービスの取り組みは、生活に支障が生じる場合でも施設入所ではなく自宅においてサービスを受けられることで安心して住み慣れた地域で暮らすことを可能にしている。ただし、配食サービス事業は食事の傷みを考え調理開始から2時間以内の制限が有る。

(2) 介護保険による訪問介護事業や通所介護事業等を行っているが、注目したいのは、「生きがい活動通所支援事業」と呼ばれる介護保険枠外のデイサービスにも力を入れていることである。これらのサービスは、高齢者の介護予防に役立つとともに、高齢者同士が交流し合うことで精神的な励みとなり、孤立化を防ぎ、山間部の高齢者の居宅生活を支えている。

(3) 特に特徴的なことは、町が運営する地域包括支援センターを中心に、町の全ての高齢者介護の施設・事業所が毎月「在宅ケア会議」を開いて、1ヵ月の動きを報告し合い、ケアの成果を交流しあっていることである。地域包括支援センターはこの会議を準備する中で、各施設・事業所の状況をあらかじめ把握することができる。会議によって、各施設・事業所は自分の職場が果たしている役割を自覚することができる。さらに、すぐれたケアから学び、自分の職場に持ち帰ることができる。

（松山東雲女子大学　学生のレポートより）

1.5 「ぼくらも・まけない」

学習のねらい

生活を支えるしくみ

日本国憲法第25条には、「すべて国民は、健康で文化的な最低限度の生活を営む権利を有する」「国は、すべての生活部面について、社会福祉、社会保障及び公衆衛生の向上及び増進に努めなければならない」と定めている。この条文を具体化して、生活保護法や各種社会福祉に関する法律、社会保険に関する法律が定められ、国民の生活が貧困の悪循環に陥らないためのしくみができている。

セーフティネットが大切

生活困窮、貧困をもたらす要因について、さまざまなセーフティネットの施策が作られてきたにも関わらず、これらのしくみが国民に充分理解されていない中で、国民年金の未納者の増加や無年金者の増加が起きている。また、被雇用者の4割が非正規雇用となり、社会保険のセーフティネットがない状態に置かれている家庭が増加している。

（映像）「フリーター漂流」2005年2月6日NHK放映。2004年に製造業の非正規雇用が認められ、多くの製造業で派遣・請負会社が人員確保にしのぎを削っている。映像は、不況の札幌から栃木県那須の工業団地に、時給で雇われていく3人の若者を追ったドキュメントである。

■「ぼくらも・まけない―生活を支えるしくみ―」学生のノートから

1．病気で働けず収入も預金もない時、生活保護が受けられることを…

☑知っている　□知らなかった

「ぼくらも・まけない」を読んでの感想…

島村さんたちは､幼いころから貧しい生活をし､小学生でありながら生活保護の給付を受けに行ったり、まわりからいじめられたりと、とても辛い経験をしたのだと感じた。私はたとえ保護を受けなければならないほど貧しくても、同じ人間に変わりはないのだから、偏見や差別、ばかにするのはおかしいと感じた。どんな人に対しても温かい気持ちで相手のことを考えていくことが大切だと感じた。

2．20歳になったら国民年金加入、すべての国民が加入しなければならないことを…

☑知っている　□知らなかった

学生には「学生納付特例」という免除制度がある（ただし、手続きが大切）ことを…

□知っている　☑知らなかった

国の年金コンピューターにあなたの一生が記録されていくことを…

☑理解できた　□理解できなかった

3．わが国は2000年代になって、非正規雇用の拡大、子育て世代の貧困(子どもの貧困）が深刻になっています。「フリーター漂流」について、感想、思ったこと。…

フリーターの雇用について、学歴が重視される社会の中で、工場の派遣は、その人個人の人間性をみるのではなく、力のある若者をロボットのように扱うという現状にとても驚いた。また、請け負い会社があるということやフリーターを道具のように扱っている企業があるなど現在の社会の厳しさを感じた。そして、そのようなフリーターを子に持つ親もまた、とても辛い思いをしていると感じた。フリーターが半年もたたずにすぐ辞めてしまうのはやりがいを感じて仕事をしているのではなく労働力として働いているからだと思う。日本社会の裏側では過酷な現場があり、そのストレスもとても大きいと感じた。

「5つの巨人」―5巨人悪（five giant evils）―

「ベヴァリッジを議長とするベヴァリッジ委員会がイギリス政府に対して提出した報告書『社会保険及び関連サービス』いわゆるベヴァリッジ報告1942年において、生活困窮をもたらす要因として指摘された5つの要因。この5つをあわせて「5つの巨人」または「5巨人悪」と呼んでいる。社会福祉の関わりをもつ生活上の諸問題を端的に表現する言葉としてしばしば用いられている。」（山縣文治・柏女霊峰『社会福祉用語辞典』より）

「5つの巨人」と対応・関連のサービス

貧窮（ひんきゅう）（want）	社会保険（雇用保険失業給付、労災保険、公的年金・老齢、障害、母子） 社会手当（児童手当、児童扶養手当等）、生活保護
疾病（しっぺい）（disease）	医療保険（国民健康保険、健康保険、後期高齢者医療、介護保険） 生活保護医療扶助、障害者生活支援医療
無知（ignorance）	教育基本法・学校教育法（教育の機会均等の保障） 就学援助費、生活保護高校就学費生業扶助 生活福祉資金・就学資金貸付等
不潔（squalor）	公営住宅、生活保護施設、建築基準法建築確認 保健所（食品・環境衛生）、保健所・保健センター（妊婦・乳幼児健康診査・保健指導、予防接種等）
怠惰（たいだ）（idleness）	ハローワーク（求職相談・雇用保険三事業） 生活保護等自立支援

「怠惰」は「無為」「失業」と書いている辞典・教科書も多い。このため、「5つの巨人」がきちんと説明されてこなかった。「失業等により意欲をなくし無気力になること」を意味する。生活階層の二極化、非正規雇用の拡大は、人間としての喜び、創造性、工夫、向上心を奪っている。

2011年9月16日NHKドキュメント「生活保護3兆円の衝撃」では、社会保険のセーフティネットのない非正規雇用者がその後生活保護を受給して生活すると、所得税・社会保険料を支払わないことを含めて一人当たり4,000万円の社会的コストがかかる、と指摘している。

「非正規雇用で、30数回勤務先を変えて（転職で収入が下がることはあっても上がることはない）疲れきった方から相談があった。国民年金も支払っていない。日本中にこのような方が増え続けている。大量の無年金生活保護者をつくった時、誰が責任を取るのだろうか。」

知っておきたいくらし・医療に困ったときのしくみ

1．生活保護

健康で文化的な最低限度の生活を保障　公的扶助＝生活保護

日本国憲法第 25 条は、すべての国民に「健康で文化的な最低限度の生活を営む権利を有する」としている。この憲法第 25 条に基づき、生活保護法による生活保護が実施されている。生活保護は、国の責任で、すべての国民が無差別平等に、最低生活保障水準（貧困線：Poverty Line）に不足困窮したときに、不足する部分について生活保護を受給して「人間らしく」生活できるように保障している。

●生活保護の 4 つの原理

保護と援助の国家責任の原理

国は、全ての国民が健康で文化的な最低限度の生活をおくることが出来るよう援助する責任をもっている。生活保護法は最低生活の保障と自立助長の２つの目的を明記している。

無差別平等の原理

全ての国民は生活に困窮した時、法に定める要件を満たす限り、困窮した経過等に関わらず、無差別平等に生活保護を受けることができる。

最低生活の保障の原理

生活保護法による保護は憲法 25 条に基づき「健康で文化的な」最低限度の生活を保障するものでなければならない。保障される保護基準は、毎年厚生労働大臣が定める。

保護の補足性の原理

生活保護は、生活に困った時、「その利用し得る資産、能力その他あらゆるものを、その最低限度の生活の維持のために活用することを要件として」行われる。生活保護の申請があると、福祉事務所では本人との面接による聞き取りや家庭訪問により資産調査（ミーンズテスト）を行い、活用できる社会資源がある場合はその手続きを指導する。他に施策・方策がなく生活できなくなった時生活保護は「最後の手段」となる。

●生活保護の 4 つの原則

申請保護の原則

生活に困った時、福祉事務所を訪ねて生活の相談を行い、生活保護の申請を行う。申請を行うことができる者は本人、扶養義務者または同居の親族である。福祉事務所は、単身者が救急車で入院した時などは職権による保護ができる。福祉事務所は「市」は必要設置、町村は福祉事務所を設置できるが通常は都道府県の郡部福祉事務所が担当し、町村の窓口で申請ができる。

基準および程度の原則

生活保護は世帯を単位とする保護基準により最低生活費が計算され、その世帯の保護基準とその世帯全員のすべての収入の合計の対比によって、保護の要否が判断される。生活保護はその世帯の最低生活費からその月の収入の合計を差し引いて、生活に不足する金額を計算し、その額を扶助費として支給する。保護基準は、要保護者の年齢別、世帯人員別、地域別その他事情を考慮し、最低生活を営むことができるように毎年改定されている。

必要即応の原則

生活保護には、生活扶助・住宅扶助・教育扶助・医療扶助、生業扶助・出産扶助・葬祭扶助・介護扶助がある。その他被服費・家具什器費等の生活一時扶助、敷金等の住宅一時扶助等がある。2005年から生活保護世帯の子どもの高校就学経費が生業扶助として支給することになったが、その主旨は貧困を再生産させないことにある。

世帯単位の原則

生活保護の要否および程度の決定は「世帯」を単位として決められる。この場合の世帯とは、同一住居、同一生計を営む親族関係にある者である。世帯単位の原則の例外として長期入院を要するきょうだいなど「世帯分離」して要介護者の「単身保護」ができる場合や、大学生や就労指導しても働かない無職者などについて「世帯分離」により「その者を世帯員から除く」場合がある。

●生活保護の社会的意義と役割（分類は「新・社会福祉士養成講座」中央法規による）

所得再分配機能

労働による所得の分配には、さまざまな所得格差や不平等を生じる。疾病・障害等ハンディがある者にとって、所得が少ないことは本人の責任ではない。所得が高い者が支払う税によって、所得を移転することが必要である。

ナショナル・ミニマム機能

近代国家は、社会保険や最低賃金制、生活保護によって国民の最低限度の生活を保障するしくみを作ってきた。その国において生活保護基準以下の状態で暮らす人が放置されていてはならない。

セーフティネット機能

社会保険と社会福祉の諸制度によって、生活保護の手前で生活の諸問題が解決されるべきであり、解決できない場合は是正されるべきであり、生活保護は「最後の手段」でなければならない。（52頁「「５つの巨人」と対応・関連のサービス」のすべてがセーフティネットとして欠かせないものです。）

生活と経済、社会を安定化する機能

問題を抱えた個々が意欲を喪失し生活に絶望することを防ぐとともに、地域経済が不安定な時に、最低の消費生活を維持する最低限の購買力によって、地域経済の再生や社会の安定が図られる効果は大きい。（例として沖縄県の祖国復帰時や福岡県内の炭鉱閉山時の困窮世帯の増加に生活保護の給付と自立支援の施策で対応した）

社会的統合機能

現代の社会は所得や資産による階層が生じているが、社会的格差や不平等は拡大していけば、それは社会的な不安定を生むとともにも、社会的に排除された階層から人間としての喜び、創造性、工夫、意欲、向上心を奪い、社会的損失が生じる。社会は常に格差や不平等が生じないよう社会の安定、安心に努めなければならない。

《作文》

悲しかったこと、うれしかったこと
—島村直子・典孝『ぼくらも・まけない』より—

(注) これは、生活に困窮した時の「最後の手段」である生活保護のしくみについて、その当事者である小学5年生が綴った作文である。この作文から、生存権保障、生活保護の役割を学びたい。下線部分は原文の記載による。

ぼくは、一年生の二学期に、一之江から葛西の都営住宅にうつってきた。

それまでに何回も都営住宅にもうしこんだが、どうしてもあたらないので、みんなもうほとんどあきらめていたら、うそみたいにひょっこり住宅にはいれるつうちがきたのだった。一之江では、たたみが5まいしかない長ぽっそいりょうのへやにいたので、おとうさんもおかあさんも、そしておねえちゃんもぼくも、どうかして一けんの家を借りたいと思っていた。だから、みんな飛びあがってよろこんだ。その前から、おとうさんは、やっと役所につとめるようになったし（**(注)** 失業対策の臨時職員)、一けんのおうちにはいれるし、ぼくは、もうこれで一ぺんに幸福になれるような気がした。つうちがきてから、三ヵ月くらい待って、やっと11月にぼくたちはひっこしてきた。

はじめておうちにはいったとき、ぼくもおねえちゃんも、

「これがぼくたちのおうちだ、おうちだ。」

といって、家中を走りまわってよろこんだ。

しかし、これがぼくたちのよろこびのちょう上だった。それからまもなく、ぼくたちは不幸の谷そこに落とされた。あんなに元気だったおとうさんが、病気になってしまったのだ。おい者さんは、左のはいにくうどうがあるから、手術をしなくてはいけないといった。おとうさんは、まだりん時やといだったから、長い病気にかかれば、くびになってしまうし、入院すればお金だっている。みんなで心配でぺしゃんこになってしまった。しかし、その苦しさに負けてはいられなかった。

おかあさんは、「あたしが働いていれば、なんとか食べていけるから、十分養じょうして、元気になってちょうだい。」と、おとうさんをはげまし、おとうさんも、「なあに、これくらいの病気で死にはせんよ。またはじめから出なおしだ。」と笑った。

おとうさんは、半年ばかり家でねていてから、千葉のりょう養所に入院した。

それから、いままでよりもっと苦しい生活がはじまった。おかあさんは、朝から夜おそくまで働きにいき、ぼくやおねえちゃんは、学校からかえってもだれもいなかった。夕ごはんを食べるときも、ねるときもふたりきりだった。

ご飯のしたくも、まだそのころ5年生だったおねえちゃんがした。二人きりでいるさびし

さはしんぼうできたが、外に出て遊んでいると、近所の子が、ぼくたちのことを、「はい病の子、はい病、はい病。」（肺結核のこと）といって、みんなでいじめた。おかあさんから、「どんなことをいわれても、しんぼうしなくてはいけない。」といわれてきたが、あまりにくやしいので、ぼくがむかっていくと、みんなでかかってきて、なぐるのだ。前歯を２本おられたこともある。おねえちゃんが走ってきて、あいての子をしかると、こんどはおねえちゃんより大きい男の子がきて、おねえちゃんが泣かされる。それを見ていても、おとなの人はだれもとめてくれないし、たまにぼくの方が勝つと、その子の家の人が出てきて、いやというほどおこられた。

あのころのくやしくて、かなしい気持ちをぼくはどうしてもわすれられない。弱い者やふたりきりで遊んでいる子を、なぜみんなでいじめるのだろう。そんなことがいいことか悪いことかわかっているのに、おとなの人たちは、なぜだまって見ていたのだろうか。そして、なぜ反対にぼくたちがおこられねばならなかったのだろうか。自分の家の子のすることは正しくて、よその子だけが悪いことをすると思ってでもいるのだろうか。ぼくは、そんな人たちにはらがたってたまらない。ぼくは、このごろでもけんかすることもあるが、弱い者や小さい者とは、けっしてしない。いばる者、弱い者いじめをする者、強い者だったら、ぼくはむかっていく。それは、ぼくが小さいときに、そんな子からいじめられて、悲しい思いをしたからだ。

ぼくたちは、ときどき千葉のりょう養所におとうさんのお見まいにいったが、ぼくもおねえちゃんも、けっしておとうさんに、こんな悲しいことはいわなかった。病人に心配をかけてはいけないと思ったからだ。しかし、おとうさんは、ちゃんと、さっしていた。

「いいか、人間は苦しいとき、悲しいとき、つらいときには、歯をくいしばってがまんしろ。悲しいときには、人のいないところで思いきって大きな声で泣いて、あとはけろりと明るい顔をしていろ。そして、苦しさに負けずに、強い人間になれ。」

おとうさんは、ぼくたちの顔を見ると、いつもそういった。ぼくたちは、病気のおとうさんから、かえってはげまされて、いつも帰ってきた。

しかし、これくらいのことは、まだよかった。おとうさんが手術をして、まだ働けないでいたころ、ぼくが３年生の春に、おかあさんがたんせきという病気になって、たおれてしまったのだ。おかあさんは、いがいたんで、何日も何日も苦しみ、ちゅうしゃを何本しても、そのときいいだけで、薬がきれると、また苦しみだすのだ。そんなとき、ぼくもおねえちゃんもどうしていいのかわからず、ただうろうろするばかりだった。ちゅうしゃのお金は高いし、おかあさんは働けないし、ぼくの家は、たちまちくらしにこまってしまった。しかたがないので、とうとう生活ほごをうけるようになった。

ぼくは、おねえちゃんと一しょに、ときどき三角の出ちょう所にお金をもらいにいったが、あのときのなんともいえないいやな気持ちは、わすれられない。

出ちょう所の中にはお金をもらう人がずらりとならんで、順番を待っていたが、みんなびんぼうなことがひと目でわかる、きたないかっこうをしていた。ひとりひとり係りの人のところにいってもらうのだが、その人がとてもばかにしたような口のききかたで、

「もう働けるようになったんだろう。来月からうちきりにするからな。」とか、「もうだめだ、だめだ。」とかそんなことをいちいちいうのだ。

するとみんなかわいそうなほどぺこぺこして、「もうすこしのあいだお願いします。」と、なみだぐんだようになってたのんでいた。

ぼくたちは、たいていさくまさんという女の人が係りだったが、この人はとてもしんせつないい人だった。ぼくたちにお金をくれるとき、

「おかあさんに用心するようにいってちょうだい。また来月もいらっしゃい。」

と、やさしくいってくれた。その言葉だけでも、なみだがでるくらいうれしかった。

お金をもらって外に出ると、いままでめそめそしていたおばさんたちは、急に元気になって、「なんだい、自分のふところから金をだすわけでもないのに、あんなにばかにした口をきいて、すきでほごのお金をもらっている者があるもんか。」と、そんなことをいったりしていた。

ぼくは、あんなにぺこぺこして泣きごとをいっていた人が、あいてのいないところでいばるのがおかしかったが、しかし、食べるために、いやな人間にもぺこぺこしなければならないおばさんたちが、なんだかかわいそうな気がしてたまらなかった。

ぼくは、今思うのだが、生活ほごをうけなければならないほどまずしい人間だからといって、だれにそれをばかにするけんりがあるだろうか。だれでも人間は同じように生きるけんりがあるんだ。お金持ちになったり、自家用車に乗ったりできる人は、運がよかっただけじゃないか。だれだって、ほごなんかうけたくはない。じょうぶで、一生けん命働いて、こまらないほどお金をもうけたい。

でもそれができないから、ほごをうけているのだ。国が国民をほごするためにだすお金なのに、それをくれる係りだからといって、人を見くだすけんりもしかくもないはずだ。もらう者はつらい、悲しい気持ちでいるのだから、同じ人間であることを考えたら、もっといたわりの気持ちがでてくるのにと思う。人間に一番たいせつなのは、思いやりの気持ちなのではないだろうか。

ぼくたちは同じほごをうけていたけれども、さくまさんからかけられたあたたかい言葉としんせつは、今でもありがたいと思っている。同じことをしても人によってちがうけっかがでてくるものだなと、ぼくは思う。

春から秋までお母さんは、ねたり起きたりして、ぶらぶらしていた。だから、生活の苦しさは、とてもひどいものだった。

しかし、おかあさんもぼくたちも、その苦しさをけっして人にはいわなかった。どんなもの

を食べても、おなかがへっても、ぼくたちは、十分食べたように明るい顔をしていたから、近所の人でも、ぼくの家のほんとうのことはしらずに、遊んで食べられるからお金持ちだ、くらいに考えていたようだった。それで、ぼくのところがほごのお金をもらう必要はないと、だれかがさくまさんのところにいっていったらしい。ある日、さくまさんが家に調べにやってきた。しかし、おかあさんから話を聞くと、なんにもいわずに帰っていった。

そのころ、おねえちゃんの受持ちの先生は、今ぼくの受持ちの森先生だった。おねえちゃんは体があまりじょうぶではないので、ときどき学校を休むことがあったが、そんなときには、かならず先生が家に来てくれた。おとうさんがるすのさびしさや、ぼくの家の苦しいことを、先生だけはさっしていて、なんにもいわなかったけれども、ぼくたちをなぐさめに来てくれていたのだろうと思う。そのころ、おねえちゃんは、学校の友だちのあいだでは、とても苦しい立場にたっていた。おねえちゃんが、あちこちの作文コンクールで入賞したので、みんながうらやんで、仲間はずれにするのだ。おとうさんがいたら、元気づけてくれただろうが、入院しているし、おねえちゃんは、いつもおかあさんに

「学校へいってもおもしろくない。おもしろくない。」

といっていた。そのおねえちゃんが、それでもしんぼうして学校にいったのは、きっと森先生にはげまされたり、なぐさめられたりして、元気づけられていたからにちがいないと思う。今でもおねえちゃんは、なにかあると、すぐ森先生に相談にいく。自分を一番理かいしてくれる先生の愛じょうを心に感じているからにちがいない。おとうさんの入院中の悲しいことが多かった中で、森先生のことだけは、わすれられないうれしいことだった。

10月に一年半ぶりで、おとうさんがりょう養所から帰ってきた。そして、お母さんもやっと病気がよくなって、働きにいけるようになった。

最後のお金をお姉ちゃんともらいにいったとき、さくまさんが、

「もう今月で終わりよ。でも、またこまったらいつでもおいで。」

と言ってくれた。

おとうさんは、まだ働くにはむりなからだだし、おかあさんひとりの働きでは、生活は苦しかったが、みんな一しょにくらせるようになったので、またぼくたちには楽しい日がかえってきた。年のくれには、さくまさんが、「おまけですよ。」と言って、わざわざおもちをとどけてくれた。おもちをまだついてなかったから、とても助かった。

「人生には、悲しいこともあるが、うれしいこともあるな。」

と、お父さんが言って笑った。みんな一しょに笑った。（典孝）

（島村直子・典孝、姉弟文集『ぼくらも・まけない』）

2．年金

●加入のしくみ（年金は個人単位／20 歳から卒業までは学生納付特例手続きのこと）

勤務先で加入する厚生年金	市町村で加入する国民年金
公務員の場合は共済組合という サラリーマン本人（第 2 号被保険者という）	勤務先の厚生年金に加入していない 20 歳から 59 歳までのすべての国民 • 農業・自営業・自由業・学生・フリーターなど（第 1 号被保険者という） • サラリーマンの妻（第 3 号被保険者という、妻の年収は 130 万以下に限る）
• 保険料は給与天引き・労使折半 現在の収入に応じた厚生年金保険料が給与から引かれる 会社・事業所は同額が会社負担となる 会社事業所は労使分を合わせて国へ納付	• 保険料は国の年金事務所へ 国民年金保険料は月 16,540 円（2020 年度） • 第 3 号被保険者になっているサラリーマンの妻は保険料は納めなくてよい（第 2 号被保険者の保険料積立てから支給される）

国のコンピューターの画面を知っておこう

（国のコンピューターにあなたの生涯の年金保険料納付が記録されていきます）

年齢	4	5	6	7	8	9	10	11	12	1	2	3月
20	誕生月から納付 or 学生免除			S	S	S	S	S	S	S	S	S
21	S	S	S	S	S	S	S	S	S	S	S	S
22 就職	2	2	2	2	2	2	2	2	2	2	2	2
28	2	2	2	2	2	2	2 結婚	3	3	3	3	3
58 夫退職	1	1	1	1	1	1	1	1	1	1	1	1
59	1	1	1	1	1	1	1	1	1	1	1	1
60	1	1	1 誕生月の前月まで納付				収入なく支払えない時はZ保険料免除					

●給付のしくみ

年金の仕組みは簡単です（社会保険のある職場勤めが長い程老後は安心できます。金額はいずれも 2020 年現在）

老齢基礎年金（＋老齢厚生年金比例部分）

老齢基礎年金は 20 歳から 59 歳まで 40 年間に厚生年金・国民年金を納付した期間が（学生納付特例期間、保険料免除期間、サラリーマンの妻第 3 号の期間含む）合計で 10 年以上あれば 65 歳から年金が支給される

年金額は、老齢基礎年金部分は 40 年満額納付の人は月 65,141 円として計算される

掛けた期間の長さによって老齢基礎年金額が異なる

老齢厚生年金比例部分は勤務先で厚生年金を掛けたすべての期間分が計算され、老齢基礎年金にプラスされる　勤続年数が長いほど受け取る年金は多くなる

障害基礎年金（＋障害厚生年金比例部分）

年金を掛けていた（学生納付特例手続き者を含む）人が障害者になって働けない時

事故の時本人が国民年金の場合は「障害基礎年金」、厚生年金の場合は「障害基礎年金プラス障害厚生年金比例部分」が支給される

20 歳前からの障害者には 20 歳から障害基礎年金が支給される

障害基礎年金 1 級月 81,427 円　2 級月 65,141 円（所得制限がある）

遺族基礎年金（＋遺族厚生年金比例部分）

児童のいる世帯で配偶者が死亡したとき　その配偶者が国民年金の場合は「遺族基礎年金」、厚生年金の場合は「遺族基礎年金プラス遺族厚生年金比例部分」が支給される

遺族基礎年金　単親（母または父）・子一人の場合月 83,791 円、第二子以降には加算がある

3．医療費

●加入のしくみ（健康保険証は 69 歳まで扶養家族を含む。後期高齢者は個人単位）

勤務先の健康保険	市町村の国民健康保険
公務員の場合は共済組合という サラリーマン本人と サラリーマンに扶養されている家族 配偶者や子ども（年収が 130 万円以下、パート・アルバイトが 130 万円を超えると自分で国民健康保険に入ること） ＊ 70 歳になると扶養家族から単身国民健康保険に加入となる	職種別の国民健康保険組合の場合もある勤務先の健康保険の対象でない人全員 ＊農業・自営業・自由業など および ＊ 70 ～ 74 歳までの高齢者 （2008 年 4 月から 75 歳以上の人は後期高齢者医療制度となった）
・保険料は給与天引き・労使折半 現在の給与に応じた健康保険料が給与から引かれる 会社・事業所はその金額と同額が会社負担となる ・大きな会社は健康保険組合へ納付する ・その他の会社・事業所は都道府県の協会けんぽへ納付する	・保険料は市町村へ納付する 前年度の所得に応じた国民健康保険・保険料を市町村に納付する、国民健康保険加入の家族全員の前年の所得を合わせて保険料を決める →都道府県の国民健康保険連合会がまとめる ・職種別の国民健康保険組合の場合は組合に納付する

●給付のしくみ

治療費の保険給付については健康保険も国民健康保険も同じです。

本人負担	2 割	3 割	1 割〈高額所得者 3 割〉
	0 歳～就学前	小学就学～ 69 歳	70 歳以上

治療費本人負担が高額になるときは、高額療養費制度があり、月単位に約 75000 円を超える高額の部分は返還される（本人請求が必要）

乳幼児医療費助成制度

少子化対策として、各都道府県や市町村が上記 2 ～ 3 割の本人負担部分を助成する
小学就学まで、小学卒業まで等自治体で異なる　東京都は中学 3 年生まで医療費助成
各自治体の「ひとり親家庭の医療費助成」は、その世帯の母または父の医療費を含む
その他、児童の 2 ～ 3 割の本人負担について、国の制度として以下がある
・2000g 未満の未熟児の発育のための「養育医療制度」
・慢性疾患治療のための「小児慢性特定疾患研究事業」
・障害児・者の障害に関する手術等が必要なときの医療費助成として「自立支援医療費」（本人負担のうち 1 割が本人負担になる）

勤務先の健康保険には医療費以外の給付もある

下記のため給与が支給されないとき
・疾病で働けないとき 1 年 6 ヵ月まで
傷病手当金が支給される　　給与の 6 割
・出産で産前産後休暇を取るとき
出産手当金が支給される　　給与の 6 割
・大きな会社の健康保険組合の保険には、プラスして附加給付がある場合がある

後期高齢者医療制度

75 歳以上のすべての人が個人として加入（65 ～ 74 歳の旧老人保健法の障害認定者を含む）
保険料は年金から天引き〈申し出があれば本人直接支払い可〉
保険料額は都道府県別の広域連合が決定
治療費の本人負担は1割〈年収200万円以上は2022年秋から2割負担〉、高額所得者3割

4．子どもの手当

（注）金額はいずれも 2020 年現在

●**児童手当**（児童手当法）

4 月現在 15 歳未満の児童を養育している保護者に児童手当法により支給。所得制限がある

手当額 0～2歳月 15,000円、中学卒業まで月 10,000円（小学卒業までの第三子以降月 15,000円）

制度は 1971 年制度発足以降対象年齢が 3 歳未満→ 6 歳未満→ 12 歳未満（2006 年 4 月から）→ 15 歳中学卒業まで（2010 年 4 月から）と改正されてきた

●**児童扶養手当**（児童扶養手当法）

離別の母子父子世帯や死別で遺族基礎年金が受けられない母子父子世帯の親または養育者（親がいない場合の祖父母など）に児童育成のため「児童扶養手当法」（1961 年制定）により支給。

父子世帯は 2010 年 8 月分から支給対象となった

①父母が婚姻を解消した子ども

②父または母が死亡した子ども

③父または母が一定程度の障害の状態にある子ども

④父または母の生死が明らかでない子ども

⑤その他（父または母が裁判所からのＤＶ保護命令を受けた子ども、父または母が 1 年以上遺棄している子ども、父または母が 1 年以上拘禁されている子ども、母が婚姻によらないで懐胎した子ども、などに支給される。ただし、婚姻を解消していても離婚した父または母と生計を同じくしているときや、国内に住所がないときは支給されない）

児童扶養手当は児童（末子）が 18 歳の年度末（通常の高校卒業）まで支給される

児童が重度障害者の場合は 20 歳になるまで支給される

手当額は子ども一人の場合月10,180円から43,160円（前年の収入で支給額が異なる）

第二子加算10,190円、第三子加算6,110円

所得制限があり、前年度の年間収入が 365 万円未満である（養育費収入も含める）こと

●**特別児童扶養手当**（特別児童扶養手当等の支給に関する法律）

障害児に対する福祉の増進を図る「特別児童扶養手当等の支給に関する法律」（1964 年制定 1974 年改正）により、精神または身体に障害を持つ児童の父母または養育者に児童が 20 歳になるまで支給される。所得制限がある

手当額は重度障害児月 52,500 円、中度障害児月 34,970 円

さらに重度の障害により常時介護を必要とする児童にはプラスして「障害児福祉手当」月 14,880 円が支給される。20 歳からは特別児童扶養手当は国民年金の「障害基礎年金」、障害児福祉手当は「特別障害者手当」に変わる。20 歳で改めて手続きを行うこと

第2部
児童家庭福祉

2.1 乳幼児の発達を育む

学習のねらい

言葉・知性思考・感情・自我・人間関係・自己意識・身体動作の発達

乳幼児の発達は著しい。ここでは、発達段階の諸研究を、言葉・知性・思考・感情・自我・人間関係・自己意識・身体動作の発達に分けて、分かりやすい一覧表にした。学生と現場は、この表を手がかりに、乳幼児の人格のさまざまな発達段階を現場の子どもたちから確かめ、より正確なものにしていただきたい。

乳幼児の環境と発達

近年、幼稚園・保育園において、3歳以上児について年齢別クラス分けより異年齢混合のクラス分けが増えているが、子どもの発達には、同年齢で発達が近い子どもたち同士がよいか、異年齢で上の年齢の子が下の年齢の子に働きかけ力を引き出すのがよいかについても、現場の実践による議論の深まりが望まれる。

近年、多くの自治体で、幼稚園・保育園に通う手前の乳幼児を対象にし、親が付き添う「つどいの広場」「子育て広場」が開設されている。「公園デビュー」を子育て施策に取り入れたもので、子どもにとっても、親にとっても交流の機会となり、乳幼児の発達を促す貴重な場となっている。

（映像）「赤ちゃん」2006年10月NHK放映。赤ちゃんは優れた能力を持って生まれる。出生後すぐに原始歩行が見られる。当初は人間の顔やサルの顔も見分ける能力がある。脳の神経細胞のシナプスの数は8ヵ月～12ヵ月で人生のピークに達する。しだいに必要な知識と必要でない知識を選別するようになる。人と接することや同じ発達段階の子ども同士の交流をとおして、子どもは発達の機会を得ることができる

■「乳幼児の発達を育む」学生のノートから

1．子どもの発達は、遺伝的にプログラムされているものか、育つまわりの環境によるものか、あなたはどう思いますか…

育つまわりの環境によるものだと思う。食べ物を与えてもらったり、何かを経験させてもらったりと外部からの刺激によって身も心も発達していくと思う。

2．1～7の発達段階分類の中で、あなたが一番興味関心のある分類は…

大きな分類が、年齢や月齢が上がるにつれてどんどん細かくなっていき、少しずつ人と同じ感情になっていくのがとても面白いと感じた。感情というのは目に見えないので、どう成長していくかは子どもと深く関わらないとわかりません。だからこそ注意して見ていきたいと思った。

3．ビデオ「赤ちゃん」を見て思ったこと、保育現場でこころがけたいこと…

赤ちゃんだから、言葉もわからないのだろうと思って、何でも赤ちゃんの前で話したりしてはいけないなと思った。赤ちゃんでも、色々なことを認識して、頭に入れていてすごいと思った。保育現場では赤ちゃんの前だからと油断せず、赤ちゃんの前だからこそプロの意識を忘れずに接していきたいと思った。赤ちゃんの発達を心配している友人がいるので、今日はあおいくんのことを話してみようと思った。

乳幼児の発達

発達の理論

ゲゼルの「成熟優位説」は、発達はもともと個人のなかに遺伝的に組まれている可能性が時間の経過につれて発現（成熟）するものと考えた。学習を受ける準備（レディネス）ができていない段階での教育は意味がないことを強調している。

ワトソンの「環境優位説」は、成熟優位説を否定し、生まれた後のまわりの環境によって形成されていると考え、しつけや訓練を重視した。

シュテルンの「輻輳説」は、発達は、各々の内的・遺伝的要因と外からの環境が合わさる結果によると考えた。ジェンセンはその場合、すぐれた環境があった時のみ発達が進むと考えた。

その後、ピアジェ等の「相互作用説」は、経験の学習と成熟にいたる遺伝的要素が相互作用して発達が進むと考えた。

1．言葉の発達

言語には、(1)コミュニケーションの機能（外言）、(2)思考の道具としての機能（内言）、(3)行動調節の機能（一人で叫ぶ・つぶやく）がある。ヴィゴツキーは、言語は外言から内言へ進み、自己中心語は不完全な内言であると述べている。

新生児期	産声	
	エントレインメント	母親の話しかけに、体で反応する・新生児微笑
乳児期	0歳	初期　喃語「アー　マー」
		中期　反復喃語
		後期「アブー　バブー」
幼児期	1歳	初語「マンマ　パパ」
	1歳半まで	一語発話　一語文
		馴化（慣れ）母親の声を聞き分ける
	1歳半過ぎ	二語発話　二語文
		模倣　拡大模倣「これなぁに」
	2歳	「きれいだね　おいしいね」
	2歳半	自分の名前が言える
	3歳	同年の子どもとの会話「何しているの」
	4歳	日常的な会話が可能に「なぜ　どうして」
児童期	小学校入学後はほぼみんなが、文字が読めて書けるようになる	
	それ以前は文字の読み書きに個人差がある	
	作文能力（構想の段階、書く、推敲する）	
	感想文、説明文が書ける	

2．知性、思考の発達

ピアジェは、発達を4段階に分けて整理し、人は必ずこの4段階を踏んで発達していくとした。行動の図式・枠組みによって反応するとし、シェマ＝スキーマ（枠組み）行動の下書きに注目した。

●ピアジェの発達段階説

時期	年齢	内容
乳児期	生後～2歳	〈感覚運動期〉外からの刺激に対する目や耳などの感覚器官の働きと身体運動によって外界と関わる
新生児期	出生から1ヵ月	〈反射期〉吸乳行動
乳児期	1～4ヵ月	〈第1次循環反応期〉自分に快をもたらす行動　指を吸う等
	4～8ヵ月	〈第2次循環反応期〉外への反応　ガラガラを振る　道具化
	8～12ヵ月	〈第2次的シェマの協調期〉隠されたおもちゃを捜す　見えなくなっても存在する「ものの永続性」を獲得
	12ヵ月～1歳半	〈第3次循環反応期〉反応の仕方を変えて遊ぶ　新しい結果を積極的に求める
	1歳半～2歳	〈心的イメージの発現期〉積み木を電車に見立てる　見立てあそび、ごっこ遊び、母のまねをする（延滞模倣）
幼児期	2～7、8歳	〈前操作期〉ものの見え方や変化に左右される直感的思考と模倣などの象徴的思考が育つ　「自己中心的段階」と言われる
	2～4歳	〈象徴的＝前概念的思考期〉ごっこ遊びを活発にする ＊自己中心＝ピアジェは「三つの山」の実験により自己中心を証明
	4～7、8歳	〈直感的思考期〉直感的ではあるが、物事の表面に現れていない規則性や関係を理解する　まだ見かけに左右され保存は成立しにくい
児童期	7、8～11、12歳	〈具体的操作期〉ものの見かけやその変化に惑わされない思考ができる　論理的な思考ができ、思考の「保存」が成立する　自己中心から脱して他者の視点にたてる ＊保存＝(1)可逆性（見かけは変わっても元にすれば同じ）、(2)同一性（加えたり引いたりしない限り同じ）、(3)相補性（変化はあってもそれぞれが変化していけば結果は同じ） ＊記憶方法の使用（系列化、数、空間、速度など概念の成立）で記憶は急速に伸びる　学校教育により、系列記憶、符号化、言語記憶、図形記憶、概念学習の発達
青年期以降	11、12歳～	〈形式的操作期〉抽象的な概念の理解や論理的な思考ができる　具体的な物に依拠せず、抽象的な問題を論理を組み立てて考察、内なる世界に対象を広げる

3．感情の発達

ワトソンは、恐れの条件づけ実験により、感情は刺激と反応によって学習されるとした。

ソースは、１歳の幼児でも、母親の表情から母親の感情を理解し判断し自らの行動を決定しているとした。

●ブリッジェスの発達段階

誕生時	未分化な興奮状態にあって、不快と快を分化していく
６ヵ月	不快から、怒り、憎悪、恐れが分化する
１年	快から得意、大人への愛情、子どもへの愛情などに感情が分化する

●スルーフの発達段階

（後にルイスも同様の見解）

誕生時	満足、苦痛、関心・興味の３種類の感情が出現する 不快、驚き 自発的微笑＝新生児微笑、後に社会的微笑に変わっていく
２、３ヵ月	うれしさ、悲しみ、怒り、憎悪
６ヵ月	母親とのやりとりから喜び
９ヵ月	母親への愛着、他人への恐れ
１歳	すねる、不安、得意
１、２歳	恥＝照れ、得意
２歳	失敗の恥、罪悪感、成功の誇り
３歳	ほぼすべての感情 ＊コールの落胆の実験＝３歳児で落胆を笑顔で対応する　女児は男児よりもその傾向が強い
３～６歳	泣き喚く、じっとこらえる

4．自我（動機付け）の発達

人の発達は他者と向かいながら自我を発達させる過程であり、(1)欲求あるいは要求（need）〔生理的欲求（渇き、保存の欲求）、社会的欲求（好奇・探求、愛情、承認の欲求、自己実現の欲求）〕、(2)動因あるいは動機、(3)誘因あるいは目標、があり、(4)行動して報酬や満足感、を得る。

●エリクソンの８つの発達段階

〈**乳児期**〉生理的な欲求を満たす
- 生理的欲求（食事、睡眠 ...）、社会的欲求（愛情、好奇・探求 ...）

乳児期	0～1歳	基本的信頼感〔対〕不信感　希望、自信 ・母親（養育者）との関係をとおした基本的信頼感

〈**幼児期**〉好奇心を発揮する
- 質問にはその場で即座に答える応答的環境が必要
- 好奇心を発揮するメカニズム（両親からどのくらい受容されているか　学ぶこと、運動することが上手にできると思われているか　わからないことは自分で調べたり人に尋ねたりするか）
- 5～6歳では仲間の関係が親との関係より有能に思うようになる

幼児前期	1～3歳	自律性〔対〕恥・疑惑　　疑惑、意志、自律 ・自分の体を自分でコントロールする自律感
幼児後期	3～5歳	自発性〔対〕罪悪感　　目的性、自主性 ・自発的に行動する快感を覚える

〈**児童期・青年期**〉自ら学ぶ
- 人はまわりの人から受容されていないと安心して学べない
- 受容されていれば、問題を解き、自分の能力を感じることができる
- 能力を感じれば、自分から課題を決めて学ぶ
- 学べば自己決定感が育ち、自ら学ぶ意欲をささえる

児童期	6～12歳	勤勉性〔対〕劣等感　　有能性、適応性 ・様々な活動を通して得られる勤勉性
青年期	12～20歳	アイデンティティ確立〔対〕アイデンティティ拡散　　誠実 ・アイデンティティ＝自我同一性 ・自分が何者であり、どう生きていくかがわかる ・自己実現のために学ぶ ・自分を理解してくれる人のいない家庭や学校では自ら学ぶ意思は育たない

〈**成人期・老年期**〉

成人前期	20～30歳	親密性愛〔対〕孤立 ・親密な人間関係の構築
成人後期	30～65歳	生殖性〔対〕停滞 ・子育て、仕事、社会的な役割をとおした次世代育成
老年期	65歳～	自我の統合〔対〕絶望 ・人生の意味をまとめる

5．人間関係の発達

子どもは家族、先生、友達との関係から、社会に適したふるまい方、考え方、価値観を身につける。子どもを社会的にサポートするためには、子どもがいやな出来事に出会ったときに、サポートする人々がいれば、有効な行動がとれて、ストレス反応に至らずにすむ。

乳児期
・愛着が形成される
　生まれながらに人の顔に興味がある
　母親との相互交流（相互作用）　エントレインメント＝相互同調性
　母親の表現を真似る＝共鳴動作
　　自発的微笑・社会的微笑は母親から子どもへの働きかけを促進する
＊ホウルビィの愛着の発達段階
　生後２ヵ月まで　どんな人にも視線を向け手を伸ばす
　１歳まで　養育者＝母親への愛着　人見知り
　２～３歳まで　母親を安全基地として、探究　母親がいないと…
　２～３歳から　母親がいなくなっても必ず戻ってくると理解できる
＊エインズワースのストレンジシチュエーション法による１歳児の実験
　安定して母親に愛着 70%、母親を避ける 20%、母親がいなくなると泣き出す 10%

幼児期
・親子関係から仲間関係へ
＊バウムリンドの親の養育スタイル調査
　権威型養育　従わないと懲罰、人と比べられることに不安、自分から行動を始められない小心な子
　信頼型養育　社会的に有能な、自信が高く責任感が強い子
　無関心型養育　自分のコントロールができない子
　寛容型養育　思いやりに乏しく、自分の感情のコントロールが苦手な子
＊エッカーマンの母付き添いの遊びの調査
　１歳半ころからは母親より仲間に多く働きかける

児童期
・仲間関係ができる
　友人との関係のストレスが大きく影響する
＊モンフリージ・ケイファー
　仲間から嫌われる子は、相手の表情を理解する能力が低くなる
　相手の表情を理解できない子は、相手の表情を読み取れず不快な行動をとり続ける
　孤立している子は、自分と相手との状況を理解する能力が低くなる
　相手が少しでも不快な表情をすると働きかけをやめてしまうため、仲間関係が成立しにくい

青年期
・異性関係へ
　仲間関係は　ギャンググループ　権威への反抗、異性集団を拒否
　　　　　　　チャムグループ　互いの共通性をことばで確かめ合う
　　　　　　　ピアグループ　互いの価値観・生き方を語り合う
　親への愛着がしっかり形成されているほど子どもの自立はスムーズにいく

6．自己意識の発達

各々のライフステージで、人は自分をどのように理解していくのだろうか。

乳児期
・自他の評価をする
　身体的自己の発見
　母親にほおずりされた受動的な感覚、自分からほおずりした時の能動的な感覚
　刺激を作りだす自分
　外界から分離した（身体的自己の）自分
＊鏡の実験　実物だと見る　6ヵ月〜1歳
　実物でないことが理解できる　1歳
　自分と違う分身として遊ぶ　1歳半
　写っていることを理解できる　2歳以上

幼児期
・自分がわかる
　〜できる、〜する　3歳　第一反抗期（自己主張期）
　弟がいる、友達がいる　4、5歳
　背が高い　5、6歳
　自己主張は3歳、自己抑制は3〜7歳で確保される

児童期
・自分を知る
＊デーモン・ハートの自己理解の発達（身体的・行動的・社会的自己、心理的自己）

児童前期	髪が長い　野球をする	カテゴリー的理解
児童中・後期	人より背が高い　先生にほめられる	他者との比較による理解
青年期	親切である　頼りになる	対人的意味付け
	教会へ行く　〜をする	信念・生き方による行動

青年期
・自分を考える
＊マーシャの4つの類型
　アイデンティティ確立〔対〕アイデンティティ拡散
　早期完了〔対〕モラトリアム
　心理的・社会的危機を経験したか、進むべき道のことで悩んだか
　自己の存在に関する課題に傾倒しているか、進むべき道を決めて取り組んでいるか
・日本の青年は他者との関係で自己を捉える傾向がある

7．身体動作の発達

●赤ちゃんの発達のみちすじ

個人によって差があるが、ゴールは同時期である。

0ヵ月	仰向けの姿勢で一日の大半寝ている
1ヵ月	うつぶせの姿勢であごを上げる
2ヵ月	うつぶせの姿勢で肩を上げる
3ヵ月	仰向きの姿勢で手で物をつかもうとする
4ヵ月	支えていれば座ることができる
5ヵ月	膝に乗せた姿勢で、物をつかむことができる
6ヵ月	椅子に座らせて、物をつかんで保持することができる
7ヵ月	おすわり（座位）の状態を保つことができる
8ヵ月	支えていれば立つことができる
9ヵ月	人・物につかまって立つことができる
10ヵ月	這い這いができる
11ヵ月	支えていれば歩くことができる
12ヵ月	ソファー等の家具につかまって立ち上がる
13ヵ月	階段を上ることができる
14ヵ月	一人立ちができる
15ヵ月	一人歩きができる

（渋谷昌三・小野寺敦子『手にとるように心理学がわかる本』を参考にした）

2.2 保育所と幼稚園・認定こども園

学習のねらい

保育所と幼稚園の一元化

長年にわたって、幼稚園と保育所の一元化・一体化が論議され、両者の機能を合わせもつ認定こども園も設置されるようになり、2015年度からは幼稚園の認定こども園への移行の促進などの「子ども・子育て支援新制度」が実施される。日中の保育と保護者の就労に必要な延長保育についてそれまでの異なる公的支援による保護者間の負担の差をなくした幼児保育・教育の無償化は2019年10月から実施された。

女性の就労と保育所

保育所の待機児童問題が起きている。各自治体における主な待機児童は、1歳児、2歳児である。晩婚化とともに、家族のあり方の変化や「子どもの貧困」と言われる非正規雇用の増加の中で出産後生計維持のため早く働かなければならない家庭が増えていることがその要因である。

いままでずっと結婚・出産退職が言われてきた中で、近年国は女性の労働力の確保に政策を変えてきている。男は仕事、女は家庭という男女役割分業意識の変化も求められる。

（注） 児童福祉法に規定されている児童福祉施設のひとつが「保育所」である。ただし、公立保育所においても「○○保育園」との施設名にしている場合が多い。「保育所」と「保育園」は同じものである。
（映像） DVD「おゆうぎ会」埼玉県宮代町姫宮保育園のお遊戯会の様子を園が記録したもの。

■「保育所と幼稚園」学生のノートから

1．保育所入所の決め方、保育料の決め方…

・なぜ市町村が入所を決めるのか

保育所とは、女性が働きつづけるために必要な施設であるから、入所する子を公平に決める必要があるので市町村が行うのだと思う。園長が入所の決定を行うと苦情が園長に殺到してしまうから。

・保育に欠ける選考基準に思ったこと

私は選考基準について、各家庭の状況にあわせて、適切な判定、順位をつけられるように、様々な項目があるのだと感じた。

・保育料の決め方、応能負担について思ったこと

応能負担の保育料の決め方について、私は、保育所は保育に欠ける子どもが入所するところであるから、その家庭の収入に合わせた保育料を払ってもらうとは良い考えだと思う。1人でも多くの子どもが入所するために必要な方法だと感じた。（2019年10月から保育料は無償となった）

2．DVD「おゆうぎ会」を見て思ったこと…

・全体をとおして思ったこと

全体を通して思ったことは、どのクラスも子どもの発達にあわせた発表内容を企画しているということ、また、子どもたちが好きな曲目にしたり、衣装もひとつひとつがとてもこっていて、保育者は様々な工夫をしていると感じた。

・その中の1つNo.9のプログラムについて思ったこと

他のクラスと比べて、5歳と年齢も高くなっているため、踊りをしっかり合わせることができていて、ひとりひとりの踊りではなく友達とタイミングを合わせた振りもできるようになっていてすごいと思った。また男の子らしい力強くかっこいい振り付けになっていたり、剣や帽子などの小道具もあり、保育士が子どもたちの成長を保護者にしっかり見せることができるように様々な工夫がされていると感じた。

家庭の形成と保育の役割

家庭が抱える生活問題

保育所・幼稚園入所児の家庭は、所得階層は様々だが、共通して各々の家庭が形成途中にある。親は、保育所・幼稚園への子どもの送迎の日々をとおして、様々なことを学びながら家庭を形成してゆく。

したがって、保育所・幼稚園は、子ども・父母と日々接する中で、子どもと親の関係や家庭の形成を暖かく見守りつづけることが必要である。

ところで、今日ほど家庭の形成がむずかしい時代はない。全国社会福祉協議会「提言・あらたな“児童家庭福祉”の推進をめざして」では､現代の家族の特徴を「家庭のない家族の時代」と述べている。家庭ではあっても、互いにささえあうことを失っている現状の中で、子どもたちに必要な「養育・教育機能」が弱まり変化しているという指摘である。

多くの家庭が、生活の中に危機的状況、様々な「生活問題」を抱え、不安の中で生活している。こうした中で、子どもの成長を中心として各々の家庭単位の生活文化、家庭像をつくりだしていくことは容易ではない。

職場にあっては、「管理・競争・格差社会」が進む中で、正規雇用においては猛烈なビジネス、長時間勤務、出向、転勤、非正規雇用においては派遣、契約雇用、フリーター等「家庭・子育て」を無視した労働者像を求めており、また、生活の周囲にあっては、地域における交流の余裕がなく、生存を保持するためだけの消費生活に追われる毎日となってきている。

2000年代になって、それまでの総中流社会から一転し、子どもの父親に非正規雇用が増えて子育て世帯が二極化し、生活困難な家庭が拡大し続けている。そうした中で、家庭を持ち、子どもを生んですぐに母親が働いて収入を得なければ生活ができない家庭が増加し、おもに低年齢児童において保育所の「待機児童」問題がおきている。

こうした状況は、生活の中に精神的な豊かさ、文化・教養をとりいれることで生活文化をより豊かなものにしようとする生活形成につなげられず、家庭の中でも相互の絆、人間的な共感が失われ、精神的には貧しい生活感覚になりがちになってきている。そうした生活の不安定さ、不安の中で、今日の子どもたちは成長している。「子どもの貧困」といわれるが、「子どもの親の貧困」が進んでいることが問題である。

したがって、こうした生活の不安定さが、子どもの養育をとおして、どう克服され、次の段階の子育てにつなげられるか。各家庭にとって幼稚園・保育所時代は、日々、家庭のあり方を模索し、習得し、家庭を形成していく大きな意義がある時代だと言える。

しかし、この幼児期に、「生活問題」を克服できずに、家庭の崩壊に直面する場面も、今日かなり多くなってきている。潜在的な家庭の崩壊が顕在化した時、生活困窮・生活困難が同時にすすむ。そうした時、その影響をもろにかぶるのが子どもたちである。

労働基準法と産休（産前休暇・産後休暇）・育休（育児休暇）

女性が妊娠・出産しても社会で働き続けることは、家庭の豊かさにとっても、社会全体が経済的な豊かさを実現する上でも大切なことである。北欧諸国が福祉社会を実現している源は、女性が男性と同様に社会参加し様々な分野で働いていることにあると言われる。

わが国でも、女性が男性と対等に雇用され社会に参画するために、労働基準法、男女雇用機会均等法等により法は整備されている。

「労働基準法」第65条は、使用者（雇用主）は出産を予定の女性に「産前休暇」「産後休暇」を与えなければならないことを定めている。妊娠4ヵ月以上の死産・人工流産（中絶）の場合も同様である。通常「産休」と呼ばれている。

産前休暇　休業を請求した時6週間の休暇（多胎妊娠は14週間）
産後休暇　請求の有無にかかわらず8週間の休暇

産休後引き続いて育児に専念を希望する場合は「育児休業・介護休業法」により「育児休暇」をとることができる。

育児休業

正規雇用者は生後1年6カ月に達するまで、育児を行う父母のいずれかが育児休業をとることができる（父母が交互にでもよい）

この間、

給与は支給されず雇用保険から「育児休業給付」が6カ月間は月収の68%、その後は月収の50%支給される

厚生年金保険料、健康保険料は免除される。その後は無給になるが、子どもが3歳になるまで育児休業を延長してとることができる（2014年4月から厚生年金保険料、健康保険料もこの間免除となる）

（注） 育児休業の期限は、いつから自分の子を保育所入所させるか、の見通しを待って決めるべき。できれば4月保育所入所が望ましい。

男女雇用機会均等法成立以降において、女性が出産後も働き続けるための改善が進められ、すでに女性の教員等の公務員や大企業の正規職員は、産休に続けて育児休業をとることが定着してきている。一方で、子の父である正規雇用の男性が育児休暇をとる場合はまだわずかしかない。これは、男性に「女性が家事・子育てをする」ものという役割分業意識が、共働き世帯の男性にも強いことによる。

子ども・子育て新制度のあらまし

2012年に成立した子ども・子育て支援法のねらいは、3点である。

一つは、幼稚園・保育所・認定こども園は従前異なった公的支援を受けてきたが、共通する「施設型給付」を委託費「公定価格」とするとともに、市町村が認可する規模の保育を「地域型保育」とし、待機児童の解消を図る。

一つは、2006年制定の「認定こども園」を学校および児童福祉施設として単一の「幼保連携型こども園」とし施設型給付を行うこととし、女性の就労等の増加の中で、午後も子どもを預けられる認定こども園の普及を図る。

一つは、すでに各市町村で子育て支援事業が定着してきた中で、市町村は子ども・子育て家庭等を対象する事業として、市町村子ども・子育て支援事業計画を策定し、妊婦健康診査、乳児家庭全戸訪問、養育支援訪問、子育て短期支援、ファミリーサポート、一時預かり、延長保育、病児保育、放課後児童クラブ等の各事業を推進し、国と都道府県はそれらの事業の実施に必要な費用について交付金を支給することができることとした。

「施設型給付」の対象となるもの

1．保育所

「保育所」は保育が必要な児童の日中の生活の場であり、児童福祉法第39条により保育が必要な児童に対して公的責任を前提に保育を行う児童福祉施設である。

母親が働き続けるためには「保育所」が欠かせない。保育所は、戦前「託児所」に預かることによって家庭の貧しさから生活を少しでも潤すために作られるようになったが、戦後女性が多くの分野で働き社会的な役割をもつようになるとともに、「出産後も働き続けたい、預けて仕事に通えるよう地域にポストの数ほど保育所を」という働く女性の強い願い、市町村への陳情により、公立保育所・民間保育所が1ヵ所ずつ増設されて今日にいたっている。保育士になる人は働く女性が必死に保育所開設の声を上げてきたことを知っていてほしい。

保育所設置は、設備、保育士数などについて一定の保育所設置基準を満たしたものでなければならない。設置基準を満たした「認可」施設を「保育所」という。(「児童福祉法」第45条にもとづく児童福祉施設最低基準)

保育所入所は、市町村に直接または保育所を通して申し込む。保育所入所は、宿命的に4月入所以外は定員いっぱいですぐには入所できないことが多く、4月入所希望の場合でも年齢別の定員を越えた場合は「保育が必要な」入所順位に達せず「待機児童」になる。そのため、産休明け、育児休業明けや転居、家庭事情の変更等による途中入所について定員の1割増までは認められている。したがって、保育所に入所させたい場合は、なによりも市町村に入所申し込みを行い、窓口で相談することが大切である。

保育所入所は、保護者が「子の保育が必要な」一定の保育所入所要件を満たしたものでなければならない。保育所は女性が仕事を続けるために設置されてきたものであり、その入所順位は公平なものでなければならない。

保育が必要な保育所入所要件とは、

(1) 母親が1日8時間労働の専門職、教員や看護師等。
(2) 母親が1日8時間以上労働の一般職。
(3) 母親が8時間働いている自営業。理容師・美容師等
(4) 母親が1日5～7時間のパート雇用。
(5) 母親が1日5～7時間就労の自営業、内職等。
(6) 母親の就職が決まっている場合。
(7) 母親が疾病、障害等。
(8) 母親が不存在、父親が不存在等。
(9) その他（母親が学生の場合、母親が出産前後の期間等）

(注) 市町村によって判断基準は異なる。2015年4月から入所要件が緩和された。

2. 幼稚園

「幼稚園」は児童の発達、集団生活、幼児教育の場で、学校教育法により保護者が任意に幼稚園を選択して就学前教育を行う学校教育施設である。

幼稚園通園の家庭の母親は専業主婦の場合が多いが、近年パートなどで働く場合が増加し、それに対応して幼稚園でも時間を延長し「あずかり保育」をする幼稚園が増えている。

現在わが国のほとんどの4・5歳児は保育所、幼稚園・認定こども園のいずれかに通所、通園しているが、まだ保育所、幼稚園・認定こども園の集団生活の場を経験しないで小学校入学する児童が多い地域もある。市町村は保育所、幼稚園の就学前保育について情報漏れがないように努めるべきである。

3. 認定こども園

長年にわたって「幼保一元化」が検討されてきたが、監督官庁の違い（厚生労働省と文部科学省）から長く平行線の状態が続いてきた。近年になって幼保一元化のモデル園が開設され、2006年「認定こども園設置法」（保育等の総合的な提供の推進に関する法律）が成立し、各都道府県で設置基準がつくられた。認定こども園設置法はできたが、まだ名乗りを上げる幼稚園・保育所が少なかったため、国は各都道府県に認定こども園の新設を求めてきた。

さらに2015（平成27）年実施の「子ども・子育て支援新制度」では、それまで子育て中の女性の就労に消極的だった国は、労働力確保のため女性の活躍と子育て中の女性の就労促進に

政策を変更するとともに、午後の預かり保育が増えている現在の幼稚園に、午後や夏休み等も子どもが預けられる「認定こども園」への変更を求めるようになった。

認定こども園で働く職員は、幼稚園教諭免許と保育士資格の両方が必要だが、一つだけ保有している場合は、研修を受けて「保育教諭」として働くことができるが、二つの免許・資格の習得を心掛けること。

「地域型保育給付」の対象になるもの

定員に空きがなくすぐに保育所入所ができない場合で、入所待ち〈待機〉の間も母親が働き続けるために、各地に親たちの運営による小規模の“共同保育所”が作られていたり、民間の企業内〈大学内〉や個人によってさまざまな「認可外保育施設」が作られてきた。また、保育ママ（家庭福祉員）やベビーシッターを利用して保育所の入所待ちをする場合も多い。

それらの保育先について、「子ども・子育て支援法」は「地域型保育事業」として市町村に届けて市町村の認可を受けて幼児保育の無償化の対象となる。

小規模保育　　　児童定員6～9人の小規模なな施設
家庭的保育　　　家庭的保育者の居宅その他の場所で保育する（旧保育ママ）
居宅訪問型保育　保育が必要な子どもを居宅で保育する
事業所内保育　　被雇用者の子どもおよび地域の子どもを保育する

に分類される。待機児童を少なくし、施設型給付と同様の公的支援を行なうものであるが、保育士の資格や子どもの環境設定が不十分な場合がある。

以上について、日中の保育と保護者の就労に必要な延長保育についてそれまでの異なる公的支援による保護者間の負担の差をなくした幼児保育・教育の無償化は2019年10月から実施された。（地域・施設の規模で異なるが、3歳以上の日中の保育の場合児童一人につき月25,000円ほどの保護者負担が公費負担となった）。

ただし、保育所では、それまで措置費に含まれていた給食費（施設で異なるが、月4,000円ほど）は保護者負担になった。

地域子ども・子育て支援事業

地域子ども・子育て支援事業は、在宅の子育て家庭を含むすべての家庭を対象として、各市町村が実施してきた事業を「子ども・子育て支援法」により13項目にまとめたもので、大半の市町村で各事業とも実施している。

地域子ども・子育て支援事業13項目

利用者支援事業

子育て家庭や妊産婦に地域の子育て支援に関する情報を提供し、機関との連絡調整を行う

市町村児童（子ども）家庭支援センター（ほぼ各サービスは電話で申込み利用可）

地域子育て支援拠点事業

親子同士の交流や子育て相談ができる地域の居場所を公共施設や保育所等に設置する地域子育て支援センター（保育所に保育士加算）

妊婦健康診査

妊婦に関する健康や必要に応じて医学的検査を実施する　保健所・市町村保健センター

乳児家庭全戸訪問事業

生後4か月までの乳児のいるすべての家庭を訪問し、子育て情報を提供し、養育環境等を把握する

養育支援給付事業、子どもを守る地域ネートワーク機能強化事業

養育支援が必要な家庭を訪問し、保護者の養育等への支援を行う
要保護児童対策地域協議会の機能強化を図る（虐待・育児放棄等事例の対応）

子育て短期支援事業

保護者が一時的に養育困難になった場合に、児童養護施設等で子どもを一時預かる
トワイライトステイ事業（夕方—22時、ほぼ市区に1カ所）、ショートステイ事業

子育て援助活動支援事業（ファミリーサポートセンター事業）

子どもの預かりや送迎等の援助を要する時、地域で登録した子育て経験者等が子どもを預かる・親の相談にのるなどの交流事業

一時預かり事業

家庭での保育が一時困難になった乳幼児を主に日中、保育所等で預かる　一日保育

延長保育事業

保育認定の子どもを、朝夕に通常の利用時間を超えて保育所で預かること（ほぼ7時—8時30分、17時—19時）

病児保育事業

感染症の病気及び病後で集団保育ができない期間、個別の対応ができる保育所や小児科医院等が預かること（ほぼ市区に1～2カ所）

放課後児童健全育成事業（放課後児童クラブ）

保護者が日中働くなどで放課後子どもを居宅で観られない場合、親の帰宅まで預かる（19時まで）、夏休み等も　学童保育・放課後デイサービス　　詳しくは159-169頁参照

実費徴収に係る補助給付を行う事業

保育の無償化に該当しない教育・保育施設の行事等の実費の給付事業　各市町村で判断

多様な事業者の参入促進・能力活用事業

事業者が事業を広げる場合や新規参入の事業者への支援、専門研修等を行う

内閣府2017年説明資料より筆者作成

2.3 児童虐待と児童福祉施設―乳児院・児童養護施設―

学習のねらい

児童虐待の増加

国民総中流と言われた時代には、多くの乳児院と児童養護施設は定員に対して措置児童数は余裕が生じて、施設の縮小が検討されていた。その後児童虐待が増加し、いずれの乳児院も児童養護施設も措置児で満杯になり、一時保護所で待機する児童が増えている。

近年の児童虐待の増加の経緯は、非正規雇用の増加の経緯と比例している。不安定な雇用で社会的に弱い立場の親が増加し、地域社会から孤立し、母親は子育てについて聞く人もなく、弱い立場の父親・義父は自分より弱い妻や子・義理の子に虐待を繰り返す。

児童家庭支援センターの設置

児童虐待が増加し、都道府県の児童相談所だけでは対応できなくなって、1997年から各市町村に「児童家庭支援センター」が設置され（**(注)** 東京都など、名称を「子ども家庭支援センター」としている自治体が多い)、虐待の通報に応じるとともに、2007年からは市町村が児童相談の第一義的な窓口となり、さまざまな子育て支援に応じるようになった。児童家庭支援センターが、子どもへの対応において児童相談所の「専門性」の機能も併せ持つことやセンターの保育士が18歳までの児童と真向かうことができる力量が求められている。

(映像) 2003年3月2日NHK放映「クローズアップ現代ー赤ちゃんが笑わない」(83頁参照)

■「児童虐待と児童福祉施設」学生のノートから

1．大阪2児置き去り死事件(2010.7) について…

□知っていた　☑知らなかった

事件について当時思ったこと、今回思ったこと…

この事件について、私はとても残酷な事件だと感じた。容疑者に責任はあるが、容疑者だけでなく、近隣の人々や、児童相談所の役員、身内の人々が気にかけ、働きかけることで防ぐことができたのではないかと思う。そして容疑者がこのような事件を引き起こしてしまった一番の原因は父親からの愛情不足であると考える。親からの愛情を知らずに育ったため、自分が子どもにどのように接すればよいのか分からなくなってしまったのではないかと感じた。

2.「赤ちゃんが笑わない」を見ての感想、および保育士が心がけること…

このビデオを見て、子どもは親からの愛情を受けないために、笑ったり、泣いたりという感情表現ができなくなってしまうということにとても驚きを感じた。私はこのビデオを通して保育士を目指す立場として、親に子どもと関わることの大切さを伝え、日常から子どものことを気にかけ子どもと関わっていくことによって、子どもが不安を抱えこまず安心して生活できる環境をつくっていくことが必要であり、心がけていかなければならないと考える。

2．本文の中で特にあなたが大切だと思った文を抜き出し、抜き出した理由、思ったこと…

（文）近年児童虐待の増加要因は、子育て家庭が社会から孤立している場合が多くなっているからである。

（理由、思ったこと）近年核家族化が進み、子育てにおいて母親が子どもを一人で育てていかなければならないという社会になってしまい、親が子どもに虐待をしてしまうということを引き起こしうると感じたから。虐待というのは、親と子どもとの問題ではなく社会全体の問題として考え、社会が親と子どもとコミュニケーションを適切に取ることができる支援をしていく必要があると感じた。

児童虐待と児童福祉

1．相次ぐ児童虐待事件

今日、児童虐待による子どもの死亡事故が相次いでいる。その中には、児童虐待に気づいたまわりの者が児童相談所に通報しているにもかかわらず児童虐待による死亡が防げなかった場合がしばしば報道されてきた。児童相談所は都道府県または政令指定都市に設置されているが、広域を担当しているため通報があってもすぐには現場に行けず様子を見る場合が多かったためである。そのために 2007 年の児童福祉法の改正により、まず市町村において児童虐待を含む児童相談を受けることとなり、市町村子ども家庭支援課および児童家庭支援センターが設置され、市町村の役割が増している。（ただし、多くの市町村はまだ児童福祉に関する専門職員を配置していない）さらに、中核市や特別区で児童相談所の設置がすすめられている。

児童の身体的虐待を発見することは難しくない。児童の体を見れば一目瞭然で、殴打された跡が消えずあざになって残っている場合が多い。たばこの火を押しつけられた跡が残っている場合も少なくない。したがって保育士、保健師が虐待を受けている子どもを発見して市町村や県・政令市の児童相談所に通報することが多い。

近年児童養護施設入所児童の入所理由の多くが、親の児童虐待の結果による親子分離入所となっている。親がいるにもかかわらず親子分離しなければならない「家族」がなぜ生じるのだろうか。

ここでは、児童虐待が児童にどのような影響を与えるかを述べて、児童虐待を生じないための家族援助のあり方を探ることとしたい。

2．児童虐待と親子関係

近年児童虐待の増加要因は、子育て家庭が経済的に不安定となるとともに地域社会から孤立している場合が多くなっているからである。少子化社会で、子育て経験のない親が、父母、親戚や近所との交流もほとんどない中で子育てを始めることが少なくない。子育てについてわからないことがあっても聞いて確かめるまわりの人も友人もいない。そうした父母に限って、自分も親にきちんと育てられていない場合が多く、自分やきょうだいの成長から得た子育ての知識・ノウハウがほとんどない。泣く乳幼児を「泣かさないようにしなければならない」と手を出してしまうのである。

児童虐待の原因は、

⑴ 貧しい家庭の育ちからくる親の無知、学習の不足と経済的な貧しさを世代間継承して育った場合の**「貧困による児童虐待」**

⑵ 「子どもは愛さなければいけない、子どもを自分に向けなければいけない」「まわりの人

に子育て上手と思われたい」いう思いにとりつかれた「**強迫的感情による児童虐待**」

⑶　社会的に弱い親がより弱い自分の子をストレス・不満の対象にする「**代償的児童虐待**」に分けることができる。

児童虐待が行われる中での親子関係には、次のような特徴が見られる。

- 親は、自分が子どもを愛しているから子どもをきちんと躾けたいと暴力をふるう。子どもが悪いから虐待する必要があると自分の行為を正当化して虐待を繰り返す。
- 子どもは自分が悪いから親に叱られていると感じる。そのため、周囲の人に訴えることができない。他人にあざの原因を聞かれても親に付けられた跡だとは言わず、親をかばう。

そうした中で、親は暴力をエスカレートしていく。子どもが虐待を受けて傷がたえず、通院治療を繰り返すことを「ミュンヒハウゼン症候群」と言う。

3. 児童虐待と児童の発達への影響

児童虐待は児童の心と身体に次のような発達上の問題を引き起こす。

親の愛着行為（アタッチメント）の欠如や偏りによって、子どもは基本的信頼感、安心感、発達に必要な成長段階にふさわしい課題が習得できないで育つ。さらに、自我の能力を超えた刺激や心的外傷を体験する中で、健康の回復の場である家庭に癒す場がないため、心と体に傷となっておどおどした状態に置かれ、ささいなことでも、子どもにとって「心的外傷後ストレス障害」が生じるようになる。愛情の欠如や偏りは、体の発達を生理的にも止めてしまい、低身長や知的発達の障害を生む。

筆者の現場での事例であるが、ある貧困世帯で３人のきょうだいの保育所入所をすすめた時、長子の身体に手の跡とわかる大きなあざが気になった。10年ほど後、自治体の特別支援学級合同発表会に参加して、その内の２人のきょうだいに再会したが、２人とも発達遅滞（ちたい）が見られた。10年前の保育所入所時には見られなかったので、とても驚かされた。成育過程で何があったのか。

「乳児院が静まりかえっている。最近入所した赤ちゃんの多くが泣かない、笑わない　それはなぜか」…2003年３月２日 NHK 放映「クローズアップ現代―赤ちゃんが笑わない」より

新生児微笑は、親があやすことを促すプログラムであり、あやさなければ消滅する。親から、笑顔であやされ抱きしめられることがなく育った赤ちゃんは、親・人との情緒的な関わりをあきらめてしまい、笑わなくなることが紹介された。

広島乳児院の取り組みでは、ある笑わない幼児は、耳の病気で耳鼻科に通い保育士が治療の際強く抱きしめる中で、笑顔を見せるようになっていく。ある幼児は、面会に来る父親のことを「パパ」と教えることによって、幼児から「パパ」と呼ばれるようになった父親が自分の子どもの可愛さに気づいていく。

4. 児童虐待4分類と児童への影響

児童虐待は、⑴情緒的ネグレクト、⑵身体的虐待、⑶性的虐待、⑷心理的・情緒的虐待、に分類されている。

（1）情緒的ネグレクト

親が子どもに必要な情緒的関わりを持とうとしないこと、愛着行為がないことが原因で子どもの情緒が育たなくなることを「情緒的ネグレクト」と言う。

子どもは人生の最初に、自分とリズムを合わせ愛着行動を起こす人と関わって、他の人とも1対1の人間的な関わりができるようになるものであり、愛着行為が不足すると、他者への基本的信頼感が育たなくなり、周囲から受容されていることの安心感を持てなくなってしまう。人を信頼できないで育つと他人と感情を共有することができなくなり、他人の痛みを理解することもできなくなる。

感情が平坦になり他者とのふさわしい距離がとれないことから、自分に閉じこもり抑うつになる半面、他者にべたべたと近づくようにもなる。しかし他者への不安は拒否・回避行動となって、信頼関係を築くことができなくなる。他者と自分の距離の感覚が育たず常に不安がつきまとう。子どもらしく他者に頼ったり、甘えるなどの愛情が表現できず、年齢より大人っぽい行動・偽成熟行動をとる。

自分に自信、自尊心が持てず、自律する能力、生きる力が育たない。反面、一人になったり暗闇に置かれた時に極度に不安になる。そうした不安や不安定な精神状態が積もった時、易興奮性、パニック、多動、暴力、極端な頑固さ、自傷行為となって、必要な行動の自己によるコントロールができなくなり、自律能力を習得する機会が少なくなる。

生活リズムや食欲を感じなくなり、がちゃぐいなどの摂食行動にもなるが、それらの結果は低身長・低体重、運動能力・知的発達の遅れになっていく。近年児童虐待による発達遅滞児が増加しているが、それらは本来防ぐことができるものである。

（2）身体的虐待

児童虐待は、子どもにとって、家庭の中でいついかなる暴力を受けるかわからないし、その暴力から逃れることができないことに特徴がある。親の気分で体に事前の説明のない暴力を受けることは、恐怖そのものである。

これらの恐怖体験は、成長していく途上で、虐待とは無関係な時やわずかの刺激を受けた時も、しばしば恐怖体験の記憶となってよみがえり、本人は無意識にその状況を再体験する。現在の自分でない当時の感情や状況に戻ってしまうことを「フラッシュバック」と言う。その時の自分は、自分をコントロールできないため、恐怖から自分を護ろうとして暴力的になったり、攻撃的になったりする。このような心の傷を「心的外傷後ストレス障害」と言う。

本人は恐怖体験・心的外傷の記憶から自分を護ろうとする。恐怖体験を思い出す状況を避けようと心理的防衛をする。そのためには感情を鈍くして関心を持てなくし精神活動全体を低下しなければならない。感受性に乏しく、表情に乏しく、感情の鈍麻(どんま)による回避や精神活動の低下が進む。さらに本人は生理的に自分を護るための反応の行動をとる。周囲が自分に向かってくるようで不安で落ち着きがなく、ぴりぴりとして、物事を成し遂げることができないため信頼を失う。日常的に不眠が続く。

虐待を受けている時は生存、生き残りに必死の生理的働きが生じるが、児童養護施設等に保護され安全な状態になってから心的外傷後ストレス障害の症状が発生する。

（3）性的虐待

幼児期、幼児が母親のパートナー（実父あるいは同棲した男や再婚した義父）から子どもがじゃまと虐待を受けて死亡する事件がしばしば報道されるが、母親はパートナーの虐待行為を止められないだけでなく虐待に荷担している場合が少なくない。そのことでパートナーとの関係を維持しようとするが、そうまでして母親は幸せになれるだろうか。

児童期、青年期の児童が性的虐待を受けた場合、そのことは子どもにとっては理解できない、受け止められない恐怖体験となって、秘密を強要され、自分でも秘密にし、誰にも訴えられない状況になる。相手が母親のパートナーの場合自分はどこにも避難もできない。

そうした体験は、自分を汚れたもの、だめな人間、自分の将来が暗いものと思いこみ、なにごとにおいても自己評価を低下させて無力感に陥る。

人と自分との距離を把握できなくなり、愛情と性とを混同し、愛情がほしい時に性的な対応をするため、他者から性的虐待を受けやすくなる。虚言(きょげん)が多くなり、現実から遊離した行動をとり、現実の問題解決を避けてしまい、抑うつの精神状態を繰り返す。

身体の不安から、身体に過度に関心を持つが、それは頭痛、のどの痛み、夜尿症などさまざまな身体の異常となって表れる。

性的虐待を受けた成人の場合も、同様である。夫婦や恋人からの性的虐待は「DV 防止法」による相談支援の体制ができているが、訴えられないで自分だけに閉じこめると、そうした成人になっての心的外傷後ストレス障害は、精神障害に進む場合が少なくない。「性の自己決定」に基づかない行為は暴力であり犯罪である意識が定着することが望まれる。

（4）心理的・情緒的虐待

今日いじめによる不登校児童の増加が社会問題となっている。ネグレクト、児童虐待を受けて育った児童は、とりわけ周囲の児童からいじめを受けやすい。社会的に弱い立場に置かれた親が、より弱い自分の子を虐待する構図と共通している。言葉、人間関係によるいじめ等の心理的・情緒的虐待は、あざとなって残る身体的虐待と違って発見しにくい。

心理的に追いつめられる中で、孤立する。自分の存在が拒否され、周囲から辱められる。心理的恐怖を与えられる。そうした中で、自分が人に受け入れられているという感覚が育たなくなり、自信をなくし自己を否定し、自分でも孤立を選ぶようになる。

他者の顔色を伺い、おどおどとしながら他者と関わるが、その態度・様子はさらにいじめを受けやすくなる。自己を否定し、あきらめと自己破壊の行動をとることも多くなる。学習意欲をなくし、学習することも恐怖につながる場合がある。

5．児童虐待の影響と児童への援助

児童虐待を受けた児童の心理面での影響は次のようなことがあげられる。

- 子どもは無力感と罪悪感から、興味や意欲を持てなくなる。自分から積極的に行動することがなくなり、周囲の顔色をみて依存的に行動する。自らは楽しめず、楽しむ工夫や能力を低下させる。そのことから学習意欲をなくし、学習障害ともなっていく。
- 暴力を受けることを自分が悪いからと考え、暴力を愛情と考えてしまう。したがって暴力と愛情の区別がつかなくなる。他者との関わりを望みながら、他者との関わりが持てなくなる。他者に近づこうと見つめるなどして、しばしば他者の怒りをかったり他者の領域を侵害してトラブルの元になったりする。
- 人としての問題解決方法、自己調整能力を学習できずに育ち、易興奮性、多動、衝動性によって暴力的に問題解決する方法を学習してしまう。暴力で対応することにより、人間性が習得されず人格的に問題を持つ。虐待する人、暴力を振るう人に自分を同一化する。自分への暴力、自傷行為を繰り返す。自分より弱い者に暴力を振るうようになる。
- 成人して家庭を持った時、妻への暴力や自分の子どもに虐待を繰り返す。

今日の社会は、地域においても所属する学校や組織においても人の暮らしはつながりを失ってきている。家庭は、周囲から孤立し、家庭そのものの機能も脆弱化している。少子化や地域の過疎化が進み子育て家庭が少数派になっている中では、地域が協同で子どもを育てる意識が稀薄になってきている。

さらに、子どもを育てる家庭の経済的基盤が脆弱化して、少なくない家庭が、子どもを育てていく自信がない状況に追い込まれている。子育て家庭が正規雇用と非正規雇用に二極化し、格差社会が進む中で、積極的な社会参加の機会を失った弱い父親（男性）のストレスのはけ口が、より弱い妻（女性）や子になっている。そうした中で、児童虐待が増えている。

したがって、子育て家庭の経済基盤の確保および家庭と地域のつながり、子育て家庭の仲間づくりによってしか、これらの問題は解決しない。近年、国や自治体で「子育て支援」を少子化対策の中心に掲げているが、これらの対策がペーパーに終わるのでなく、地域において子育てひろばや幼稚園・保育所・学童保育等の子育てのネットワークにすべての子育て家庭が包まれる状態を作っていくことが児童虐待を防止することにつながる。

＊　＊　＊

■児童虐待の４分類

⑴身体的虐待

児童の身体に外傷が生じ、または生じるおそれのある暴行を加えること

- 外傷とは打撲傷、あざ（内出血）、骨折、頭蓋内出血などの頭部外傷、刺傷、たばこなどによる火傷など
- 生命に危険のある暴行とは首を絞める、殴る、蹴る、投げ落とす、激しく揺さぶる、熱湯をかける、布団蒸しにする、溺れさせる、逆さ吊りにする、異物をのませる、食事を与えない、冬戸外にしめだす、縄などにより一室に拘束するなど
- 意図的に子どもを病気にさせるなど

⑵性的虐待

児童にわいせつな行為をすることまたは児童をしてわいせつな行為をさせること

- 子どもへの性交、性的暴行、性的行為の強要・教唆など
- 性器を触る又は触らせるなどの性的暴力、性的行為の強要・教唆など
- 性器や性交を見せる
- ポルノグラフィーの被写体などに子どもを強要するなど

⑶ネグレクト（保護の怠慢・拒否）

児童の心身の正常な発達を妨げるような著しい減食又は長時間の放置、保護者以外の同居人による児童虐待の行為と同様の行為の放置、その他保護者としての監護を著しく怠ること

- 子どもの健全・安全への配慮を怠っているなど
  例えば①家に閉じこめる（子どもの意思に反して学校等に登校させない）、②重大な病気になっても病院に連れて行かない、③乳幼児を家に残したままたびたび外出する、④乳幼児を車の中に放置するなど
- 子どもにとって必要な情緒的欲求に応えていない（愛情遮断など）
- 食事、衣服、住居などが極端に不適切で、健康状態を損なうほどの無関心・怠慢など
  例えば、①適切な食事を与えない、②下着など長期間ひどく不潔なままにする、③極端に不潔な環境の中で生活をさせるなど
- 子どもを遺棄する
- 祖父母、きょうだい、保護者の恋人などの同居人が身体的虐待、性的虐待又は心理的虐待に掲げる行為と同様の行為を行っているにもかかわらずそれを放置する

⑷心理的虐待

児童に対する著しい暴言または著しく拒絶的な対応、児童が同居する家庭における配偶者に対する暴力その他の児童に著しい心理的外傷を与える言動を行うこと。

- ことばによる脅かし、脅迫など
- 子どもを無視する、拒否的な態度を示すことなど
- 子どもの心を傷つけることを繰り返し言う
- 子どもの自尊心を傷つけるような言動など
- 他のきょうだいとは著しく差別的な扱いをする
- 子どもの面前で配偶者やその他の家族などに対し暴力をふるう

乳児院・児童養護施設

■乳児院

「児童福祉法」第 37 条

乳児院は、乳児（保健上安定した生活環境の確保その他の理由により特に必要のある場合には幼児を含む）を入院させて、これを愛育し、あわせて退院した者について相談その他の援助を行うことを目的とする施設である。

概要

乳児院は、2017 年 12 月現在施設数 138 ヵ所、在籍児童数 2,801 名。職員構成は医師、看護師（看護師とともに保育士も可）、栄養士等。1999 年からは家庭支援専門相談員（ファミリーソーシャルワーカー）が 1 名配置されている。

入所　**（注）** 法では上記の通り「入院」

親が病気や経済的な理由で乳児の保育ができない場合、児童福祉法第 37 条により乳児および保健上等の理由により必要のある幼児を「乳児院」に預けることができる。児童相談所で措置を決定する。一時期乳児院の利用が減少し存続の危機が言われたことがあったが、現在乳幼児が児童虐待を受ける事件が相次ぐなど家庭で養育することが困難な場合が増え、乳児院への措置が増加している。

入所理由は、児童虐待のほか、母の疾病や精神障害・知的障害、父母の就労（借金や貧困による夜勤や住み込み等）、母が未婚、受刑などである。通常満 2 歳になるまでが入所のめやすとなり、その後入所が必要な場合は児童養護施設や里親等に措置が変更される。

看護・保育

入所児童は、入所の際は乳児であり、いずれも段階があって短期間のうちに変化するが、その個人差は激しい。したがって、乳児院では集団として保育するが、個々の児童に合った対応を心掛けなければならない。

(1) 食事は、授乳（容器の殺菌、適温を確かめる、授乳後げっぷを確実に行う）、離乳食、重湯（おもゆ）、普通食に変わっていく。食事の回数も離乳の変化に合わせて、一日 1 回から 2 回、3 回に増やしていく。

(2) 身体の発達は、仰向けから寝返りを打つことができるようになり、ずりはいから四つんばい、高（たか）ばい、つかまり立ち、つたい歩き、歩行に変化していく。

(3) 乳児期はおむつ交換が欠かせない（濡れた時きちんと交換しないと、快・不快感が鈍っておむつ着用の期間が長引く）が、歩行ができるようになり便意を表すことができるようになって、トイレの習慣がつけばおむつ着用の必要がなくなる。おむつ交換とともに大切なのは沐浴、入浴である。生後 3 ヵ月間は毎日沐浴しその後は入浴して身体を洗う。

(4) 乳児は不安な時、ミルクがほしい時泣くことで意思を表す。保育者はそれら児童の不安を取り除き、安心の感情、愛着の感情を抱くことができるようにやさしい表情と言葉がけに心掛けなければいけない。

(5) 入所児童は、児童自身がぜんそくやアレルギー疾患などの疾病、未熟児や低体重児で入所する場合や障害がある場合あるいは虐待による発育の遅れが見られる場合も少なくない。出生時から入所までの身長、体重の変化や医師の診断等に注意し、施設の医師の指示を受け、看護師と共同して健康の状態を観察し健康管理にあたる。顔や皮膚の色や表情、おむつ交換時等の便の堅さや色、においなどのちょっとした変化に気づかなければならない。

家庭支援

入所は親が病気や経済的理由がある場合であるので、それら親の抱える問題を解決するための援助が必要となる。生活環境を整えれば退院して居宅に帰れる可能性が高い。

経済的理由による場合は、児童の保育所入所と親の就労、公営住宅の確保や母子生活支援施設により解決できる場合が少なくない。母が未婚等で精神的に不安定ないしは知的障害の場合は、一定期間母子生活支援施設にて母子支援員の生活面の支援を受けることが望まれる。

児童虐待による入所の場合は、親に来院してもらい子どもとの時間をつくって親子関係の修復を試みる中で、親がどのように子どもに接し愛着行為を示しているかの様子を見ることが大切である。児童自身の疾病、障害による入所および入所の継続の場合も、定期的に親子の時間をつくることが大切である。

▩児童養護施設

「児童福祉法」第 41 条

児童養護施設は、保護者のない児童、虐待されている児童その他環境上養護を要する児童を入所させて、これを養護し、あわせて退所した者に対する相談その他の自立のための援助を行うことを目的とする施設である。(乳児を除く、ただし、安定した生活環境の確保その他の理由により特に必要のある場合には乳児を含む)。

戦前は「孤児院」、1947 年児童福祉法では「養護施設」、1997 年児童福祉法の改正で「児童養護施設」と施設の呼称が変わってきた。

入所理由は、虐待・酷使・放任等、親の就労・経済的理由、長期入院、離婚・不和、精神不安定、行方不明、拘禁、養育放棄、死亡などさまざまである。

児童養護施設の形態は、大人数の子どもが一つの建物で生活する「大舎制」と 10 名前後のグループに分かれて独立した建物で生活する「小舎制」があり、各々の施設のしくみは設置時期等の事情で異なっている。近年大舎制による施設依存（ホスピタリズム）の弊害を避け家庭生活を経験するための児童養護施設の小規模化が進められ、大舎制施設の敷地内または施設の近くに「グループホーム」や「小規模施設」を設置し担当の指導員等を配置する施設が多くなっている。

児童養護施設の職員構成は、児童福祉施設最低基準第42条により児童指導員、保育士、栄養士、調理師、嘱託医が置かれている。さらに2004年から各施設に「家庭支援専門相談員（ファミリーソーシャルワーカー）」が1名配置され、児童の親との連絡、親子関係の修復等にあたっている。

2017年現在全国の児童養護施設数は615ヵ所、入所児童数は26,449名である。

他に、2017年現在全国の里親登録数は11,405名、委託里親数は4,088名、委託児童5,190名である。

（参考） 児童養護施設の形態

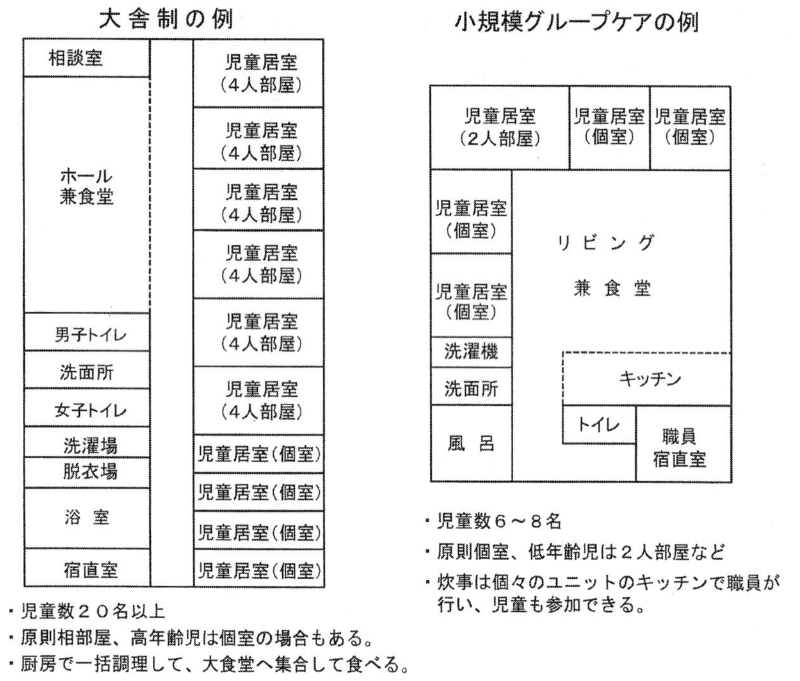

大舎制の例

相談室
ホール
兼食堂
男子トイレ
洗面所
女子トイレ
洗濯場
脱衣場
浴 室
宿直室
児童居室（4人部屋）
児童居室（4人部屋）
児童居室（4人部屋）
児童居室（4人部屋）
児童居室（4人部屋）
児童居室（4人部屋）
児童居室（個室）
児童居室（個室）
児童居室（個室）
児童居室（個室）

・児童数２０名以上
・原則相部屋、高年齢児は個室の場合もある。
・厨房で一括調理して、大食堂へ集合して食べる。

小規模グループケアの例

児童居室（2人部屋）
児童居室（個室）
児童居室（個室）
児童居室（個室）
児童居室（個室）
リビング
兼食堂
洗濯機
洗面所
キッチン
トイレ
風 呂
職員
宿直室

・児童数６～８名
・原則個室、低年齢児は２人部屋など
・炊事は個々のユニットのキッチンで職員が行い、児童も参加できる。

厚生労働省ホームページ「社会的養護の現状について（参考資料）」平成26年3月より転載

児童福祉の父・石井十次の「岡山孤児院 12 則」

石井十次の人と業績

明治・大正時代、最大 1,200 名の孤児を収容し、キリスト教精神を軸に孤児救済と教育に心血を注ぎその生涯を孤児救済に捧げた先駆者で、わが国における「児童福祉の父」と言われている。

十次は、「最も必要なことは貧困等から父母と一緒に生活できない孤児を放置しないこと」として、徹底した孤児の救済が必要と考え、一時期は全国から孤児の「無制限収容」を試みた。その後施設収容だけでなく里子委託による養護も積極的にすすめ「里親制度」の先駆けともなった。

十次は、孤児を一人の人格を持った人間として認めてその持っている可能性を引き出すように、家庭的な雰囲気の中での養育を求め、成人として自立・就労するための職業教育や自然教育を試みるとともに、音楽や美術を教育に取り入れた心の教育も行っている。

十次の実践の中からまとめられた「岡山孤児院 12 則」は、児童養護施設の小規模化など、その多くが今日の児童養護施設でも児童養護の指針として受け継がれている。

石井十次資料館　宮崎県児湯郡木城町大字椎木 644-1（〒 884-0102）
経路・ＪＲ「高鍋」駅下車、駅から車で西へ 20 分「茶臼原」

岡山孤児院 12 則

⑴ **家族主義**　年齢は混合（家庭的な異年齢集団）、15 ～ 20 人の共同生活を行う。
十次は、ジョン・バウンズの貧民学校、ジョージ・ミラーのバーナード孤児院（イギリス）の孤児救済事業の小舎制に学んで、家庭的な雰囲気を重視した。同時期に家庭学校を開設した留岡幸助も家族主義による夫婦小舎制を取り入れている。

⑵ **委託主義**　里子制度　委託料として里子一人月 4 円を里親に支給するもので、最大で 142 名を里子として委託した。10 歳まで預けて、以降は孤児院に引き取るバーナード孤児院方式であった。里子として預けることがふさわしい家庭であるかどうか、施設職員が一定の期間内に里親宅を見回った。里子の体重を定期的に測定し体重が減少した場合は委託を解除した。

⑶ **満腹主義**　食べる量に制限を設けないことが非行の子どもを感化する妙法である。入所前の環境は食べられる時に食べておかないと食べられなくなるという飢餓への恐怖が強いが入所して 2、3 ヵ月すれば安心できるので通常の量になる。

⑷ **実行主義**　口よりも（職員の）行いを持って導く。家庭において親から学ぶことが少なかった子どもたちが、施設においては職員を通して基本的生活習慣など様々なことを

学ぶことができる。

⑸ **非体罰主義**　手を出せば子どもは嘘を言い、子ども同士のけんかの原因になる。当時の日本は家庭、学校、社会において体罰によるしつけが賞賛されていた。

⑹ **宗教主義**　キリスト教の強制ではなく、信仰の精神を重んじる考え。落ち着いた環境の中で、一人一人が自分の考え方を持つ心の教育を重視した。

⑺ **密室主義**　褒めるも叱るも衆人の前では効果はなく、人のいないところで一対一で行わなければならない。子どもはまわりの大人が自分にどう向いてくれているかによって意欲的になりあるいは傷つく。職員は常に子どもに公平でなければならないことと、一人一人の児童との信頼関係をつくり一人一人を育てていくかが求められる。

⑻ **旅行主義**　見聞を広げること、音楽隊による各地の巡回等。家庭においては親戚づきあいや地域の行事への参加など様々な外出の機会があるが、施設においてはそうした体験が少なくなる。施設は努めて社会を知る機会をつくらなければならない。音楽隊の目的は寄付金集めであったが、海外を含む旅行体験は彼らの将来に大きな意義があったと思われる。

⑼ **米洗（こめあらい）主義**　米ぬかを洗い落とせばきれいな米になる。人間も一ヵ所に集めて正しい教育をすると余計なものがとれて天真の特性を発揮する。入所前の子どもたちの多くは棄児の状態におかれていた。福祉のしくみのない時代彼らにとって食べるためには盗みもやむをえないことであった。長く入浴の機会もなく不衛生な環境の中で暮らしていた子どもたちが獲得した生きる手段の「垢」をとって天性の子どもらしさが発揮されなければならない。

⑽ **小学教育**　院内の小学校で正規の教育を施す、施設内に私立小学校を開設する。教育環境に恵まれなかった子どもたちが自立していくためには発達に応じた教育力、生活力、情操教育を行うことが大切と考え岡山、宮崎とも施設内に小学校を開設した。

⑾ **実業教育**　労働による自活を目指して各種職業教育に取り組む。活版部、米つき部、理髪部、マッチ部、鍛冶部、大工部、機械部など。当時義務教育は小学校までであり、13 歳で社会に出さなければならなかった。仕事の技術を教えて、社会に出た時即戦力となるように職業教育を行った。但し、その後に活かされることが少なく、小学生の段階で職業教育は早すぎるものであった。後にエミール自然教育を取り入れ茶臼原での自然・農業による自活を重視した。

⑿ **托鉢（たくはつ）主義**　各種寄付金集め　音楽幻灯隊による各地の巡回公演で寄付を訴えた。福祉のしくみのない時代、様々な方法で財政を確保しなければならなかった。但し批判を受けて十次は 1911 年「寄付金募集せず」と宣言した。その後は、故郷にて孤児救済をつづけ、今日に至る。

　十次の死後、1938 年に救護法が施行され、孤児院は救護法による給付の対象となり、戦後は児童福祉法による「措置入所」となった。

2. 4.「とも」—医療型障害児入所施設—

学習のねらい

医療型障害児入所施設

「重症心身障害児施設」は、2010 年から「医療型障害児入所施設」と名称が変わった。

「児童福祉法」第 47 条の 2 による「障害児を入所させて、これを保護し、日常生活の指導、独立生活に必要な知識技能の付与及び治療を行う」児童福祉施設である。

2018 年現在、全国の医療型障害児入所施設数は 134 ヵ所、入所児童数は 12,506 名である。

「智子さん」から教えられること

児童福祉施設であるが、常時治療を要する重症の児童で、家庭での医療対応も困難な場合の入所のため、成人になっても入所が続く場合が多い。本章の《事例》智子さん（「とも」）は、20歳で入所し2018年現在70歳になっている。智子さんが施設に入所してから施設職員が様々な工夫や機器の改良を行なう中で、本人は種々の活動が可能になり、生き生きとした日常生活を送れるようになった。成人を過ぎた事例への訓練効果において、注目すべき事例である。

智子さんは、自分を支えてくれている福祉施設の職員の仕事内容をていねいに記録している。各々の仕事についてとてもわかりやすい。

「とも　重症心身障害児施設の記録から」学生のノートから

1．本文「母に勉強がしたいと言っても、母はわからなかった」その時、智子さんは 14 歳、なぜ母はわからなかったのか…

智子さんは、脳性まひのため、健常者よりも発達が遅く、14 歳になっても言語を知らず、言葉を話すことができず、母親に自分の思いを伝えることができなかったということ、また母親は脳性まひの子どもが勉強をしたいと思っているとは考えられなかったのだろうと考える。

2．本文「センターは注射や手術をして直すのか、行くのがいやだ」センターのスタッフは智子さんにどのような支援をしたか。主な点…

智子さんの体調の管理、食事、お手洗いの介助だけでなく、寝返りをうつ訓練や、人と話ができるように文字盤等を用いての言語訓練、また施設の人々とクリスマス会など装飾や行事を通して人との関わりをもつ支援など。

3．石原元都知事が知事になってこのセンターを訪ねた時「入居者はなんのために生きているのか」と感想を述べた。「なんの楽しみがあって…」と解釈して、あなたがセンターの保育士ならどう答えるか…

なんの楽しみがあるかについてだが、施設に入所している人々は毎日を必死に生きている。そのような生活の中で訓練や勉強を通して、新しいことを発見したり、人々とかかわることで生きることの楽しみを感じながら生きているのだと考える。

4．智子さんは自分を支えてくれているセンターのスタッフ、各々の専門職、事務職について記録しているが、この記録を読んで、あなたが心がけたいこと大切だと思うこと…

今回の授業を通して、療育センターの人々の仕事を入所している人の目線でみることによって、障害者に対してどのような対応をするのが好ましいのかということがよく分かった。智子さんは脳性まひであるにもかかわらず、自分で様々なことをすることができるようになったのも、センターの人々の温かい支援があったからこそであると感じた。私は、重症心身障害児施設についてどのような施設であるのか全く知らなかったので、とても勉強になった。

事　例

私のこと—車椅子からのメッセージ—

1．生活記録

私のことを書きます。

私は昭和 22 年 9 月生まれです。44 年 4 月に都立府中療育センターに入所しました。言葉は話せません。でも大きな声がでます。みんなを呼ぶ時は大きな声で「ああ」と言います。手は右は少し使えます。右の手首におさじの補助具をつけて食事の訓練をしています。少しは口にごはんが入るようになりました。

前はストローで水を全然飲めませんでした。今は簡単にストローでクリームソーダやコーヒーを飲めるようになりました。センターで牛乳を飲む時はサイドテーブルの上でコップの中に牛乳を入れて飲んでいます。

足は歩くことができませんが、車椅子は一人でうしろむきで動かせます。一人で車椅子には乗れません。車椅子にのせてもらえばどこにでも一人で行けます。これで駒沢のスポーツ大会で銀メダルや銅メダルをたくさんとりました。

私は母と話す時は床に足で字を書いて話します。他にはトーキングエイドや文字盤で話します。私はトーキングエイドやワープロやタイプを打つ時はヘッドバーで打ちます。ヘッドバーはヘルメットみたいな物に棒をつけてあります。その先でワープロのキィを押します。また、ヘッドバーで文字手芸やステック手芸やほかの物もできます。ヘッドバーがないとなにもできません。

私はお手洗いは一人でできません。食事や洋服も一人で着られません。私は人に手伝ってもらわなければなんにもできません。

私の好きなことはワープロで手紙を書くこととテレビで野球を見ることと落語やドラマを見ることが好きです。また、なつメロを聞くことも好きです。

私の性格は明るいです。みんなに智ちゃんはとてもいい性格をしていると言われます。
私は丸首の洋服でないと着られません。その訳は左手で自然に首をひっかくからです。それでいつでも丸首の洋服を着ています。夏でも丸首のティーシャツを着ています。新しい職員に「智ちゃんどうして夏なのに丸首を着るの」と言われます。私は本当は、首が開いている洋服を着たいと思っても、ハイネックの洋服でないと着られません。

私は自分で本を読めません。一人でほんの頁をめくられません。自分で本の頁をめくる機械があると一人で読めるのにな、と思います。手紙はタイプライターに挟んでもらえばヘッドバーで便箋を送って読むことができます。それでも読めない漢字やわからない言葉があった時はトーキングエイドで聞いて覚えます。それでもわからないことがあると、言語指導の広瀬さんや佐伯さんに教えてもらいます。誰にも読んでもらわないで一人で読めるようになりたいと思っています。転勤された木村さんや寺田さんの手紙はだいたい読めます。私は座ることができません。人に座らせてもらえば座ることができます。だけど長く座っていると足がしびれて倒れます。

私は好き嫌いがたくさんあります。母や職員にきらいな食べ物を食べさせられています。私はしょうがないから食べています。

私は昭和22年9月、三輪(みのわ)の病院で生まれました。まるまるに太っていたと母は言います。3歳になっても立とうとしませんでした。父と母とで日赤の病院に行きました。しばらく通っていました。それから（台東区）蔵前(くらまえ)に引っ越しました。母の家でお寺です。そばに幼稚園を建てました。私は毎日玄関にいて、お友達がきているのを見ていました。

7年目に、妹が生まれました。私が優子と名をつけました。優子がだんだん大きくなって、学校へ行き始めました。その時、優子が宿題をしているところを見ていて私は勉強がしたくなりました。母が優子に勉強を教えているところを見て私もしたくなりました。

母に勉強がしたいと言っても、母はわからなかった。

ある時、いとこのお兄さんが「とも、勉強がしたいかい」と、聞いてくれました。母が「勉強がしたかったのね」と言いました。それから、母がひらがなを教えてくれました。
私は足で床に文字を書いて、母と話をするようになりました。優子も、私が足で文字を書くのが判ります。

20歳のある日、おじさんが来て父と母で話していました。私は隣の部屋で話していることを聞いていました。私を施設に入れることを話していました。私は絶対に行かないと思いました。父は役所に行きました。

すぐに女の人が来ました。部屋に上がって父と母とおばあちゃんと私とで話しました。
女の人は「私は小林です」と話しました。小林先生は療育センターのケースワーカーの先生でした。

小林先生は「私のところに、智子さんみたいな人が大勢いて、訓練や勉強をしていますから、智子さんも来てください」と話してくれました。私は行きたくないと思いました。
小林先生が「智子さん、待っていますよ」と言って帰りました。

私はどうしてもセンターに行きたくはありませんでした。

しばらくたって、母に「智子。訓練をしたり、話ができるようになってほしいの。それにはセンターへ行ってほしいの」と言われました。私は、センターは注射や手術をして直すのかと思いました。行くのがいやだと思いました。母が「とにかく4月7日にセンターに行ってみて、いやだったら帰って来なさい」と言われました。

朝起きて私は大きな声で泣きました。いとこのお兄さんが車で送ってくれました。

(注) 1978年まで重度障害児の多くは、「養護学校」（特別支援学校）にも入学できず「義務教育を猶予・免除」され、日中も自宅で親が懸命に介助していた。

2. 療育センターのこと―福祉施設職員の仕事―

●ケースワーカーの仕事（社会福祉士等）

ケースワーカーはいろんな仕事を私たちのためにしてくれています。ケースワーカーの仕事は、私たちが家族に頼むことがあると家に電話をかけてくれたり家族と病棟を連絡してくれます。たとえば車椅子をこしらえたいと思ったら訓練の先生に頼んでこしらえてもらいます。また、福祉事務所からケースワーカーに送ってきた書類を車椅子やさんに渡したり訓練の先生に見せます。

ケースワーカーは家族の話を聞いてくれます。たまには家族訪問に行って、家族と子どものことや家族の話を聞いて、それを病棟の職員たちに話します。

また、多摩療育園（りょういくえん）に行っている人が病気になったと電話がかかってくると病棟にベッドが空いているかを聞いてみて、もし空いていたら電話をかけて「きて下さい」と言います。もしベッドが空いていなければほかのところを紹介してあげます。

これがケースワーカーの仕事です。 **（注）**施設「入口」のケースワーカーです。

●医局の仕事

各病棟に先生が一人います。

朝、病棟担当の先生が病棟にきて、看護師さんが先生に私たちのようすを話して、先生は熱がでている人のところへ行って見て、薬の処方箋を書いてくれます。それを看護師さんたちが薬局へ行って処方箋を見せて薬をたのみます。

病棟の先生が出かける時は、となりの病棟の先生にたのんで行きます。

102 病棟は、副院長の長谷川先生です。長谷川先生は毎朝病棟のみんなにあくしゅをして「元気かい」と聞いてくれます。長谷川先生は時々いたずらをして私たちのことをからかいます。おもしろいです。先生はたまに私たちにごはんを食べさせてくれます。バスハイクに行って私たちの車椅子を教えてくれます。 **（注）**握手するとその人の体温・体調もわかる。

医局の先生たちは日曜日や夜の回診にかわりばんこにまわってきてくれます。

これが医局の仕事です。

●看護師の仕事

看護師さんは、私たちを三こうたいで見てくれています。

夜中の 12 時半から朝の 8 時半までの人が二人います。にっきん（日勤）は朝の 8 時半からで夕方 5 時 15 分に帰ります。じゅんや（準夜）は夕方の 4 時 45 分から夜中の 12 時 30 分です。じゅんやの職員は三人います。保育士さんや療育員さんも看護師さんの仕事もします。

看護師さんはかわりばんこにリーダーをします。リーダーは病棟のみんなのことを知っていなくてはなりません。リーダーの看護師さんはお昼にみんなの検温をします。看護師さんはお薬をみんなに飲ませたり、処置もしてくれます。看護師さんは私たちに食事やお風呂のおせわもしてくれます。風邪で熱が出たときに注射をうったり、水まくらをしてくれます。（その日）リーダーをしていない看護師さんは保育士さんと私たちと装飾をしたり遊んでくれます。看護師さんは散歩や遠足、バスハイクも一緒に行ってくれます。男の看護師さんもおんなじに、しんや（深夜）、じゅんやをしてくれます。

●保育士の仕事

保育士さんは行事があるといそがしそうです。遠足があると遠足に持っていくものを用意したりバスに乗る順番のリボンを車椅子につけたりバスにのる順番をきめます。保育士さんは私たちができる物を考えてみんなで装飾をこしらえます。保育士さんは食事やお手洗いの介助もしてくれます。看護師さんや療育員さんもしてくれます。クリスマスがくると保育士さんたちは私たちがする物を考え劇の衣装やお面やバックを看護師さんにてつだってもらってこしらえます。運動会も競技を私たちと考えてきめて、使う物を作ります。保育士さんたちは看護師さんたちとしんや、はやで（早出）、にっきん、じゅんやをします。

保育士さんたちはみんなに紙芝居やゲームなどをしたり、また、ピアノもひいて私たちと歌います。保育士さんは散歩に行く人のメンバーを看護師さんと一緒にきめます。保育士さんたちはほかにも私たちの話を聞いてくれます。このほかにもいろんなことをしてくれます。

これが保育士さんの仕事です。

●療育員（りょういくいん）の仕事（介護福祉士＝ケアワーカー）

りょういくいんさんたちは看護師さんや保育士さんたちとおなじ仕事をしてくれます。療育員さんたちはお茶の用意をしたり、食事のしたくをしてくれます。私たちに食事を食べさせたり、お手洗いのおせわをしてくれます。療育員さんたちは病棟にシャツやパンツやまえかけがなくなると、地下に行って洗濯場からもらってきてくれます。また、ひまがあると私たちと遊んだり、保育士さんたちと一緒にさまざまな装飾をこしらえてくれます。にっきん、じゅんや、はやでを看護師さんや保育士さんとかわりばんこにしています。男の療育員さんもいます。お風呂に入れたり、なにかこわれたらなおしてくれます。看護師さんたちとおなじ仕事をしてくれます。

これが療育員さんの仕事です。

●訓練の仕事（理学療法士＝ PT）

PT の仕事は私たちが訓練室に行くと先生たちが車椅子からひいてあるマットを降ろしてくれます。私たちはねがえりで好きなところに行けます。ここで私はねます。中山さんに、「智、ここでねてはだめ」とおこられます。マットでねるのはいい気持ちです。

訓練はたてひざをしています。私は時々お尻の骨がでてくると痛くなりますから新田さんや中山さんに骨をよくせい（抑制）してなおしてもらいます。また、肩もなおしてもらいます。

みんなも足や手をのばしてもらっています。また、立つ訓練をしています。訓練は５階から１階の人たちが（順番に）訓練室へ行きます。訓練は楽しいです。

先生たちは私たちの車椅子をこしらえる時に、私と車椅子やさんと病棟の職員とでいちばんいい椅子を考え、話をしてたのみます。

これが訓練の仕事です。

● ST の仕事（言語聴覚士）

ST は言語です。

私たちは言葉が言えないけれど人になんかのかたちで言えるようにしてくれます。話ができなくても字がおぼえれば人にわかってもらえます。手がつかえない人は足で文字盤をさして、人と話ができます。言語の先生はただしい言葉をおしえてくれます。

声を出す訓練もします。漢字をおしえてくれたり、算数もおしえてくれます。手や足がつかえない人に体でどっかつかえるところをみつけて、そこでスイッチをおして、話がわかってもらえるように訓練をします。

時々テストもします。言語の先生たちはこわいです。でも言いたいことを話すとすぐわかってくれます。私はこわいけれど言語の先生が大好きです。ワープロの打ち方もおしえてくれます。

これが ST の仕事です。

● OT の仕事（作業療法士）

OT は手の訓練です。手がつかえるかどうか、うごかしたりして絵をかかせます。また、手で自分でごはんが食べられるように訓練をしてくれます。また、どうやって一人で何が出来るかを考えて私たちにさせてくれます。

たとえばヘッドバーの先に針をつけて文化刺繍ができるように考えたり、ヘッドバーにはりがねをつけてスティック手芸もできるように考えてくれます。

OT の先生はどうやったら私たちになにができるのか考えて私たちにさせてくれます。OT の先生は私たちがわからなくなるとすぐ見てなおしてくれます。私たちは部屋のあっちこっちにいるから、田中さんはあっちではなおし、こっちにきてはおしえてくれます。OT の先生たちはいそがしいです。

私は OT でいろんな物をこしらえました。OT はたのしいです。こんどは OT でスカートをぬいたいと思っています。もう少し OT 室が広ければいいと思います。

これが OT の仕事です。　（注）その後 OT 室は広くなりました。

●心理の仕事（心理判定員）

心理は私たちの知能検査をします。

心理の職員は病棟へ行って検査をしたり、勉強もおしえます。心理は行事があるとビデオで、みんながしているところを写してくれます。たとえば運動会、文化祭、招待観劇会、大きな行事があるとビデオをとります。そのビデオを編集して病棟へ持ってきて見せてくれます。また、新しい人がセンターに入ってくるとテストをします。

これが心理の仕事です。　（注）ビデオの目的は年齢を経て発達状況を確認することです。

●福祉の仕事（社会福祉士等）

大きな行事は福祉の人たちがしてくれます。センターの５階から１階の全員があつまってする行事は運動会、文化祭、もちつき、招待観劇等で福祉の人たちがします。

福祉の人は病棟に一人ずついます。福祉は私たちに絵やしゅげいや勉強や車椅子で早く走れるようにおしえてくれます。それでスポーツ大会へ行きます。

私たちが見たい映画を言うと福祉の人たちがみつけてきて、してくれます。たとえば
とらさんとか、アニメ、いろんな映画をみつけてかりてきて毎月１の１の男の子たちと見せてくれます。また、福祉の人たちは遠足へも行ってくれます。家族に運動会、遠足のあんないも書きます。福祉の人はたまに病棟をかわります。

これが福祉の仕事です。　（注）施設の「病棟担当」のケースワーカーです。

●事務の仕事

私たちがじむの職員にお金をあずかってもらいます。　（注）大半の障害者に「障害基礎年金」が支給されています。　私たちがなにか買いたい物があったら婦長さんに話して婦長さんがじむの職員に言ってお金をもらいます。そのお金で買物へ行って洋服やパジャマを買います。病棟の職員が病棟でほしい物があるとじむの職員にたのんで買ってもらいます。職員は問屋さんにたのんで持ってきてもらいます。届いた品物を病棟の職員に言います。

郵便がきたら事務の職員が病棟ごとのポストに入れてくれます。事務の職員はこのほかにもいろんな仕事をしてくれています。

これが事務の仕事です。

（注）ほとんどの教科書・刊行物に「事務の職員の仕事」は書かれていません。けれども智子さんは自分を支える大切な人として書いています。とても大切な、忘れてはならないことです。

●栄養科の仕事（栄養士・給食調理師）

えいようかの職員たちは朝早くから私たちの食事をこしらえてくれています。ごはんやおかずがかめない人にはおかゆやおかずはみじん切りにしてくれます。おかゆが食べられない人にはおもゆをこしらえてくれます。

えいようかの職員に私たちが遠足やバスハイクや運動会のお弁当に食べたい物をたのむとこしらえてくれます。また、クリスマスやひなまつりや七夕の行事のおやつは私たちが食べたい物をたのむとこしらえてくれます。

これが栄養科の仕事です。

3．楽しかったディズニーランドの思いで

11 月 9 日　国立駅から JR で東京駅の京葉線乗り場に行きました。葛西臨海公園駅でおりてシーサイドホテルに行きました。ここで金沢から来るみんなを待ちました。

みんなは東京へ、ついてから車の渋滞にあったり道を間違えたりしてやっと 7 時すぎに来てそれから楽しい夕食をしました。全員で 11 人、宴会をしてから 12 時すぎまでいろんな話しをして私が縫った袋を雄介君にあげました。雄介君のお母さんが「トーキングエイドを入れる袋にちょうど善いわ」と言ってくれました。私は嬉しくなりました。

みっつの部屋に分かれて寝ました。私は幸子お姉さんと大きなベッドで寝ました。私はとっても嬉しかった。

11 月 10 日　朝起きたらとてもいいお天気でした。みんなが私の着替えを手伝ってくれて朝の食事に行きました。食事はバイキングでした。みんな好きな物を食べてから車 2 台に分かれてのってディズニーランドへ行きました。

私は雄介君の車に乗ったらふつうのより座席が高くしてありました。そのわけは金沢は冬になるとたくさん雪がつもってふつうの車に乗れないからです。雄介君は、ディズニーランドのお城を見て目をまんまるくして口もおおきくあけてよろこんで見ていました。私は雄介君をつれて来て良かったと思いました。ものすごい大きなクリスマスツリーのしたでみんなで写真やビデオをとりました。

雄介君がお船にのりたいと言っていたからジャングルクルーズに乗りました。船長がおもしろいことを言ってまわりに作った動物やインディアンなどの説明をしていました。雄介君や幸子お姉さんも楽しそうに乗っていました。つぎにカリブの海賊に乗りました。つぎはミッキーたちのレビューを見ました。動物たちがクリスマスソングの演奏をしていました。雄介君もみんなも楽しく夢中で見ていました。お昼にピザとコーヒーを食べました。幸子お姉さんに「ピザとコーヒーのお金はいくらだしたらいいのけいさんして」と言われました。私はディズニーランドで算数をするとは思いませんでした。

「へー　智ちゃん　できるとはおもわなかった」と幸子お姉さんに言われました。最後にスモールワールドに乗りました。明るくって世界じゅうの子どものようすが良く判りました。6 時ごろになったのでみんなはお土産を買うので夢中でかけだして行きました。ポップコーンを私も買いました。そのうちパレードがはじまりました。白雪姫や三匹の子豚が来て雄介君や私にキスをしてくました。もうまっくらになり、おおきなもみの木の下で、みんなできねん写真をとりました。夜の食事はホテルに帰って食べました。

その夜みんなでお風呂へ入りました。みんなで私の体や頭を洗って湯船に入れてくれて私は泳ぎました。幸子お姉さんたちとお風呂へ入ったことはとても楽しかったです。

11 月 11 日　朝はパンとサラダとコーヒーですませました。雄介君は私を見てさみしそうな

顔をしていました。幸子お姉さんが「こんどは2002年の2月ね」と言ったら雄介君はニコニコとしました。私も又合宿へいかれるのかなと思いました。みんなは車に乗って帰りました。
私は西葛西の家へ歩いて（車椅子で）帰りました。

（2000年11月9日〜11日、記）

＊　＊　＊

事例研究

1．担当した作業療法士のレポートから

（1）はじめに

脳性麻痺の場合、「機能低下は多くは基本的成長が一段落する20歳前後から目立ってくる」と言われている。しかし、本事例は、成人以降に当センターに入所したが、20年にわたり継続的な訓練、指導を受けた結果、機能面でも向上が認められ、様々な工夫や機器の改良を行ないながらではあるが種々の活動が可能になり、生き生きとした日常生活を送っている。成人を過ぎた事例への訓練効果という点において、注目すべきである。

（2）考察

⑴ 上肢の基本動作訓練や目と手の協調訓練などを蓄積することにより、予想を超えて頭部のコントロールが良好となった。視覚を使用させながら上肢訓練を行うことと頭部のコントロールの獲得には密接な関連があるのではないかと推定される。

⑵ 頭部のコントロールによるタイプ訓練と上肢での食事動作訓練を平行して進めた結果、タイプ動作は向上し、食事動作も獲得するに至った。食事訓練の経過の中で、頸部屈曲位での開口が困難であったこと。スプーン操作を代償するように頸部の動きが出現したことは、食事動作、口腔機能の獲得の重要な要素に頭部のコントロール獲得があると思われる。

⑶ 身体各部位の随意性、巧緻性の高まりは、器具の改良を伴いつつも、種々の活動が可能となり、その自信や喜びは残存機能の維持だけでなく、生活の張りとなり、より巧緻性、耐久性、集中力などを増強させてきたと考えられる。

（3）事例について

機能的障害は重く即日的な効果は判定されにくい事例ではあった。しかしながら、訓練が継続でき成果があげられた理由の一つに、本事例の貪欲なまでの「訓練要求」があった。また、訓練士は、彼女の明るい笑顔とたくましさに支えられた。これらは、20歳までの在宅生活で、多くの育ち行く正常児と共に生活した体験（幼稚園の中で育った）や家族の方々の温かくきびしいかかわりが今も継続してあることなどと無関係ではないと思われる。今後は、二次的障害（後に加わる障害）を考慮しながら、どこまで向上し、保ち続けられるか、彼女や家族、他のスタッフとともに挑戦していきたい。

■作業療法―成人以後種々の拡大に成果の認められた事例―

		入所時の状況　21歳	現在（20年後）　41歳
〈運動機能〉	仰臥位	頭部は正面をむいている。ひき起こし時、頭部は後方に残る	ひき起こし時、頭部は最初から最後までついてくる
	腹臥位	少し頭部が上がるが保てない	顎が床から少し上がる位に10秒保持可
	座　位	副座と正座は少しの間保持できるが、バランスをくずしやすい	長時間座位を保持できるが、手を使おうとするとバランスをくずすこともある
	立　位	支えると体重の大部分を足にかける	特変なし
	上　位	握らせば握っている、不随意運動が強く出現し動作は不可	不随意運動は出現するが限定された範囲で延ばす・握る・はなすことができる
〈日常生活動作〉	起居動作	臥位→坐位不可	特変なし（特に変化なし）
	移動動作	寝返りは可能だが実用的ではない	特変なし
		車椅子の乗降全介助	特変なし
		車椅子を下肢でけって後方に進むことができるが前方には進めない。少し車椅子の向きを変えることはできる	長距離は後方にけって進むが、短距離なら前方に進むこともできる。車椅子の向きを自由に変えることができる
	食事動作	全介助	一部自立（自助具を使用して食事動作は可能だがすくいにくいものは介助が必要）
		摂取介助時頭部を伸展させての開口は可能だが時間がかかる	少し待ってあげると頸部中間位・屈曲位で開口可
		緊張性咬反射が強く出現	緊張性咬反射が弱くなっている
	・水分摂取	介助（コップを高く持ちあげ、ストロー固定）	一部介助(時間をかけると机上の器よりストローで可)
		頭部を伸展させた状態でストローにて一瞬吸い込み（流し込みつつ）下顎を上下させながら口唇は閉じずに嚥下する〈のみくだす〉	頭部を展開した位置で下顎を固定し吸いこむ、口唇は密閉できていないが、口唇を閉じた状態で嚥下する
	排泄動作	知らせるが、全介助	特変なし
	更衣着脱動作	全介助	特変なし
	コミュニケーション	言語表出は困難	トーキングエイド、ワープロによる対話の拡大
	創作活動	経験なく、機能的にも困難	日記・手紙、文化刺繍・組紐（ヘッドカバーを使って）編み物（下肢を使って）
	拘縮変形	膝伸急135°	特変なし
	その他	流涕〈涙を流して泣く〉多い	流涕少ない

■作業療法の経過

年齢	訓練内容・目標	活動内容
25～27(歳)	粗大運動の基礎訓練、運動筋肉緊張	輪入れ・輪はずし、絵画、粘土
28～30	本動作訓練、目と手の協調、音刺激過敏除去	絵画、粘土、ペグボート、アンダリア、楽器
31～33	応用動作訓練（食事動作、タイプ動作獲得）	食事訓練（OT室）、前腱装着、スプーン訓練、タイプ用ヘッドバー製作
34～35	日常生活場面での実用化（食事動作の自立）	食事訓練（夕食場面）、テーブルの高さ・食器固定台の検討
36～38	食事動作の向上、口腔機能の向上、手工芸の体験	食事動作訓練、器の改良、水分摂取訓練、作業グループへの参加（手芸）
39～	食事動作の確立、口腔機能の向上、生きがい・趣味の採掘	食事訓練、水分摂取訓練、OT室での手工芸

2．担当した言語聴覚士のレポートから

（1）はじめに

本事例は、入所当時は自分の意思を自らは表現できないように思われた重度の障害者である。しかし、本人の努力と、担当する各職員の様々な工夫により、22 歳で文字による表出が可能になって以来、積極的に活動の内容を豊富にし、38 歳で自分の半生を著書「とも」に記し、出版するまでに至った。

環境の変化や人々の交流に乏しいとされる施設に長期間入所しながら、また重度の身体障害を有しながら、なぜこのような活動の拡大が可能になったのか、指導経過を振り返って考察したい。事例　T、女、1947 年生、1969 年重症心身障害者療育センター入所。

（2）生育歴など

満期産、陣痛微弱、鉗子（かんし）・遷延（せんえん）分娩、出生時体重 2,500g。

生後 3 日間呼吸困難となるが、退院後は順調に育つ。定頸 5 ～ 6 歳、座位 6 歳、精神発達は普通と思われた。1 歳 2 ヵ月で脳性マヒとの診断を受け、2 歳すぎ K 医師より助言を受けて母は母の実家に幼稚園を開設し、母自ら教師となり、入所までの 19 年間、園児や教師らと交流ができる中にいた。父母と 7 歳年下の妹の 4 人家族、当時も今も生活は T を中心にして営まれていることが「とも」に詳しく記録されている。

（3）身体状況、コミュニケーションなど

上肢は不随意運動が顕著であり、物をつかむ・はなす行動は困難。下肢は左側の機能は比較的保たれており、床に文字を書いたり、文字盤を指示することが可能。発声発語の各器官の機能に重度の障害がある。発声持続 2 秒、流涕（りゅうてい）多量。食物の咀嚼（そしゃく）、嚥下（えんげ）にも問題があり、音声言語の表出は困難。しかし、理解は良好で、日常のコミュニケーションは十分可能。「はい」の時うなずきや「ウン」という返事で相手と話すことができる。

（4）言語指導経過と活動の拡大

T が文字で自分の意思を他者に表現することができるようになってから、いろいろな人々との交流が盛んになり、手紙のやりとりや会話から、新しい経験や知識が増え、同時に好奇心や意欲が出てきた。「自分で～したい」といった日常生活行動の自立をめざす要求も活発となった。これらは、当時の T の運動障害の程度からみて実現の困難な要求ではあったが、OT 訓練や家族・関係者らの援助により良い方向に向かっていると言える。

特に表出方法の変化、OT 訓練の協力、援助が不可欠であった。言語指導の特徴としては、文字表記上の誤りが、文字を T なりの発音（他者には了解不能）で音読することにより改善されたこと、表現内容に比し読解力が乏しいこと、授受構文が未獲得なこと等があげられる。単なる応答から、自発的な疑問の提示へ、事実の羅列から感情の描写表出へ、と変わり、最近では冗談や他者への批判など、心理的な成長も文章の中からうかがい知ることができる。

■言語訓練―成人以後種々の拡大に成果の認められた事例―

年齢	言語指導経過	活動の拡大・環境の変化	要求の変化
22歳	言語指導開始 • 言語表出手段の検討 • 7点式タイプライターの考案、作成 • 音一文字対応、単語構成	• 音声言語表出を断念、左足で光点パターンを構成し、かな文字表出 • 家族以外の人に自らの言葉で意思を伝達することが可能になる	
23	7点式タイプライター完成 • 単語、文の構成、印字 • 算数、読解指導	• 家族に手紙を書く • 病棟に7点式タイプライター設置 • 病棟に文字盤（50音）設置 • 外泊時にもタイプ使用する	• 自分で本が読めるようになりたい
25		• OT開始（手でタイプを打つ訓練） • 他の施設へ友人が転出	
28		• パラリンピック参加	
29	言語指導員の交代	• 前言語指導員木村さんとの別れ 木村さんと文通を開始	• 木村さんに会いたい （木村さんは金沢へ）
30	• まとまりのある文書構成 • 漢字を含む文の理解 • カタカナ学習 • 読解時に音読を促す	• 次々に友人たちが他の施設へ転出 • OT食事訓練開始 • 友人が自伝を書く、内容を聞く	• 転出か残留かの選択と迷い • 自分で食べたい • 自伝を書いてみたい
32	• 旅行体験を文書にする	• 金沢旅行が実現する、母妹が同行　金沢で木村さんに会う • OTタイプを直接ヘッドバーで打つ訓練開始	
33	• ヘッドバーにてタイプ	• 自分のタイプライターを購入する • 自分のおいたちを書き始める	• 声がでるタイプを作ってほしい • おいたちを本にしたい
37		• OTストローで飲む訓練開始	• 牛乳をストローで飲みたい
38	トーキングエイドの使用を開始する • 日常的に携帯し会話する • グループ形式の言語訓練に参加	• 自著「とも」出版、パーティ開催 • トーキングエイド寄贈される • 「とも」の感想文が送られてくるそれらの方と文通を活発に行う • 鈴木都知事から感想・激励文 • 新聞記者による取材を経験する	• トーキングエイドがほしい • 出版の反響への戸惑い
39	• ワープロ指導を開始する • 日記指導を開始する	• OTにて文化刺繍など手工芸開始 • 2回目の金沢旅行が実現する 木村夫妻、金沢の障害者・家族・関係者と交流	• 作品づくりの喜び いろいろつくりたい • いろんな人と会話したい
40	• 文章表現の向上をはかる	• ワープロを購入し、設置する	• 日記を読んでもらいたい

22歳時IQ 72～77（脳研式）、41歳時IQ 54（田中ビネー式）

（5）事例について

私が 1977 年に着任し T の担当になった時、既に文字による応答が可能であった。明るい性格の T は、長期に入所生活を継続しているようには見えず、コミュニケーション面でもそれ程不便は持っていないかのように感じられた。それは、一つには、家族と T の障害の受容が成されていること、T 自身の前向きな生活態度、等と無関係ではあるまい。

さらに、これらの活動の拡大が 41 歳を過ぎた現在も確実に行われていることは、年齢や障害の重さに能力や療育の限界を定めようとする考え方への反論を導くものであろう。

療育する側の働きかけ方や工夫、協力次第で結果はいかようにもなることを T は教えてくれた。

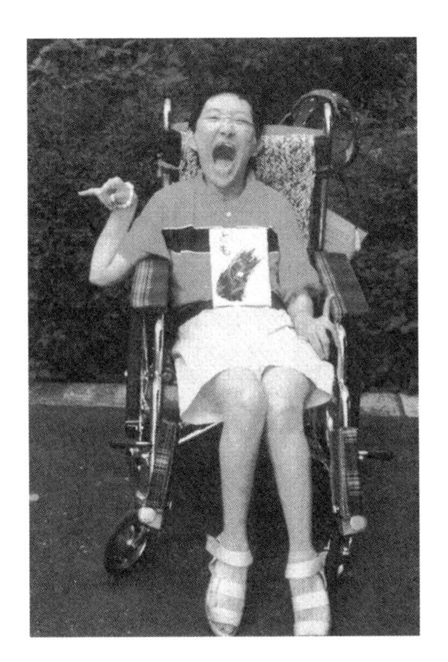

（注） 筆者が区役所で障害者担当ケースワーカーをしていたある日、智子さんのお母さんが智子さんの打ったワープロ原稿を山のように持って見えられた。ワープロ原稿を活かす方法はないかとの相談であった。打った原稿を分類して自費出版することを勧めた。しばらくして智子さんのお母さんが『ともⅡ』を持って来られた。先日（2015 年 2 月）、筆者は療育センターに智子さんを訪ねた。67 歳の現在とても元気で、『ともⅡ』を授業に使わせていただいていると報告したところ、とても喜んでいただいた。『ともⅢ』の刊行をセンターの職員たちに手伝ってもらい準備されていた。

（中野智子『ともⅡ』自費出版 1994.1）

（中野智子『ともⅢ』自費出版 2018 70 歳）

2.5 少年の躓(つまづ)きと自立—児童自立支援施設・少年院—

学習のねらい

少年非行とその処遇

長く少年（少女を含む）の刑法犯事件は、交通事故を除く刑法犯の半数近くを占めてきた。貧困、家庭崩壊などの家庭に育ち中学時代から低学力、不登校、非行の問題を抱えて、中学卒業あるいは高校中退後無職少年となり、そのうちの３分の１ほどは非行を繰り返し少年院に入退院する。筆者は、長期にわたってこれらの少年と接する中で、これらの少年が高校進学の希望を持ち、高校に就学し卒業するならば、少年犯罪は減少すると言ってきたが、近年になってようやく、生活保護世帯等の児童の高校就学の徹底などで中学卒業あるいは高校中退後の無職少年が減少し、そうした中で少年事件は減少してきている。

無職少年と犯罪

1988 年 11 月（1989 年３月発覚）の足立女子高校生コンクリート詰殺人事件は、中学時代からの非行グループが高校中退・無職少年となって引き起こしたレイプ監禁殺人事件であった。2013 年２月の吉祥寺女性殺人事件は高校中退・無職少年が非行グループをつくり、かつあげ等で生活し女性のバックを盗むために起した殺人事件であった。江戸川の中学生勉強会の実践のように、子どもたちの進路に希望を持たせることで、非行グループを作らなければ、これらの事件は防げるのである。

少年事件と関係機関、関連施設

少年事件が報道される時、その少年（少女を含む）の更生にはさまざまな機関や施設が関わるが、児童福祉法と少年法によるこれらのしくみと役割について、理解しておきたい。

「少年非行」学生のノートから

1．知っていましたか…

児童自立支援施設と少年院、法が異なる　□知っていた　☑知らなかった
数年前まで犯罪の半数は少年だった　□知っていた　☑知らなかった
無職少年という言葉　□知っていた　☑知らなかった
足立女子高校生コンクリート詰殺人事件　□知っていた　☑知らなかった
知っていた方は　□インターネット　□ビデオ　□本　□友人から

2．この事件を知って思ったこと…

この事件を詳しくは知らなかったが、ビデオを見て言葉を失うくらい残酷なものだと思った。犯罪を起こした少年もひどい、おかしいと思ったが、親も親だと思った。何かあってからでは遅い。何か起こる前になぜ防げなかったのかと疑問に感じた。また、少年だからといって罪が軽いと思った。親はもっと子どもに干渉してもいいのではないかと感じた。

3．この事件の要因には地域・家庭・教育があげられます。どのような対応が求められますか…

（地域）・近隣の人と関わりを持つようにする。
・近隣の家の異変に気づけるように耳を傾ける。
・地域センターなどの施設をつくり地域のコミュニケーションの場を提供する。
（家庭）・親と子のコミュニケーションする時間をつくる。
・親は、子どもをほったらかしにしない。気にかける。
・子どものために家に居場所をつくってあげる。
（教育）・子どもが学校を中退しないために先生が生徒と身近な存在になってあげる。
（悩みを相談したりできるように）
・学校にも子どもたちの居場所をつくってあげる。

少年非行とその処遇―関連機関と援助―

1．少年非行と「少年法」

（1）少年事件の周辺

1995年阪神淡路大震災後ようやく復興がすすめられていた神戸市において連続して少年少女殺人事件が起きたが、その犯行の残虐さとともに犯人が14歳の少年であったことに驚かされた。少年Aはなぜこのような事件を起こすように育ったのか。医療少年院での矯正教育の後社会に出たAは、人の命の尊さを考えられるだろうか。

その後も反社会的な少年事件が続発する中で、2000年に「少年法」が一部改正され、2001年4月施行された。

（2）少年事件にはどのようなものがあるか

少年事件は次のように分類できる。

⑴ 刑法犯

窃盗（万引き、オートバイ盗、自転車盗、自動車盗）

横領（自転車離脱物、自動車離脱物）

粗暴犯（恐喝、傷害、暴行、脅迫）

凶悪犯（殺人、放火、強盗、強姦）

業務上過失致死傷（就労中の不注意等による事故）

⑵ 特別法犯

暴力行為等処罰に関する法

軽犯罪法

麻薬及び向精神薬取締り法

売春防止法

児童買春、児童ポルノに係る行為等の処罰及び児童の保護等に関する法

⑶ 道路交通法違反

⑷ ぐ犯（家出、交友不良、不純異性交遊、怠学、夜遊び）

（3）「少年法」の対象

「少年法」により家庭裁判所で少年審判の対象となる「少年」は次のとおりである。

⑴ 犯罪少年　　14歳以上20歳になるまでの罪を犯した少年

（18～19歳年長少年、16～17歳中間少年、14～15歳年少少年）

⑵ 触法少年　　14歳に満たないで刑罰法令に触れる行為をした少年

⑶ ぐ犯少年　　次に掲げる事由があって、その性格又は環境に照らし、将

来罪を犯し又は刑罰法令に触れるおそれのある少年

イ 保護者の正当な監督に服さない性癖のあること

ロ 正当な理由がなく家庭に寄りつかないこと

ハ 犯罪性のある人もしくは不道徳な人と交際し、又はいかがわしい場所に出入りすること

ニ 自己又は他人の特性を害する行為をする性癖のあること

(14 歳に満たない少年と 14 歳以上 20 歳になるまでの少年では異なる)

「少年法」には該当しないが、ぐ犯少年より早い段階で非行を発見し、将来の非行、犯罪を防止するために、警察が補導の対象にしている少年は次のとおりである。

⑷ 不良行為少年　18 歳未満で非行少年には該当しないが、飲酒、喫煙、けんかその他自己又は他人の特性を害する行為をしている少年をいう

(警察内部規則「少年警察活動要綱」による)

その他、18 歳未満で直接児童相談所ないし警察、学校、家庭、福祉事業所等から児童相談所に連絡のあった「不良児童」「要保護少年」について「児童福祉法」により保護等が行われる場合がある。なお、「少年法」では、男子少年、女子少年ととらえる。

(4)「少年法」の目的

少年司法は、成人犯罪者に対する司法と異なり、少年が再び犯罪を起こし、かつ犯罪をエスカレートさせることがないよう、国が最後の手段として強制力をもって行う教育の方法である。非行少年に特別な教育をすることによって、その少年の意識を正し、社会性を身につけた社会人に更生させ社会に送り出すことは、社会の安定のためというより、なによりもその少年自身のために必要なことである。

「少年法」第 1 条(目的)

この法律は、少年の健全な育成を期し、非行のある少年に対して性格の矯正及び環境の調整に関する保護処分を行うとともに、少年及び少年の福祉を害する成人の刑事事件について特別の措置を講ずることを目的とする

「少年法」は、

⑴ 犯罪という犯してはならない他人への権利侵害行為を行った少年を対象とする。

⑵ その保護処分は強制的に、場合によっては自由を拘束した中で行われる。

⑶　その教育は、少年に自分の犯した誤りの責任を問う。自分の罪を自覚させ、その行動を反省させて自分を変えさせていく。

「少年法」は、少年は未成熟であって、可塑性に富むので、犯罪者に育つことがないように教育していくことは可能だと考えている。少年事件を起こした少年は、次のような過程で社会復帰ができるようにしくみが組み立てられている。

2．少年非行をめぐる関係機関

非行等の問題行動を起こす子どもの刑罰、更生、援助についてはおもに「少年法」と「児童福祉法」を根拠法として、警察関係機関、裁判所その他の司法関係機関、児童福祉関係機関がそれらの子どもたちと日々対峙している。

少年非行をめぐる制度は複雑でわかりにくいが、それらの関係機関と処遇の流れをできるだけ分かりやすくしたものが図「**非行少年の処遇**」（次頁）である。警察、裁判所その他の司法、児童福祉について関係機関がどのように関わっていくのか、各関係機関の役割と相互の関連を紹介したい。

（1）警察、司法、少年法関連

●警察関係

「警察法」第２条第１項において警察の責務は「個人の生命、身体及び財産の保護に任じ、犯罪の予防、鎮圧及び捜査、被疑者の逮捕、交通の取締りその他公共の安全と秩序の維持に当たること」と明記されている。少年警察、少年を対象とする警察活動の分野における捜査は「少年の健全な育成を期する」（犯罪捜査規範第 203 条）とされており、少年警察活動要綱では、「教育的配慮が必要」として具体的な留意事項を定めている。

少年警察活動として一定地域ごとに「少年補導センター」が設置されていて、「少年補導員」による少年の相談、地域との協力による非行化防止等の活動に努めている。

●検察庁

地方検察庁は地方裁判所及び家庭裁判所、区検察庁は簡易裁判所に対応する。検察官は少年が被疑者である事件について捜査を行った結果犯罪の嫌疑がある場合は、すべての事件を家庭裁判所に送致しなければならない。「全件送致主義」という。すべての少年事件は家庭裁判所の審判が先議となる。

少年が刑事事件で地方裁判所または簡易裁判所で裁判を受ける場合は、14 歳以上の少年であってその保護事件で家庭裁判所が検察官送致を決定した場合（逆送という）に限られる。2001 年 4 月からは 16 歳以上の悪質な事件は原則逆送されることとなった。

●裁判所

家庭裁判所は、1949 年に戦前の少年審判所から変わって創設され、司法的機能と教育的福祉的機能を合わせ持つ。そのために家庭裁判所には家庭裁判所調査

■非行少年の処遇—少年法と児童福祉法—

《事例》━は犯罪少年A　—は触法少年Bの場合

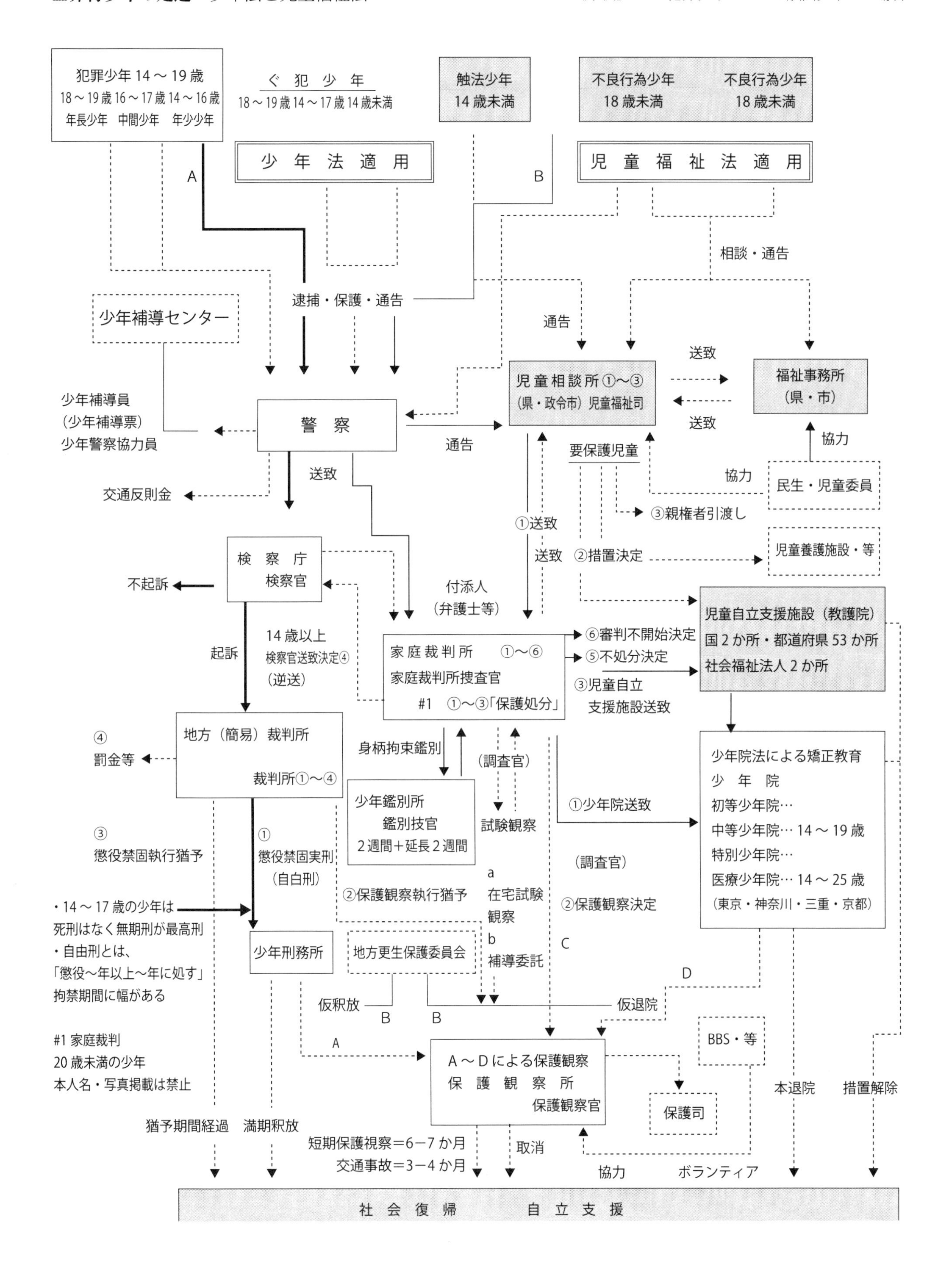

官が置かれていて、裁判官からの調査命令によって、少年に対してどのような教育的援助が必要か、「要保護性」を調査し、家族等の関係の調整、保護処分等にあたっている。

家庭裁判所が行う少年審判による処分には前述の①「逆送」のほか、②保護観察決定、③少年院送致、④児童自立支援施設送致、⑤不処分の決定、⑥審判不開始がある。

マンガ「家栽の人」(毛利甚八作・魚戸おさむ画)は、家庭裁判所調査官等が少年事件にどのように取り組んでいるかがよく分かる。

●少年鑑別所

少年鑑別所は、家庭裁判所での少年審判が行われる前の段階で観護措置が決定された少年を収容し、家庭裁判所の調査や審判、保護処分の執行に資するため、少年の資質の鑑別を行う施設である。収容期間は2週間以内であるが、1回のみ観護措置を更新することができる。

少年鑑別所においては、事件後の施設内での規則的な生活や調査官、職員(鑑別技官)との接触、保護者等との面会をとおして、事件にいたる生活、行動を振り返り、気持ちを整理させることができる。

●少年院

家庭裁判所の決定により送致された少年を収容、身柄を拘束して矯正教育を授ける。

少年院は刑務所、少年刑務所と違ってその身柄を拘束するだけでなく、矯正教育を行うことに特徴がある。矯正教育によって、再犯の危険性(累非行性という)を除去すること、社会に適応し健全な生活を営む能力を体得させることを目標にしている。

少年院には①初等少年院、②中等少年院、③特別少年院、④医療少年院がある。うち、医療少年院を除いては14歳から20歳になるまでの少年が収容される。医療少年院は14歳から26歳になるまでの少年が収容され現在東京・神奈川・三重・京都の4ヵ所がある。 **(注)** 14歳未満の児童の入院もある。

少年院では、①生活訓練、②外国人少年を対象にした生活訓練、③教科教育、④職業能力開発、⑤医療措置の5つの処遇課程が設けられている。

少年院をテーマにした名作に立原正秋『冬の旅』(1969)がある。

●少年刑務所

14歳以上20歳になるまでの少年で、家庭裁判所から検察庁に「逆送」され刑事裁判が行われる場合は少数であるが、その中でも、懲役又は禁固の刑を受ける者はさらに少なくなる。裁判時20歳未満の受刑者は少年刑務所に収容される。

裁判時20歳未満の受刑者を成人の刑務所と異なる少年刑務所に拘禁するのは、

(1) 成人受刑者との接触により犯罪性が進むことを防ぐ

(2) 成人受刑者による施設内外での不当な支配からまもる

(3) 教科教育、生活指導、職業訓練に重点をおいた矯正教育を行うことに特徴と意義がある。

●保護観察所

保護観察所の保護観察官は、法務大臣から委嘱を受けた民間篤志家である「保護司」の協力を得て、①家庭裁判所の決定により保護観察に付された少年、②少年院を仮退院した者などに保護観察を行う。

保護観察はおもに下記の点について行われる。

(1) 定期的ないし随時に対象者を訪問ないしは保護観察所に来所させ接触を保つ
(2) その間居住場所等所定の事項を遵守させ、遵守に必要な指導監督を行う
(3) 職業につきその職業を継続するため必要な指導、環境との調整のため必要な指導を行う

また、少年の再犯防止のためBBS（Big Brothers and Sisters Movement）などのボランティア活動に協力を求めることがある。

（2）児童福祉関連

●児童相談所

児童相談所は都道府県及び政令指定都市に50万人に1ヵ所を設置基準に設置され、児童福祉に関するあらゆる種類の問題の相談窓口で、調査、判定にもとづき必要な指導を行うほか、必要な場合は児童を一時保護し、各種児童福祉施設に措置を行う。2012年現在全国の児童相談所数は202ヵ所、児童福祉司は2,670名、児童心理司は1,193名である。

児童相談所には高い専門性が求められ、調査等を行う児童福祉司等のケースワーカー、心理判定等を行う心理職、一時保護の保育士などが置かれている。

非行関連の相談は警察から通告される「触法行為の相談」と学校、家庭、福祉事務所から受ける「救護関係の相談」とがある。

「児童福祉法」は18歳未満を対象としているが、非行関連の場合、14歳の刑事責任年齢に達した者の触法行為は家庭裁判所の少年審判手続きによることになるため、児童相談所は、① 14歳未満の触法少年、② 14歳以上で家庭裁判所が児童相談所送致を決めた場合　を担当している。但し、14歳未満の触法少年で家庭裁判所の少年審判に付することが適当と認められる場合は児童相談所長は家庭裁判所に送致する。

これらの入所措置は、親権者等の保護者の意思に反して行うことは通常できないが、親権者の虐待等の場合は児童相談所長が親権を代行することができる。

●児童自立支援施設

「不良行為をなし、又はなす虞（おそれ）のある児童」を入所させ、自立生活ができるように教育していく施設で、1900年に感化法にもとづく「感化院」、1933年には少年救護法にもとづく「少年救護院」、1947年児童福祉法にもとづく「教護院」となり、1997年児童福祉法の改正で「児童自立支援施設」に施設の呼称が再三

変わってきた。

全国に58施設があり、その大半は都道府県及び政令指定都市によって設置されていて、他に国立2ヵ所（武蔵野学園、きぬ川学園）、社会福祉法人立2ヵ所（北海道家庭学校、横浜家庭学園）がある。2017年現在全国の児童自立支援施設入所児童数は1,395名である。

施設入所は、①児童相談所で入所措置される場合、②家庭裁判所の少年審判による保護処分として送致される場合がある。

各施設は、生活訓練と教育の両面から次のような工夫がされている。

(1) 塀のない開放型の施設となっている（但し国立施設は強制的措置を行う寮がある）

(2) 施設内で義務教育ないしはそれにみあう教育が行われている（1997年児童福祉法の改正で義務教育を実施することが明記された）

(3) 各施設は、家庭に代わって愛情やしつけを与えることができるようにさまざまに工夫をしている。近年多くの施設は一寮を10人ずつ程にした小舎制を取り入れている。（次頁「北海道家庭学校」参照）

●児童養護施設

児童養護施設は、満1歳未満の乳児を除く保護者のない児童や被虐待児童等環境上養護を要する児童を入所させて、これを養護することを目的とする施設である。さまざまな問題を抱えた児童が入所する。不良行為児童であってもその環境によって改善可能な児童の場合児童自立支援施設ではなく、児童養護施設に入所させることがある。

●福祉事務所

「社会福祉法」に定める総合的な社会福祉行政機関であり、児童福祉に関する事務も取り扱う。福祉事務所長は、児童相談所による措置を要すると認められる児童や医学的、心理学的、教育学的、社会学的及び精神保健上の判定を要すると認められる児童については児童相談所に送致しなければならない。児童相談所長は、逆に福祉事務所に送致することもできる。

福祉事務所は各市には必要設置されているが、町村は都道府県の郡部福祉事務所が担当している。町村は福祉事務所を設置することができる。設置規模の標準は10万人に1ヵ所である。そこに働くケースワーカーは本来社会福祉主事資格を必要とする。

ケースワーカーの他に母子相談員、婦人相談員等が常勤又は非常勤で置かれている。

地域の「民生・児童委員」は厚生労働大臣から委嘱を受けた民間篤志家で、放置できない児童を発見した場合に福祉事務所、児童相談所に連絡する役割をもっている。2011年現在全国の民生児童委員数は230,192名、主任児童委員数は21,279名である。

児童自立支援施設「北海道家庭学校」

1.「北海道家庭学校」を開設した留岡幸助の人と業績

1894年アメリカの監獄に学んだ留岡幸助（とめおかこうすけ）は、犯罪の防止は13～15歳の非行少年をその時期にきちんと更生させることが重要と考え、1899年東京府巣鴨村に家庭学校を創設した。「家庭にして学校、学校にして家庭」はペスタロッチ教育を取り入れたもの。

1914年留岡は北海道上湧別村（かみゆうべつ）社名淵（しゃなふち）に1000町歩の国有林の払い下げを受け、家庭学校分校と農場を開設した。うち、50町歩を感化事業にあてて150名の少年を収容する施設とし、750町歩を150戸の小作農家に分け、残り200町歩は薪炭用の共有林として住民に開放し、施設の維持費用のない時代に新農村を建設し小作料により感化事業を維持しようとした。

1922年感化法による「感化院」、1934年少年救護法施行により「少年教護院」となり、児童の経費は同法による「措置」となった。そのため北海道家庭学校はそれまでの小作地は戦後の農地解放を待たず農民に開放し、校有地は430町歩となった。独立した近隣農家はこの地域を「留岡」とし留岡幸助の功績を地名に記録した。1925年女子部を設置したが、1946年に閉鎖している。

留岡は、1908年には「中央慈善事業協会」を組織しその委員となり、1914年内務省嘱託となり同年「貧民研究会」（ひんみん）を組織し、わが国における社会事業の土台の構築に務め、家庭学校の運営にあたりながら、社会事業大会の開催等により国が社会事業をささえる施策を展開するよう、財界人渋沢栄一等と働きかけに努めた。

北海道家庭学校　北海道紋別郡遠軽町留岡34（〒099-0408）
経路・JR「遠軽」駅下車、駅から車で北西へ15分

2.「北海道家庭学校」における生活と教育

（1）家庭学校入校

「しばしば手紙や電話で子どもを預かってほしいと頼まれることがあるのですが、そうした相談は各地にある児童相談所の業務です。本校の生活が本人の将来のため最も望ましいという児童相談所の判定があれば、私たちは少年を引き取り、その指導にあたります。

私たちにとっては、形に表れた非行は問題ではありません。なぜそのようなことをしたのか、せずにはいられなかったのか、その少年の内面の心が問題なのです。私たちは、少年の訴えに静かに耳を傾け、社会や大人に対するその深い不信を取り除きたいと思っています。かつて、突き刺さるような目に取り囲まれていた少年たちは、虚勢を張り、大いに悪ぶっていました。入校後、少年たちの表情はなごみ、次第に真心を取り戻します。そこから一歩一歩、少年の確実な成長を期待して、本校でのさまざまな生活が始まるのです。」

14 歳未満の触法少年で、家庭裁判所の少年審判で「児童自立支援施設送致」が決定された児童および児童相談所で一時保護した児童のうち「児童自立支援施設措置」が決定された児童は、児童相談所の児童福祉司などに付き添われて児童自立支援施設にやってくる。

彼らが入所後に書いた作文には、各々の寮長夫婦に出会うまでの、入所時の緊張した思いが克明に綴られている。

（2）家庭学校の生活と教育

●環境

「本校は広大な敷地と豊かな自然に恵まれております。教育には自然が必要なのです。自然は、生命に満ちあふれています。私どもは、その生命に触れ、多くのことを学ぶのです。自然に親しむことによって、人間は変わります。

本校には 7 つの寮舎があります。それぞれの寮舎は、少年たちと起居寝食を共にする寮長夫婦によって運営されています。家庭学校は、この夫婦小舎制の寮舎に、暖かい家庭的配慮と穏やかな愛情をいっぱいに盛りたいと思うのです。真実の愛を受け入れて、人間は変わるのです。」

「家庭学校」の「夫婦小舎制」は理想的であるが、その中で指導員は自分の子どもも育てていかなければならないことなど、難しい施設の形態と言わなければならない。ただし、近年全国の児童養護施設と児童自立支援施設は、「岡山孤児院 12 則」や「家庭学校」の理念を取り入れて、いずれも家庭により近い「小舎化・グループホーム化」をすすめている。

●教育

「少年たちの年齢には大きな幅があり、能力も違い、学力は千差万別です。本校では、学業の進度別に 5 学級を編成し、一人一人がその学齢や年齢をご破算にして、本当に理解ができるところからやり直し、しっかりと基礎の学力を身につけることを強く求めています。やがて教室での授業の内容が分かってくると、次第に学習の意欲を燃やし、力を伸ばし、自信をつけてきます。自信がつくと人間は変わります。」

1997 年「児童福祉法」の改正前、彼らは各出身小・中学校での就学猶予児童とされ、施設での教育は義務教育として位置づけされていなかった。法の改正により入所児童も義務教育を受けることとなり、どのように実施すべきかについて各児童自立支援施設はその後模索をつづけている。（施設内に地元の小・中学校の分校を開設する、施設に教員が派遣される等）

●労働

「手足は労するためにあります。頭に詰めこむばかりが知恵ではありません。手足につける知恵があるのです。手足につけた知恵は、決して忘れることがありません。本校の広い土俵の上で、職員と少年たちとが一体となって繰り広げる生産活動は、そ菜、園芸、果樹、木工、板金、酪農、醸造など、多くの分野にわたっています。自ら汗して働くことによって、少年たちは仕事の大切さと、喜びと、きびしさをつぶさに学びます。

私たちはそれを「流汗梧道（りゅうかんごどう）」と呼ぶのです。よく働き、よく食べ、よく眠る。健康な生活は、人間を変えるのです。」

「家庭学校」の少年達は、午後は作業班に分かれて、生産活動に従事する。広い敷地を持つ「家庭学校」だからできる面もある。それぞれの指導員が、各作業班に別れて付いて、少年たちに作業を教え、ともに作業している。朝食の牛乳は少年たちが早朝に絞ったものだ。少し早い「家庭学校」の秋は、少年たちで育てた花でいっぱいになる。

そして、収穫した農作物は長い冬の間の食料ともなり、さらに、地域のバザーなどにも出荷される。ただしオホーツク海に近い内陸にあって「ストーブを使わないのは夏の30日ばかり」「野菜も2年をかけて育てるものが多い」寒冷な地域で、耕し、育て、収穫に至るのは容易ではない。

●行事

「年間の計画にもとづいて行われる各種の行事は、本校における四季それぞれの思い出を限りなく豊かなものとしています。毎月教会堂で行われる“朗読会”で、少年たちはここでの生活を綴って、思い思いの感想を述べます。ほとんどすべての作文に、これらの行事の喜びと感激が記されています。」

パンフレットに紹介されている「家庭学校」の年間計画は次のとおりである。

4月	新学期開始、復活祭、巣箱掛け
5月	児童福祉週間、こどもの日、母の日、花見、愛鳥週間、ソフトボール大会
6月	サッカー大会、運動会、大掃除、校内マラソン
7月	七夕祭り、一学期終了、夏期学習、海水浴、登山、ソフトボール大会
8月	物故者慰霊（いれい）祭、相撲大会、夏期一時帰省、二学期開始
9月	創立記念日、修学旅行、サッカー大会、体力測定
10月	ソフトボール大会、園遊会、秋の大掃除、校内マラソン
11月	文化の日、収穫感謝祭
12月	二学期終了、クリスマス、餅つき、除夜祈祷（きとう）会、正月帰省
1月	新年の式、書き初め、娯楽大会、三学期開始、平和山初登山、スキー教室
2月	節分、スキー大会、スキー遠足、雪像コンクール
3月	三学期終了、木彫り

「家庭学校」では、毎月職員が手書きで会報「ひとむれ」を発行し、同時に「朗読会」で朗読された少年たちの作文も掲載している。毎年秋には、その年の収穫に至る一年間の経過と成果が少年たちによって記録された「収穫祭感謝」特集号が編集されている。それらを収録した

復刻版『ひとむれ』は各大学図書館等において貴重な歴史資料となっている。

●祈り

「起床6時、就寝9時、そのときを告げて山野に響き渡る教会堂のチャイム、日曜日の礼拝、本校建学の精神であるキリスト教の信仰は、私たちの生活の指針であり、少年たちはそうした生活の明け暮れの中で、目に見えないものに対する畏敬の心に触れるのです。生活が少年を変える。私たちはそのように信じ、少年たちとの生活を心から大切にしたいと思うのです。」

平和山の斜面を少し登った林の中に建てられている教会堂は、木の温もりのする簡素な作りである。「難有」と書かれた木の扁額が正面に掲げられている。教室、事務所などがある本館前には創始者留岡幸助自筆の座右銘「一路白頭ニ到ル」が刻まれた記念碑が建立されている。

（3）家庭学校卒業

「本校の定員は85名。年間に出入りする少年はそれぞれ30名前後で、高校就学者を除いて約2年で入れ替わることになります。しかし、小学校4年生で入校する少年もいれば、中学卒業後の無職少年が入校することもあり、一人一人の在校期間はおのずから長短があります。以前は中学卒業後就職、職業訓練校への入学が主であったが、15～16歳での社会への旅立ちは迷いもあり、躓きもあり、厳しい世情や繁栄の中の高い消費水準の中で少年たちの前途は容易でなかった。そうしたことから1989年児童自立支援施設は児童養護施設とともに高校就学の進路をとることができるようになり、帰宅して地元の高校に通うことが困難な少年のため、家庭学校では高校生寮を作って近くの高校に通えるようにしている。卒業後の就職と自立、私たちは、少なくとも予後数年間はしっかりと少年たちの歩みを見守りたいと堅く心に期し、それを私たちの仕事の一部と覚悟しているのです。」

高校進学は可能でも、少年の多くは入校以前に学力不振、低学力の問題を抱えている場合が多く、一定の学力をつけて進学することは容易ではない。家庭に帰る場合も、その家庭が崩れているため少年の居場所がなかったり、かつての地域に逆戻りした場合再度非行グループに誘われることも少なくなく、予後の見守りに力を注ぐことが欠かせない。「家庭学校」の職員たちは、たえず少年たちを訪ねて、少年を励まし続けている。

第3部
相談援助
（保育相談支援）

3.1 ソーシャルワーク(相談援助)

学習のねらい

ソーシャルワークとは

ソーシャルワークは、「対人社会サービス」や「社会福祉援助技術」「相談援助」とも表されている。三重苦のヘレン・ケラーにはA・M・サリヴァンという専任の援助者がいたことはよく知られている。サリヴァンは、ヘレン・ケラーを「地域社会に引き出しただけでなく、世界に引き出した」(20世紀初めアメリカ社会福祉学の創始者・リッチモンド『ソーシャルケースワークとは何か』)。ヘレン・ケラーとサリヴァンの関係のように、援助者がいることによって、利用者・問題を抱えた人・クライエントの生き方、日常生活・社会生活は大きく変わる。今日の社会において、プロおよびボランティア等援助者の役割はとても大きなものがある。

援助の基本と原則

ソーシャルワークは、ケースワーク、グループワーク、コミュニティワークによる援助と関連する援助に分けられる。それらの援助の基本は、ソーシャルケースワークである。一人の人の抱えた一つの問題をどのように解くかから始まる。それらが一人の人に合わせてどのように総合的に援助が組まれるのか、事例から考察する。

援助にあたっての原則や倫理は、対人社会サービスを行うすべての人が護らなければならない。

「ソーシャルワーク(相談援助)」学生のノートから

1. 最初は保育者と相談援助について述べたものですが、この文の中で、あなたが特に大切だと思った文とその理由、思ったこと…

(文) 保育者は、子ども・父母と日々接する中で、子どもと親の関係や家庭の形成を暖かく見守りつづけることが必要である。

(理由、思ったこと) 保育者は、実際に毎日子どもや父母と接することによって、親子関係や家庭内で何か問題が起こっていないか、家庭の様子の変化について気づくことができ、適切な判断、アドバイスができると考えたから。

2. 「ケースワークの7つの原則」からあなたが特に大切だと思う原則とその理由、思ったこと(No.2) 意図的な感情表現の原則…

(理由、思ったこと) ワーカーはクライエントの思い、考えを正確に判断する必要があり、そのために、相手が感情を表現しながら話すことができる環境をつくる必要があると考えたから。クライエントは、相手が自分の話を聞いてくれていると感じることで、熱心に話してくれると思う。

3. 対人サービスに従事する専門職にとって「医の倫理」はなぜ大切か…

人の命を預かる立場の人間として、すべての人の命を感情や人間関係等の問題によって左右されることなく適切な処置、対応を行わなければならないから。

4. 「医療ソーシャルワーカー」松岡さんの相談援助の実際から学ぶこと…

病気に関する専門的な相談事は医師に尋ねることができるが、医師には尋ねられない家族間の問題や、退院後の相談事など、それぞれの個人が抱えている問題に個々に対応したり、医師と患者との意志、情報の共有を手助けすることによって相手の不安を取り除くことができること。医師には対応することができない細かい内容に対応することができるように相談の専門となることで、相手の相談に応じた適切な解決策を見つけることができること。相手の立場になって共に解決策を考えていくことが大切であると感じた。相手の気持ちを考え、「あきらめずねばり強く」という松岡さんの言葉が印象に残った。

ソーシャルワークの基本

1．イギリスのソーシャルワークの成立過程

1800年代イギリスは、産業革命が進み、農村の牧場化（囲込み）も進むなかで、貧困者が増大した。そうしたなかで貧困者を援護する慈善組織化運動が進められた。

チャルマーズ牧師が起こした隣友運動では教区を小地区に分けて各地区に執事を配置し、調査によって必要な人に必要な援護を行おうとした。

1869年にはロンドンにおいて慈善事業協会（COS）が組織され、市内を小地区に分け各地区で篤志家が個別調査を行い、援護を行う方法が定着した。当時援護を受ける人々は、篤志家の持つ調査用カードのために「カード階級」といわれた。

一方、慈善組織化運動だけでは不十分だとする人たちのなかから、社会調査活動やセツルメント活動が起きた。

ブースは、1886年から1903年にかけてロンドン市調査を行い『ロンドン市民の生活と労働』を著した。ラウントリーは、1899年から3度にわたってヨーク市調査を続けた。

1800年代後半に起こったセツルメント運動は、1884年「貧困者に大学人を派遣する制度」となって広まり、トインビーの貧困研究を受けてバーネット夫妻らはトインビーホールを開いて、教育活動、クラブ活動、保育事業、調査活動を展開した。

これらの社会調査活動やセツルメント活動のなかから、その後フェビアン協会によって「すべての国民に最低生活を保障する」ナショナル・ミニマムを提唱しイギリスの社会保障をリードしたウェッブ夫妻や「ゆりかごから墓場まで」のベヴァリッジ計画を支えた官僚など多くの実践家が育った。

2．アメリカのソーシャルワークの成立過程

アメリカでは、1800年代後半、恐慌による失業者の増加、都市のスラム化が進むなかで、イギリス慈善組織化運動の影響を受けて「貧民生活状態改善協会」（AICP）が各地で組織された。

協会は友愛訪問員をおき、貧困者等に個人的な接触のなかで必要な援護をしながら自助を促そうとした。各州に慈善委員会が組織され、州慈善局による公的な援護体制が整い、専門職化も進み、1873年には援護担当者による全米感化救済事業会議が発足している。

一方、イギリスの影響を受けたセツルメント運動も、1886年コイツ（S. Coit）による「隣人ギルド」や1889年アダムスによる「ハルハウス」の開設から全米に広がり、1915年のセツルメント大会ではその数は全米550ヵ所と報告されている。（この時期アメリカに留学していた片山潜は、帰国後神田三崎町にキングスレー館を開設

しセツルメント運動を起こした)

セツルメント運動は、イギリスと同様に教育活動、保育事業、社会調査、労働者の組織化を進め、社会改良運動を進める母体となった。また1800年代後半にはYMCA、YWCA、1900年代前半には赤十字活動、救世軍などのグループ活動も組織化が進められた。

友愛訪問活動のなかから、アメリカ個人主義を土壌にソーシャルケースワーク、コミュニティオーガニゼーションによる援助方法論が生まれ、一方セツルメント活動、グループ活動のなかからはソーシャルグループワークによる援助方法論が育った。

アメリカでは、1898年ニューヨーク市慈善事業協会が専従者訓練を開始し、それがニューヨーク社会事業学校になったが、以後各地で社会事業学校がつくられ、1917年には全米社会事業会議が発足し、研究と実践の交流の場となってきた。

3. リッチモンドとソーシャルケースワーク

ソーシャルケースワークは、相談援助のなかで最も基本的な援助技術である。ケースワークは、日々の生活のうえでの困難な問題に直面したときに、そのクライエントの抱えた問題をクライエントからよく聞き、そのクライエントの持っている能力を引き出しながら、使える社会資源を動員してクライエントとともに解決・解消を図っていく援助技術である。

ここではケースワークについてのリッチモンドの定義と社会福祉の現場に必要なケースワークの基本をバイステックの7つの原則と医の倫理「ヒポクラテスの誓い」に基づいて把握したい。

リッチモンドは、1917年『社会診断』、1922年『ソーシャル・ケースワーク』を著し、社会福祉援助の専門化に大きく貢献し、「ケースワーク」の母といわれている。

リッチモンドは、ソーシャルケースワークは、「人とその社会環境との間で、個別的に、効果を意識して行われる調整(adjustments)を通して、その人の人格(personality)の発達をはかる諸過程からなる」と定義した。

社会福祉援助は、ワーカーの経験主義や道徳的判断でなく、社会的・歴史的視点に立った科学的・合理的方法や技術を必要とするとし、人間の問題の内的な側面と外的な側面を社会的総合的にとらえる方法として調査・研究、診断、治療の3段階の援助技術と、技法として面接、記録、事例研究を重視することを、当時専門職化が進む援助分野の担当者たちに訴えた。

リッチモンドの主張をまとめると次のとおりである。

(1) 個人と社会環境への洞察をもとにした直接的活動と間接的活動の両面を重視した。

(2) 個別的調整を重視し、個別化の原則を示した。

(3) 諸科学の知識を用いて、それらを基礎とした合理的判断のうえに科学的方法を展開しようとした。
(4) 生活困難を経験している個人のみでなく、家族を全体として対象とした。
(5) とりわけ貧困世帯を起点として、解決方法を求めた。
(6) 生活史の解明によって、診断、治療方法を明らかにしようとした。
(7) 事例研究の方法を用い、そのための実践記録を重視した。

4．ケースワークの７つの原則

バイステックは、1957 年『ケースワークの原則』を著し、わが国には 1965 年に翻訳され、「ケースワークの７つの原則」として紹介された。7 つの原則の訳語については近年見直しもされているが、ここでは一般的に紹介されてきた表現に基づいて説明する。

(1) 個別化の原則（individualization）

クライエントの相談にのり援助を行うに際して、同じ事例はありえない。1 人 1 人のクライエントがそれぞれ異なった問題を抱え、異なった状況、異なった感情を持っていることを知って、それをよく理解することが必要である。バイステックは「このような考えは、人は 1 人の個人として認められるべきという人間の権利に基づいている」と述べている。

(2) 意図的な感情表現の原則（purposeful expression of feeling）

クライエントの感情表現を大切にし、主訴を思いのままに聞き出すことは援助の第一歩である。ワーカーは、面接のなかで彼の感情表現を妨（さまた）げたり、話の途中で判断をしてしまうことがないように、耳を傾け、あいづちを打つなどして感情表現がスムーズにできるようにすることが必要である。援助という意図を持って、感情表現を引き出すことである。

(3) 統制された情緒関与の原則（controlled emotional involvement）

ワーカーは、クライエントの感情に対する感受性を持ち、彼の気持ちを理解することが大切である。そのためには、自分の感情を自覚して冷静に傾聴することが必要である。

クライエントはワーカーに十分な安心感を持てないと、彼の感情をスムーズには表現できなくなってしまう。ワーカーは、クライエントの話からだけではなく、表情、姿勢、手の動かし方などによっても彼の訴えを知ることができる。

(4) 受容の原則（acceptance）

ワーカーは、クライエントの人間としての尊厳と価値を尊重し、彼の主訴のすべてを肯定的に受けとめることである。

バイステックは、「彼の健康における快調と不調、好感を持てる態度と持てない態度、肯定的感情と否定的感情、建設的態度および行動と破壊的態度および行動、などクライエントの現在のありのままの姿を認め共感して、彼の抱えている悩みや問題にかかわる」ことが必要と述べている。

ただし、それはクライエントのすべての態度や行動を無批判に認めることではない。

(5) 非審判的態度の原則（non judgemental attitude）

ワーカーは、とかくクライエントの抱える問題の原因を早急に彼自身に求めて判断しがちであるが、ワーカーは彼の態度や行動あるいは判断を冷静に、多面的に評価する必要がある。クライエントを一方的に非難しない、ワーカーの個人的感情を出さないことによって、自己統制したワーカーの態度から、クライエントは自分自身について様々なことに気づく。

(6) 自己決定の原則（client self-determination）

クライエントは、自分で解決方法を選択し決定する自由と権利を持っている。ワーカーは、クライエントが自己決定できるよう必要な情報を研究し、彼にきちんと伝えていく責任を持っている。

けれども、自己決定はクライエントまかせで、ワーカーらの責任を逃れるためのものであってはいけない。また、自己決定は社会資源の目的等によって制限される場合がある。

(7) 秘密保持の原則（confidentiality）

クライエントが打ち明ける秘密の情報・プライバシーを、ワーカーは外に対して死守しなければならない。秘密が守られることはクライエントの基本的権利である。

それは、ワーカーの倫理的な義務であるとともに、クライエントとの信頼関係をつくり、ケースワークの効果を生み出すうえでも絶対的なことである。

ただし、クライエントの事例は、同じ社会福祉機関や他の機関の専門家とよりよい援助方法を求めて、研究・診断されることがある。その場合、秘密を保持する義務はこれらすべての専門家を拘束する。

バイステックは「ワーカーとクライエントの援助関係はケースワークという臨床過程そのものに流れをつくる水路（channel）である。この水路を通して個人の能力と地域の資源は動員されるものであり、面接、調査、診断、治療それぞれの過程もこの水路に沿って進められる」と述べている。この水路を支える土手の役割が上記の原則である。

5．ヒポクラテスの誓い

社会福祉における対人社会サービスの従事者、ワーカーにとってとりわけ重要なことは、利用者、クライエントを本質において絶対に裏切らないことである。

ここで紀元前4世紀につくられた医の倫理「ヒポクラテスの誓い」を紹介する。この「ヒポクラテスの誓い」は、古代ギリシャ人医師グループが宣誓書とし、「医師を志し学ぶ者には、報酬をとることなく教授する。ただし、下記の誓約書を書き、誓いをたてた者に限る」としていたもので、近年、古代ギリシャでどのように活用されていたかを巡って論争があるが、その後のヨーロッパにおいて広く医の倫理として紹介されてきたものである。

「ヒポクラテスの誓い」は、現代、世界各国の医師、看護師をめざす教育機関で「医の倫理」として取り入れられ教えられているが、今日、医療に携わる医師・看護師だけでなく、対人社会サービスに携わる保健、介護、保育、福祉の従事者が共通して心がけるべき普遍的な倫理が含まれている。

(1) 能力と判断の及ぶ限り、患者（利用者）の利益になることを考え、不正を行ったり、いかなる危害も加えない。
(2) 自殺を助けたりはしない。あるいは安楽死を行わない。
(3) 堕胎を起こすようなことはしない。生活、技術とも清浄かつ謙虚に守りとおす。
(4) 専門技術を必要とする患者（利用者）は、その道の専門家にまかせる。
(5) 家庭を訪問するなどで知りえたことで、どんな意図的な不正も害悪もしない。とくに、性的動機のために職業上の関係を乱用しない。
(6) 人々の生活に関して見聞きしたことで口外すべきでないことは、秘密を保持し、口を閉ざす。

様々な場合の相談に応じ、援助を行う立場のワーカーは、利用者、クライエントの基本的人権の擁護者でなければならない。ワーカーの倫理は日本ソーシャルワーカー協会の「倫理綱領」にも明記されている。一人ひとりの福祉従事者が対人社会サービスの役割をよく認識し、責任と誇りを持って従事することが、何よりも求められる。

事例

中途失明者Kさんの生活と自立をめぐって
―医療ソーシャルワーカー　杉井隆子さんの記録から―

1．突然のできごと

「重症の糖尿病で、即入院なんだけど、本人が医療費のことで入院をしぶっているんだ。話を聞いてもらえない？」

という内科のSドクターからの依頼で私がKさんと始めて会ったのはその年の1月半ばのことであった。

Kさんは、区内の運送会社でトラック運転手をしている一人暮らしの男性であった。これまで医者にかかったこともなかったので、公的保険には入っていなかった。**（注）**本来は健康保険と厚生年金、または国民健康保険と国民年金に加入していなければならない。

Kさんに同行し区役所で国民健康保険加入の手続きを教え、当面の生活費は生命保険の疾病保険でまかなうことにし、慌ただしく入院のはこびとなった。

しかし、Kさんの糖尿病はかなり手遅れの状態で、糖尿病性網膜症（もうまく）、緑内障（りょくないしょう）を併発していた。そこで2月半ば頃、T大学病院の眼科に転院し手術をうけることになった。

3月に入り、T大学病院のA医療ソーシャルワーカーより報告が入った。手術はしたものの両眼失明は時間の問題であり、退院後の生活に大きな支障が予想されるとのこと。

3月末退院したKさんは、翌日当院の外来に現れた。わずかに光を感じるだけで、ほとんど見えない状態だという。歩行もフラフラでようやく当院までたどりついたという。

「生活費も底をつき、会社との縁も切れてしまった。何よりこんな状態で、これからどうやって一人で生きていけばよいのか…。」

途方に暮れたKさんは嘆くように訴えた。

私はその日Kさんに同行し、A福祉事務所を訪ね生活保護と身体障害者手帳取得の相談をした。福祉事務所の方は緊急性をよく汲んで下さり、話はトントン拍子に進んだ。

その後、6月初めKさんは福祉事務所のワーカーに支えられて再度当院に入院した。

2．自立への渇望

Kさんはもともと明るい性格の人で、大きな体に大きな声を響かせて調子よく話す人だった。ところが再入院後のKさんは、日に日にイライラして、気持ちが荒れてきた。時々、癇癪（かんしゃく）を起こして付き添いさんとケンカをしたり、病棟の喫煙室で一人ポツンと寂しそうにしていることもあった。私はたびたび病室を訪問してKさんと話す機会を持った。

Ｋさんは毎回「(私の) 声が聞けてうれしい」と喜び、そのたびに堰をきったように自分の思いを話すのだった。

「トイレに行くのも食事をするのもみんな人の世話にならんといかん。早く一人で何でもできるようになりたい」と訴え、また、

「最初の頃は、明け方フト目覚めても真っ暗で本当にショックだった。少しでも見えればよいのに。こうなる前になぜもっと早く手を打たなかったのかって思うと。そんなことを考えると、ついカッカしてしまうのだ」と、切々と語った。

しかし、Ｋさんも語るように、歩行をはじめ基本的な日常動作をまず自立させることは急務の課題であった。このような基本的な訓練ができる場はないものだろうか。

「毎日の単調で悶々とした生活から抜け出し、少しでも生きる目標を持ちたい。」

というＫさんの熱意に動かされて、私は福祉事務所の生活保護担当のワーカーと障害者担当のワーカーに「今後の援助計画について見通しをつけてほしい」と相談を持ちかけた。

２人のワーカーはそれぞれ入院中のＫさんを訪ねて熱心に話をきいてくれ、結果、東京都心身障害者福祉センターの更生施設（新宿区戸山町）での訓練を依頼した。**(注)** 中途失明者の訓練施設は他に埼玉・所沢の国立リハビリテーションセンター等がある。

そして、幸いにも入所許可の返事をもらいＫさんは大喜びだった。ようやく前方に道が開けてきたという感じで、将来は点字もやりたいし無線の勉強もしたいと思いは膨らんだ。

８月の末、私はＫさんと一緒に三田の身体障害者福祉会館に盲人福祉協会の会長さんを訪ねた。部屋には、今釣りに行って帰ってきたところという全盲の方たちが何人か談笑しており、一緒にいろんな話をして、Ｋさんを励ましてくれた。

Ｋさんは「釣りもできるんですか」と驚きの声をあげ、「同じ状況の仲間から激励されると、本当に力になります」と話していた。同じ障害を持った人たちとの初めての交流に、Ｋさんはひとつ世界が広がった様子で、いささか興奮気味であった。**(注)** グループワークの力、当事者同士の相互作用力に注目したい。この場所に同行した杉井さんに注目。

９月に入ると、福祉事務所のワーカー、そしてセンターの指導員の方と、主治医も含めて何度か打ち合わせを待ち、10月１日Ｋさんは訓練のためセンターに入所した。**(注)** 生活保護では、この時点でアパートは一旦解約しなければならない。

３．訓練から自活へ

入所直後Ｋさんは緊張したのか、血圧と血糖値が急激に不安定となりセンターのスタッフや私たちをかなり混乱させた。私もセンターからの電話にヒヤヒヤする毎日であった。

その後なんとか落ち着きをとりもどし、これまでも外出の時にお世話になっていた都立盲人協会のガイドヘルパーさんに連れられ、２週間に１回ずつセンターから当院に外来通院するよ

うになった。外来に来るたびに、K さんは訓練の様子を楽しそうに話してくれた。

そして、その年の暮れ頃から、退所後のアパート捜しが問題となった。盲人の一人暮らしというと、どの不動産屋も二の足を踏んでしまうというのが現状である。

福祉事務所生活保護担当ワーカーが血まなこになって奔走してくれ、ある民生委員さんの紹介で、ようやく部屋が確保できたのは翌年 1 月も末のことであった。

アパートでの自活を始めるにあたって「家具の調達から郵便受けの取り付けまで、実に細かなところまでお二人がやってくれたんですよ」と、K さん。

2 月半ば、K さんは念願の新居で新しい生活に入った。福祉事務所障害者福祉担当ワーカーとの相談によって、週 2 回障害者ヘルパーさんが家事援助にはいることになり、なんとか K さんのアパート生活はスタートした。

4．一人暮らしの盲点

ところが、4 月初め、突然 K さんは障害者ヘルパーさんに抱えられるようにして当院の外科に運ばれてきた。右足に大きな火傷（やけど）を負い、そのまま緊急入院になってしまった。

1 週間ほど前にストーブに足を触れて火傷をしたらしい。糖尿病性神経炎のため、熱いとか痛いという感覚が鈍っており、その上、傷が見えないため放置している間に感染症を起こし、そうとう厄介な傷となっていた。

せっかく軌道にのりつつあったアパートでの自立生活が、こんなことで挫折してしまい、K さんのショックは大きかった。センターの指導員の先生も駆けつけ、今後の在宅生活のむずかしさ、厳しさについて懇々と話をされた。糖尿病という厄介な病気を抱えた失明者の一人暮らしは予想以上に厳しいものであることを、K さんも私たちも改めて思い知らされた。

傷の回復には長い時間がかかった。その間、私は私事でその病院を去ることになった。

その年の暮れもおし迫った頃、私は K さんをアパートに訪ねた。「アパートでの一人暮らしはもう無理だから施設入所を考えたほうがよい」という周囲の強い勧めをふりきって、K さんは秋ごろから再び自分の城に戻っていた。6 畳と台所、風呂付きの日当たりのよい部屋であった。大きなベッドに、茶箪笥、冷蔵庫などの家具もそろい、K さんは「ベッドに腰掛けてカセットテープを聞くのが楽しみ」と話した。

ちょうど、障害者ヘルパーさんが家事援助中で、お惣菜づくり、洗濯、買い物、と短い時間をフルに動き回っていられた。

「何といっても、自分の部屋が一番いいです。」
と K さんは顔をほころばせて私の方を見た。

5．今が一番幸せ

それから２年半の時間が流れた。先日、フトＫさんに電話してみた。

「あっ、杉井さんですか。わぁー。今日はいい日だな。」

受話器から伝わってくる声はとてもツヤのある元気な声だった。

「いいワーカーさん、ヘルパーさんとめぐりあって、今僕は幸せなんです。」

障害者ヘルパーさんと、ガイドヘルパーさんの援助に支えられながらも、掃除、洗濯、簡単な炊事などは自分でできるようになったという。

ガイドヘルパーさんと一緒に週１回通院する時、駅周辺を散歩しまわりの様子を教えてもらったり、途中お店を変えて食事をするのが何よりの楽しみだという。

また、最近無線の勉強を始め「朝から晩までほんとうに忙しい毎日なんです」と嬉しそうに話す。そんなＫさんの明るい声を聞くと私もつい楽しくなってしまう。

ここまでくる過程には、いろいろ思いどおりにならないこと、頭にくることも多かったことと思うが、そんなことは明るく笑い飛ばして、サッサと後に投げてしまう彼本来の楽天性がずいぶんと彼を助けてきただろうと思われる。それにしても、そのようにコントロールできるＫさんの強さに私はいつも脱帽してしまう。

ところで、彼がいつもなによりも強調することは、さまざまな人との出会い、つながりである。障害者が、しかも一人も身寄りのない孤独な障害者が地域で暮らしていくためには多くの人々の援助がなければ不可能である。

同じ障害者の仲間はもちろん、障害者ヘルパーさん、ガイドヘルパーさんから家主さん、近所の寿司屋のオジサンまで、実に多くの人々との何気ない日々の交流に支えられてＫさんの生活は成り立っている。

そして、その交流の広がりの要（かなめ）になってくれたのが福祉事務所の生活保護・障害者福祉担当のワーカーさんであった。

私も当時は、まだ駆け出しの医療ソーシャルワーカーで、このようなケースは初めての経験だったので、すべてが一つの冒険のような感じで、福祉事務所ワーカーに相談し、一緒に試行錯誤しながら進めていくことができて、とてもよかったと思っている。

人間援助の仕事は始めたらキリがないとよく言われる。福祉利用者の方々の人間らしい生活の豊かさと生きるいのちの重さを守っていくには、ワーカーさん、ヘルパーさん達の熱意と人間に対するこだわりのようなものが基本的なちからになっていくのではないか、とＫさんの明るい声を聞きながらふとそんな思いにかられたしだいである。

■この「事例」に社会福祉援助はどのように応用されているか

—「中途失明者Ｋさんの生活と自立をめぐって」に見るおもな援助と援助内容—

●直接援助

個別援助（ケースワーク）

1．ドクターからの依頼で面接
2．国民健康保険の手続き
3．生命保険疾病保険の手続き
4．生活保護の手続き
5．身体障害者手帳の手続き
6．訓練施設入所の手続き
7．訓練施設退所後のアパート探し
8．アパートの家具の調達
9．ヘルパー派遣の手続き
10．ガイドヘルパー派遣の手続き

集団援助（グループワーク）

1．盲人協会を訪ね、同じ障害を持った人たちと出会う
2．訓練施設での生活体験

●間接援助

地域援助（コミュニティワーク）

1．地域での自立生活を準備
2．外来通院のたびに自立生活の様子を把握
3．緊急入院と退院、自立生活の継続

社会福祉調査（ソーシャルワークリサーチ）

1．健康保険も年金もない人の医療・生活の方法を捜す
2．中途失明者の場合の生活訓練の方法を捜す

社会活動法（ソーシャルアクション）

1．本人と必要な関係機関に同行し、本人の代弁者となる
2．本人の問題解決を解決させる姿勢をつらぬく（あきらめない）
3．杉井さんは事例をまとめて医療ソーシャルワーカーの研究会等で報告し、多くのワーカーに共感と仕事の自信を広めた

社会福祉計画法（ソーシャルウェルフェア・プランニング）

1．自立生活という本人の意向をかなえる目標の元に、福祉事務所ワーカーと連係して一つ一つの問題を解決していった

●関連援助

ネットワーク

1．福祉事務所生活保護担当ワーカー、障害者福祉担当ワーカー、障害者訓練施設の指導員、介護事業所のヘルパー、ガイドヘルパー、障害者の仲間、家主さん、民生委員さん、出前の寿司屋のおじさんまでがＫさんの自立生活をささえるネットワークを組んだことになる（連絡調整は３人のワーカー）
2．医療ソーシャルワーカー杉井さんはコーディネート役に徹した

■相談援助の体系と内容

「援助」項目別　①おもな技法、②対象、③援助方法

●直接援助

個別援助（ケースワーク）
①面接（インテーク面接・家庭訪問面接）
②個人・家庭・関係者
③困っている・悩んでいることを聴き、相談者・利用者と一緒に対応策・援助方法をつくり、必要な援助を行う

集団援助（グループワーク）
①グループ討議・共同作業（ミーティングの重視）
②小グループ・関係者
③討議や作業を通して小グループの共通課題をつくり課題の達成を支援する（その中で個人を支援する）

●間接援助

地域援助（コミュニティワーク）
①地域福祉の関係者による問題の把握、調査、対応策の作成
②地域住民、地域組織の関係者、地域の当事者グループ
③地域で共通する福祉問題を見つけて、対応策を協議し必要な社会資源（人・しくみ）をつくる

社会福祉調査（ソーシャルワークリサーチ）
①統計調査（アンケート調査等）、事例調査
②個人・家族・当事者・地域・従事者や関係者のニード、意見等
③実態やニードを把握し、必要な社会資源をつくり適切なサービスを行う資料とする

社会福祉運営管理（ソーシャルウェルフェア・アドミニストレーション）
①地域組織・施設の管理運営技術、各種委員会の活動支援技術
②地域組織・施設の管理運営者、主任従事者、利用者・当事者の代表
③計画的な地域組織・施設の運営、活動の効果の測定、費用の準備と管理、地域組織・施設が住民から理解されるための活動

社会活動法（ソーシャルアクション）
①住民・当事者組織から国や自治体への要望、従事者からの提案
②住民組織・当事者組織、関係者や従事者
③必要な社会資源を作り、よりよい援助方法を開発していくこと

社会福祉計画法（ソーシャルウェルフェア・プランニング）
①地域福祉の推進計画策定（総合・部門）
②自治体・社協、地域組織・施設、当事者組織
③地域福祉の将来像を作成する、社会福祉の需要について長期的な推移を予測し、対応する施設等について計画的な配置に努める

●関連援助

ネットワーク
①社会福祉サービスの連絡調整
②従事者・関係者による調整会議や一人を支える連係
③関係者による支援体制を整える

ケアマネジメント
①支援サービス・プラン作成等担当者
②ケアマネジャー・主任従事者から従事者をとおして個人へ
③要援助者のケアプランの作成等マネジメントによる目標レベルの到達をめざす

スーパービジョン
①援助技術向上のための研修訓練
②主任従事者から従事者訓練生へ
③社会福祉従事者の教育訓練による専門技術の向上

カウンセリング
①継続的な面接による自分の意見
②個人・家族
③面接をとおして内面的・個人的問題の解決・治療

コンサルテーション
①体制についての意見、提案
②専門的な関係者からの提言を取り入れる
③運営や学識の経験者等から意見を聞き、運営サービスの向上を図る

■地域における社会福祉の関係機関と施設

○は精神保健福祉士
＊は保育士・看護師、介護福祉士・訪問介護員
無印は社会福祉士等

●児童福祉

都道府県児童相談所
＊児童養護施設、児童自立支援施設、＊乳児院
市区町村子ども家庭課こども家庭支援センター
＊保育所（認可、認可外）、＊認定こども園、ファミリーサポートセンター、＊つどいの広場、＊一時保育、＊病時保育
児童福祉法に基づくサービス
障害児通所支援　児童発達支援・医療型発達支援、放課後等デイサービス、
障害児入所支援　福祉型障害児入所施設・医療型障害児入所施設

●障害者福祉（身体障害・知的障害・精神障害）

都道府県障害者福祉センター（身体障害者・知的障害者更生相談所）
都道府県発達障害者相談センター
都道府県精神障害者福祉センター
市区町村障害者福祉課
障害者総合支援法に基づく障害福祉サービス「自立支援給付」の対象となる施設
介護給付　　療養介護・生活介護
訓練等給付　自立訓練・就労移行支援・就労継続支援（A型・B型）
夜間を含む施設入所は「施設入所支援」を合わせて受ける

●高齢者福祉

市区町村介護保険課・老人福祉課
地域包括支援センター（市区町村社会福祉協議会）
＊養護老人ホーム、ケアハウス、有料老人ホーム、＊特別養護老人ホーム・老人保健施設（入所・通所・短期入所）、＊介護療養型医療機関、＊認知症グループホーム・小規模多機能施設、介護保険＊訪問介護・＊訪問看護等、高齢者生きがいセンター・シルバー人材センター

●女性福祉

都道府県婦人相談所・配偶者暴力相談支援センター
一時保護施設、婦人保護施設
市区福祉事務所母子自立支援員・市町村子ども家庭課
児童扶養手当、＊母子生活支援施設、日常生活支援（＊ホームヘルプ等）

●公助扶助・低所得者福祉

都道府県福祉事務所・市区福祉事務所
生活保護、保護施設（救護施設等）、学習支援・中学生勉強会（学生ボランティア）
都道府県社会福祉協議会・市区町村社会福祉協議会
生活福祉資金貸付、地区社会福祉協議会・民生児童委員

●医療福祉

総合病院医療相談室
医療ソーシャルワーカー（MSW）
精神・神経科医療機関
○精神保健ソーシャルワーカー（PSW）
医療相談室
＊病棟保育士

3.2 ソーシャルワーク、相談援助の過程

学習のねらい

インテーク、アセスメント、プランニング、インターペンション、モニタリング

社会福祉相談援助の過程について、20世紀の初めに社会福祉援助方法をまとめ「ソーシャルワークの母」と言われるリッチモンドは

調査・研究 → 診断 → 治療・援助

の３段階の過程を述べて、現場の援助者に「面接、記録、事例研究」の重視を求めた。

現在、社会福祉の相談援助の過程は、（以下［ ］は本節 No.）

準備期 → 開始期 → 作業期・中間期 → 終結期

［1］インテーク（受理面接）→［2］アセスメント（事前評価）→［3］プランニング（援助計画）→［4］インターペンション（サービスの提供、介入）→［8］モニタリング（効果の分析・評価）→エバリュエーション（事後評価）の過程

に分けて説明されることが多い。

ここでは、普段の社会福祉相談援助の流れに沿って、援助過程を考えたい。

＊　＊　＊

1．インテーク面接

インテーク面接で援助者は、クライエントの人格を認めて、傾聴し、受容し、クライエントの緊張感を解消させて、信頼（ラポール）を得ることが必要である。

●面接の意義

インテークとは取り入れ口の意味で、社会福祉では「援助者」（以下本文ではソーシャルワーカー・ケアワーカー・保育士等を援助者と表す）が「クライエント」（以下本文では相談者、利用者、対象者、子どもの保護者をクライエント、または本人、要援護者と表す）に最初に出会う場を言う。インテーク面接は、少ない質問でクライエントに安心して多くの思いを話してもらうことが大切である。

クライエントは、最初は本題（主訴（しゅそ））を言いだしにくいものである。しばらく話しつづける中で、この援助者は自分の話を親身になって聞いてくれるか、話をして大丈夫か、プライバシーを守ってくれるか、自分に役立つかを判断する。

したがって、援助者はクライエントの人格を認めて、傾聴（けいちょう）し、受容（じゅよう）（すべてを受け入れること）し、クライエントの緊張感を解消させて、信頼（ラポール）を得ることが必要である。信頼を得ることは、聞く姿勢によりたとえ短時間でも可能で

あるが、事務的、便宜的にならないよう、他の援助機関を紹介すべき場合を除いては面接に一定時間をかけて話を聞くこと、特に高齢者や児童についてはゆっくりうなずきながら聞きとることが必要である。

安心して相談ができるために専門の相談機関では専用の面接室、相談コーナーが設置されていなければならない。

●面接技術

援助者はクライエントの話の中から「主訴」を的確につかむことが必要である。

話の中からつかんだ主訴について

(1) なにが援助できるのか
(2) 本人はどうすべきか
(3) そのためにはどのような過程が必要か
(4) そのことに自分の所属する機関や組織が対応できるのか
(5) 他の専門機関を紹介すべきか

をその場で的確に判断していくことが必要である。

インテーク面接では、一定の会話の後に、面接している保育園等の所属機関やNPO法人等の地域組織の役割をよく説明し、その上にたってクライエントと、今後継続して相談にのり援助を行うかを決める。

子どもの保護者や地域の人から相談があった場合は、困っている問題を聞いた上で、改めて面接に一定の時間をとってもらい、機関に来所してもらうかあるいは居宅へ訪ねることが必要である。また、家族からの訴えの場合は、後日居宅や病院などの本人の居場所を訪ねて、必ず本人に会って本人から主訴を聞き取ること、子どもについての相談の場合も子どもに会う機会をつくることが大切である。

援助者が面接で心掛けることは、会話における目線の高さである。援助者とクライエントは人として対等であるから、病室のベッドではベッドの高さ、子どもとの会話ではできるだけ中腰になって聞くなど上から見下ろすことがないように目線の高さの対等に努めるべきである。

なお、面接では対面よりも斜め横に座るとクライエントが話しやすい場合がある。子どもがそばにいる時は、子どもは自分のことを話しているのではないかと不安に思ってしまうので、援助者は保護者との話の途中で子どもにも声をかけることが大切である。

●面接記録

どのような面接であっても、援助者は面接終了後に必ず「面接記録」を作成することが必要である。面接中にクライエントの話を目の前で記録すると、話す方は話しにくくなってしまう。けれどもメモをとらないで聞いたことを覚えておこうとすると、肝心なことを思い出せず本人から２度同じことを聞かなければならなくなる。日時や人の名前、病名など大事なことは話を聞きながら必ずノートにメモをしておくことが必要である。なお、メモ用紙は紛失するのでノートがよい。

(注) クライエントとの会話に情報機器は使ってはいけない。

面接後すぐに、あるいはその日の内に、主訴を中心に本人の話を思い起こし、要約して記録し、援助者がその面接で行ったアドバイスの内容や本人のこれからの援助の希望なども記録しておく。

2．資料の収集と調査（アセスメント1）

援助者は知り得たプライバシーは口外しないことだけでなく、その人、その家庭に「必ずプラスにする」という信念ある姿勢を持って援助にあたれば、その人、その家庭に必ず通じる。

●資料の収集

クライエントの主訴を実現ないしは問題解決するために、クライエントが利用できる制度や施設、地域の活動について、援助者はすでに知っている情報・知識とともに、そのクライエントに適応すると思われる新しい情報・知識を収集することが必要である。

援助者は、常に新しい年度の都道府県・市町村発行のガイドブック、直近1年間程の都道府県・市町村発行の広報、地域内の病院や福祉施設の新しい案内パンフレットなどを用意しておくことが必要である。

その上に立って、そのクライエントに最適と思われるサービスを選択し、実際に利用対象に該当しているかを確かめ、実際に空きがあって入所・通所できるかなどを関係先に問い合わせておく。そうして所属機関や地域組織のチームの会議に掛けて協議し、的確な判断ができるように準備する。

●家庭訪問の意義

本人が直接機関に来所した場合、家族が来所した場合とも、本人の居宅ないしは入院・入所先を訪ねていくことが、対象者の援助計画を考える際になによりも必要である。「百聞は一見にしかず」——生活のその場の状況を見ると、現在本人が困っていること、解決しなければならないこと、本人の家族や近隣の人との関係などが瞬時に分かり、確信を持って実際の様子とあるべき方策を所属機関や地域組織に報告でき、実際に合った「援助計画」を作成でき、その分問題解決は早まるのである。

クライエントとその家族にとって家庭訪問は、プライバシーを覗かれる不安が強い。援助者は知り得たプライバシーは口外しないことだけでなく、その人、その家庭に「必ずプラスにする」という信念ある姿勢を持って訪ねれば、その人、その家庭に必ず通じるものである。ただし、その人、その家庭の意向どおりに応えられるわけではないが、その場合であっても援助者の姿勢は通じるものである。

なお、保育や教育の分野で保育士や教員が担任になっての初期に家庭訪問を行うことは児童の普段の生活を知る上で本来大切なものとされてきたが、近年単独の訪問は誤解による苦情（モンスターペアレント）や危険な場合があるため家庭訪問の機会が少なくなっている。そうした場合は所属機関や地域組織の複数の援助者による訪問が望まれる。

●実態調査・ニード調査

さまざまな福祉の制度は、市町村などの役所や地域包括支援センター、子ども家庭支援センターに行って、申請手続きをしなければスタートできないものが多い。その場合、役所やセンターが申請待ちの姿勢では、福祉のネットワークから漏れる人が生じ、その制度が一番必要な人に届かないことが生じてくる。

所属機関や地域組織は、把握している要援助者に限らず、地域で困っている人、問題を抱えている人の居宅や入院先を訪ねて、その人が活用できる援助のしくみを伝えるべきである。積極的に居宅まで出かけて福祉のニードを把握することを「アウトリーチ」と言う。

福祉制度の利用に当たっては、一定の個別の実態調査やニード調査が定められている場合も多い。

調査は、①本人が記入しそれにもとづいて援助者が記入内容を確認するものと、②援助者が直接聞き取って記入するもの、がある。「介護認定」や「障害者自立支援認定」では、市町村の職員が全国共通の調査票を持参して聞き取り調査を行っている。

本人の普段の生活の様子を知り、本人と家族・近隣等の人とのつながりや本人の生活のエリアを知ることによって、今後どのような援助をし、どのようにその人のまわりの社会資源を活用すれば、その人の抱えている生活問題が解決できるか解決策を考えることができる。

3．診断と援助計画（アセスメント2）

ソーシャルワークは、自分だけの判断ではなく、所属や地域のさまざまな専門職の人を含めて、よりよい解決方法、援助方法を出し合うことがなによりも大切である。

●コーディネート

本人の主訴、ニーズに対応して、各種の社会資源、サービスをつなげるために、関係者、関係機関に説明して、援助の体制を組むことを「ケース・コーディネーション」と言う。本人の主訴を実現または問題解決するためには、現況を知るための訪問調査後、所属機関または地域組織のチームで会議を開き、一定の援助計画（ケアプラン）を検討する。自分だけの判断ではなく、所属や地域のさまざまな専門職の人を含めて、よりよい解決方法、援助方法を出し合うことがなによりも大切である。

本人への援助は、所属機関あるいは地域組織のチームだけで実施、実現できることは少ない。その人のかかりつけ医師などの専門的な意見をはじめとして、地域の関係機関、関係者から意見をよく聞き、援助者はコーディネーター、調整役に徹していくことが必要である。その場合、本人には、関係機関、関係者から意見を聞くことを説明し承諾して貰っておくことが必要である。

●診断

診断は、インテーク面接、訪問調査、関係機関・関係者からの意見にもとづいて、所属機関や地域組織での「事例検討会」「処遇検討会」などで行う。その場合、

(1) かかりつけ医師などから医学的な見地からの判断

(2) 施設や関係機関、地域組織で今後の援助に直接携わる者からの判断

(3) 援助者による本人の生活の現況および生活環境についての判断

を総合して行うことが必要である。診断により、

(1) 援助者の判断で援助計画を立てる場合

(2) 所属機関・地域組織の会議において援助計画を立てる場合

(3) 施設入所や介護保険など、さらに公的な判定会議、審査会の判定にかける場合

がある。これらの判定によって、援助者間の判断の違いの弊害を避け、討議をとおして公平な基準を設けることができる。社会福祉援助はその人の人生そのものを助けるものであり、できるだけ一人の援助者で判断することは避けるべきである。

●援助計画

援助計画は、当面する短期的な援助目標と中・長期的な援助目標を組み合わせることが必要である。

日常生活動作（ADL = Activities of Daily Living）の向上とともに、生活を広げる手段的 ADL（IADL = Instrumental Activities of Daily Living）の確保、生活の質 QOL（Quality of Life）の確保が同時に求められる。自立支援についても、本人自身が意欲が持て生活の目標になるような中・長期的な援助目標の中で、当面する援助目標が具体化されなければならない。

＊

■援助計画（ケアプラン）作成時の参考項目

- ● ADL (1)食事 (2)排泄 (3)洗面・整容 (4)更衣 (5)入浴 (6)移動
- ● IADL (1)電話 (2)服薬と管理 (3)調理 (4)家の管理、鍵掛け・雨戸締め (5)買い物 (6)掃除、食事の片づけ・食器洗い (7)洗濯 (8)乗り物 (9)家計管理
- ●ロートンの IADL
  (1)生命維持 (2)機能的健康度 (3)知覚、認知 (4)身体的自立 (5)手段的自立 (6)状況対応 (7)社会的役割
- ● QOL (1)ニーズの充足、満足、幸福、達成感
  (2)余裕、ゆとり、いこい、生活時間
  (3)よい状態の家庭や近隣関係、親戚との交流、地域でのネットワーク
  (4)社会的役割　家族関係での役割、親戚や地域の中の役割
  (5)自然—庭仕事、散歩 (6)地理—旅行、交通

⑺住まい、地域環境、公共サービスの利用
⑻文化―祭り、コンサートへの参加

●社会的自立（福祉制度によって自立生活が継続できる場合を含む）
⑴精神的自立（生活意欲、生活技術、教育力を含む）
⑵経済的自立（勤労収入、年金収入、社会資源の活用を含む）
⑶身のまわりの自立（身辺自立、生活環境。人との相互交流をとおして）
⑷労働による自立（就労、作業。身体を動かすことをとおして）

●自立支援（自立支援計画、近年生活保護自立支援プログラム等で採用された３つの視点プラス 1）
⑴日常生活支援　⑵社会生活支援　⑶就労支援　⑷学習支援

これらの設問項目を、ケアプラン・自立支援計画をつくる上で参考にして作成する。

4．マネジメントを行う援助者の援助

本人との話し合いの中で、今後どのようなサービス・援助を行うかは本人の希望や説明による同意によって決めていく。

要援護者個々の多くのニーズに対応し、各種の社会資源やサービスを調整し、適切で継続性のあるサービスを効果的に行っていく援助者の一連の援助過程を「ケアマネジメント（ケースマネジメント）」と言い、これらサービスの提供、介入を「インターベンション」と言う。

機関・施設や地域組織のチームで方針が決まった施設入所や施設・制度の利用などの援護について、ケアマネジメントを行う援助者（ケアマネジャー、福祉士や園長・主任）は再度本人と面接して、入所・利用に当たっての諸説明を行い、その人から生活史、健康状態、経済的な状況、家族の状況、本人の生活環境など、入所・利用後の援助に必要な事項について詳しく聞く。マネジメントにあたって本人から聞き取ったことをエコマップ（本人と周囲の人、環境、施策との関係）、ジェノグラム（本人と家族の関係を縦にみる）、ファミリーマップ（本人と家族との関係を横にみる）の作成により図に表して人間関係、環境との関わりを把握しておくとよい場合がある。

とりわけ、その人の生活史を聞くことによって、本人についてよく理解できるようになる。本人と家族の関係、本人が持っている潜在能力なども分かり、今後の援助の際に配慮することもよく分かってくる。この場合、本人の生き方を認め同意しながら聞くことが必要である。本人との話し合いの中で、今後どのようなサービス・援助を行うかは本人の希望や説明による同意によって決めていく。本人の自己決定の過程は、本人の積極性を引き出しサービスの効果を増加させる。決まったサービス・援助については、ケアマネジメントを行う援助者は直接担当する援助者との打ち合わせ会を持って、実際の援助を行ううえでその人について配慮すること、長期・短期の自立支援計画をたてて、そのための援助方法を具体化する。

5．直接担当する援助者の援助

対人援助には、ある程度の医療・介護、社会資源や地域についての知識や情報が必要になる。援助者は常に様々な地域の情報に興味を持って、話題を豊かにすることが大切である。

実際のサービス・援助は、直接担当する援助者（ソーシャルワーカー、ケアワーカー、保育士等）に任せられる。直接担当する援助者は、その人との信頼関係をつくって、より効果を生むように創意工夫して行えることが大切である。

直接担当する援助者は継続的に家庭訪問し、あるいは通所・入所の本人に対して援助計画にもとづく直接必要なサービス・援助を行うが、援助に当たっては、

(1) その人、その家庭の生活する地域と生活のエリアについてよく知る。
(2) 本人が精神的・身体的に機能が低下しないように気づいた点をアドバイスする。
(3) 本人が日常生活でできることは自分で行うようにアドバイスする。
(4) 本人の在宅と家族の生活の両立を図る。長期的にみて、経済的にその世帯の収入が減少しない方法を考える。経済的以外の面での介護者の負担の軽減を考える。
(5) 本人が利用していないもので利用が可能な社会資源、施策がないかを考える。社会資源には、地域の自助組織やボランティアサークルについての情報も有効である。
(6) 本人に必要で不足している社会資源、施策がないかを考える。
(7) 本人が意欲をもてるような話題をとりあげる。生活環境、街の変化を話題にすることも有意義であるが、次回の訪問日の約束でもよい。
(8) 天候と本人の健康状態がよい時には、戸外に出かけることを工夫する。本人が近隣の人と声をかけあうことで、互いの励ましになり、互いの意欲になる。

これらの援助のためには、ある程度の医療・介護の知識、社会資源や地域についての知識や情報が必要になる。援助者は常に様々な地域の情報に興味を持って、話題を豊かにするように努めることが大切である。

なお、本人の状況に変化があった場合は、すぐにケアマネジメントを行う援助者に報告することが必要である。

6．当事者グループの育成、地域福祉

人と人のつながりが稀薄になっている今日の地域において、福祉ネットワークは人と人のつながり、交流を復権させる地域再生の役割を持っている。

●当事者相互の力

熱心な援助者であっても援助者には伝えきれないことがある。その場合共通する問題を抱えた人相互の交流の場をつくり、そこに本人が参加することが必要である。当事者相互で悩みを共有できるとともに困難な問題をどう解けばよいかアドバイスを得ることができる。ある中途失明者の事例では、失明者の集まりの場に援助者が同行し、本人が直接当事者たちに会って話を聞くことができた時、瞬時にそれまでの不安、絶望が解かれ、失明の困難を克服して生きることに希望を見つけている。近年、離別母子世帯の多くがきちんと児童扶養手当を受給しているのは情報機器によって情報交換が行えるようになったからである。近年、学習に遅れがちな中学生への学習支援・中学生勉強会も同様である。これらは当事者相互の助け合いの力である。近隣の人とふれあう機会をつくることから、さらに地域において共通の問題を抱えた人が集まるミーティングやレクリエーションを企画し、グループワーク援助の場、当事者相互の力を引き出す場をつくることが援助者の役割の一つである。当事者活動の例として精神保健における「断酒会活動」があげられる。当初、保健師の援助で定着してすでに長い歴史があるが、本人と家族がともに参加することでより本人をささえることができると言われる。

●コミュニティワーク

地域において問題や課題別にさまざまなグループ、サークルがある。絵本や人形劇の会や親子観劇会などの子育てサークルもある。多くの場合、実施にあたり会場の確保やチラシづくり等において市町村社会福祉協議会の協力を得られる。開催回数を重ねる中で、援助者一人の援助からボランティアを募り援助者を増やしていくことが可能になる。そこで形成された当事者と支援者のグループ、サークルは、その後活動を継続して地域組織として定着することが考えられる。そうなると、それはコミュニティワーク、地域福祉の一分野を形成する。人と人のつながりが稀薄になっている今日の地域において、人と人のつながり、交流を復権させる一つの機会にしたい。

近年、市町村社会福祉協議会は小地域単位の地区社会福祉協議会をつくり、小地域におけるサロン活動を行うことを重視している。そうした活動をとおして地域とのつながりのない高齢者等に参加してもらい、福祉ネットワークの網の目から漏れる人を少なくしていくことが求められている。特に市町村合併により市町村が広域になりすぎた自治体では、小地域福祉活動はより大切なものになってきている。個別の援助を行っている援助者が、クライエントをそうした小地域福祉活動、サロン活動につなげていくことも大切である。

7. 援助経過の記録

家族や関係者から経過の説明を求められた時、その時の本人の状態、病変などを具体的に説明することができる。援助者の責任が問われる時に「記録は身を護る」。

●記録の書き方

記録は、マネジメントを行う援助者が記録するものと、直接日々の援助を担当する援助者が記録するものとがある。いずれの場合も、本人と接するごとに、その日の記録を付けておくことが必要である。記録は、本人との会話で気づいたこと、ケアをしていて気づいたことを要約して記入する。メモ程度でもよいが、きちんと保存できるようにノートまたは一定の用紙を綴じて使用する。一人一人の問題も解決方法も異なるという「個別化」の原則から言って、一人一人について記録することが大切である。

記録には、利用者が生活で工夫していること、生活の様子など直接のケア、サービスとは関係のないことも記録しておくとよい。高齢者の少年時代の思い出や当時の地域の様子を聞いたり、地域の民話や昔話、戦時中の苦労などを聞き取って、代筆者として記録に残すことも大切である。

●記録の意義

援助活動にとって援助サービスと同じくらい「記録すること」は大切である。それは、

(1) 記録によって、聞き漏れや援助が不十分だった点に気づくことができる。
(2) 記録しながら、今後の援助のアイディアに気づいたり、プランを立てたり、立てたプランを修正することができる。
(3) 担当の援助者が不在だった場合他の援助者が記録を読んで代替えすることができる。
(4) 記録は援助者が担当を交代する際に引継ぐ時、その後の援助を新しい援助者にスムーズに継続できる。
(5) 家族や関係者から経過の説明を求められた時、その時の本人の状態、病変などを具体的に説明することができる。利用者の事故について、援助者の責任が問われることがある。そうした時に「記録は身を護る」。
(6) 記録は一人についての援助過程での効果や教訓を整理することかできて、今後の他の事例に活かすことができる。
(7) 記録によって援助者の自己啓発、研修になり、援助技術を向上できる。

8．評価と見直し（モニタリング、エバリュエーション）

途中に問題が生じない場合でも、一定の援助・サービス実施後、ケース検討会において援助内容やその効果について見直し、再評価することが大切である。

●モニタリング

途中で問題が見つかった時や本人から違った要望が出された時は、マネジメントを行う援助者は、直接担当する援助者の意見および本人からの希望をよく聞いた上で、ケアプラン、援助内容の見直しを行う。高齢者等は、身体的状態が変わりやすいが、サービスの効果から徐々に身体的状態が回復していくことも多く、そうした場合はその状態にふさわしい援助に変更するサービス内容のフォローアップが必要である。介護保険では、介護支援専門員が毎月家庭訪問等で本人に会うことが求められている。

途中に問題が生じない場合でも、一定の援助・サービス実施後、ケース検討会において援助内容やその効果について見直しし、再評価することが大切である。これら援助効果の分析・評価を「モニタリング」と言う。

●エバリュエーション

マネジメントを行う援助者にとっても、直接担当する援助者にとっても、援助活動で得られた効果や教訓を、その人との関係だけにしまっていてはいけない。援助活動の経過をまとめて事例ないしは報告書にし、他者評価によるエバリュエーション（事後評価）の機会を持つことが大切である。

所属のケース検討会をとおして、効果や教訓を所属機関や地域組織の他の援助者に広めるとともに、地域の民生・児童委員、地区社会福祉協議会の会合や地域のさまざまな専門職が交流する会議などに参加し、また、自らそうした機会をつくって積極的に広めていく必要がある。そうすることによって、自己点検ができるとともに地域全体での解決方法が見つかる場合も多い。具体的には、

⑴ 本人に行った援助・サービスの水準を評価・検討する。

⑵ 本人との間での効果や教訓を、所属機関、地域組織の共通の認識に広めていく。

⑶ 所属機関、地域の関係者間において、必要なサービスの調整をはかる。

⑷ 新たなサービスを開発し、自治体の施策に反映させる。

⑸ 各々の施策が地域・自治体において広く活用できるようにする。地域・自治体の中で必要な人にサービスの漏れがないように相互に情報を出し合って点検する。

⑹ 必要なサービス等について地域の関係機関、関係者相互で事業の連携や共同化・共同利用を図る。

9．援助活動の終了

援助者は援助活動が終了した時、知り得たその人、その家庭の数多くのプライバシーについては、すべてを自分の胸の内にしまい、ないしは忘れることである。

●個別援助の修了

本人の健康の回復や生活の安定など一定のニードの充足、目標が達成された後は、援助者はその人への援助活動を修了しなければならない。子どもの保護者からの相談も同様である。クライエントにとって援助者の援助は過去の一時期のことにすぎない。援助者が知り得たその人、その家庭の数多くのプライバシーについては、すべてを自分の胸の内にしまい、ないしは忘れることである。このことは、同じように対人サービスを行っている医師・看護師等と同様であり、「医の倫理」（3.1「5．ヒポクラテスの誓い」参照）は社会福祉援助者にも共通する倫理でなければならない。かつてのクライエントは、一市民であり、人として対等である。この点では、援助者が専門職であろうと、ボランティアであろうと変わりはない。

●コミュニティワーカーとして

その後については、地域の援助者として、対象地域のすべての住民に公平な、生活問題の発見のための地域活動に心がけるべきである。また、そのクライエントが他の専門機関や他の居住地に移った時は、新しい関係機関やその援助者の援助につなげるまでは責任を持ち、その後については新しい援助者に任せるべきである。

機関や地域組織の地域活動の効果を知るためには、社会調査（ソーシャルリサーチ）を行えばよい。過去の援助者を特定しないで、住民の中から一定の対象者を決めてアンケート調査を行い、広い視野にたった効果測定を行えばよい。例外として、児童養護系施設の退所児童の自立生活についてアフターケアが必要とされる場合があるため、その法的根拠が児童福祉法に明記されている。

3.3 母と子・父と子のくらしと支援 —母子生活支援施設—

学習のねらい

「働いても貧困、OECD 諸国で一位の貧困率」

わが国の 18 歳までの子どもの 1 割が一人親家庭で育っている。

2012 年度の子どもを育てている世帯の貧困率は、夫婦世帯で 12.4%であるが、一人親世帯では 54.6%になっている。就労中の一人親世帯の貧困率は OECD 諸国の平均が 20.9%であるが日本は 50.8%で、就労している母子世帯の就労収入の平均は年間 181 万円で「働いても貧困、日本の母子世帯は OECD の中で著しく貧しい」(国連調査による)。

100 万母子世帯が年収 365 万円未満のくらし

123 万母子世帯のうち 100 万世帯は、わずかな児童手当と児童扶養手当を合わせて、就学援助費・学校給食費を無料にしてもらって、生活保護基準額前後の収入で生活しており、その 9 割 90 万世帯は生活保護を受給しないで子どもを育てている。生活保護受給母子世帯の場合、その 4 割が中学卒業高校不進学、または高校中途退学という高校就学の不徹底によるものであり、3 分の 1 の世帯は生活苦等から精神疾患で通院の深刻な状態になっている。

母と子・父と子のくらしアンケート

母子世帯、父子世帯のくらしはどのようなものか、どのように子育てをしているか、子育てでの難しさはどんなことか、アンケートと聞き取り調査を紹介する。

■「母と子のくらし」「父と子のくらし」学生のノートから

1．こんな数字、知っていましたか…

婚姻届と離婚届、その比は 4 ： 1　□知っていた　☑知らなかった

18 歳未満の児童の 1 割が母子・父子世帯で育っている　□知っていた　☑知らなかった

2．母子家庭になって手当の申請までに母の行動 5 項目から、あなたが特に思ったことを 2 点…

（その 1）私は、子どもに離別の理由と環境の変化について理解させることは、母の行動の中でも特に重要になってくると感じた。転居等の環境の変化に子どもは精神面で影響を受け、それをケアしていく必要があると感じた。

（その 2）もう一つは、養育費の問題において、たとえ離別をしていても、元夫が子どもの親であったことには変わりがないので、しっかりと元夫に養育費を支払ってもらって当然であると思った。

3．父子家庭の悩み・生活と意見の中で、あなたが特に思ったことを 2 点…

（その 1）子育てにおいて大切なことについての項目をみてみると、子育てをしていく中で父親自身のリフレッシュをすることや、子どもと一緒に出かけたり、会話をしたりと、自分と子どものリフレッシュする場が必要であると感じた。

（その 2）行政の子育て支援への要望において、父子世帯として働きながら頑張っている事実の行政の把握が不十分であり、父子世帯の状況をしっかりと把握し、父子世帯に対して情報提供などをもっと行うべきだと感じた。

4．幼稚園・保育園・小学校等現場へ出た時、あなたは保護者にどんなことを聞きますか…

家庭で家族が一緒に食事をしたり、出かけたりと、家族との生活を大切にしているかどうか。子どもと生活をしている中で楽しいことは何であるか。子育てにおいて大切にしていることは何か。

母子生活支援施設

「児童福祉法」第38条

母子生活支援施設は、配偶者のない女子またはこれに準ずる事情にある女子及びその者の監護すべき児童を入所させて、これらの者の自立の促進のためにその生活を支援し、あわせて退所した者について相談その他の援助を行うことを目的とする施設である。

（1）概要

母子生活支援施設はかつて母子寮の呼称であったが、1997年児童福祉法改正により、自立支援のための施設と目的を明記した。職員構成は母子支援員、少年を指導する職員（少年支援員）、保育士、嘱託医、調理員等を置く。10名以上の施設の場合心理療法担当職員を置く。その他、東京都等では安全のため夜間警備員を置いている。施設は居住する母子室と台所は個室が多いが、まだ台所やトイレが共有の場合がある。その他、職員室、集会室、面接相談室、保育室などが設置されている。2017年現在全国の母子生活支援施設の施設数は232ヵ所、入所者は3,330世帯、8,809名である。

（2）入所

死別、離別、未婚等により、配偶者のない母と子の世帯が、住まいがなく、子どもの保育・教育に様々な問題を抱えている時、まず安全な居場所を確保することが求められる。入所理由の「準ずる事情」とは、離婚前の夫の暴力から逃げる場合などを含む。母子生活支援施設は、生活の場の確保とともに、就労や日常生活についての相談や就労時の子どもの保育に応じ、母子の自立生活を支援するために設置されている。

入所による利用は、母子及び父子並びに寡婦福祉法により市福祉事務所（町村は県福祉事務所）に置かれている「母子自立支援員」に相談し、契約入所する。所得に応じて利用者の自己負担額がある。慈愛寮などの婦人保護施設や乳児院入所の乳児とその母が入所する場合もある。

（3）児童支援・生活支援

保育士は母親の就労中の乳幼児を保育する。乳幼児はその後近隣の保育所に入所できれば母親が保育所に送迎するが、母親の勤務時間によっては保育士が送迎する場合も多い。

少年支援員は母親就労中の児童・生徒の放課後や学校が休みの日の児童の健全育成、保育・教育を担当する。スポーツ・遊びとともに学習面でも一般の児童から遅れないように援助する。

母子支援員は

⑴　入所した子どもの保育・教育に関する諸手続きを行う。この場合住民票を

施設に異動させることができない場合も多く、その場合教育委員会で「仮入学許可」をとる。

⑵ 児童扶養手当、児童手当等の手続きを行うとともに生活困窮については入所前居住の福祉事務所にて生活保護の手続きを行う。本人に手続きを教えるだけでなく、できるだけ同行する。

⑶ 母親の求職活動を援助し、就労を励まし就労の定着を支援する。

⑷ 子育ての悩み、母自身の悩みやストレスについて、傾聴して必要なアドバイスを行う。

⑸ 前夫との離婚協議、養育費や前夫のつくった借金等の解決についてアドバイスする。なお、通学時に子どもを連れに来るなどのトラブルがあることもある。

⑹ 母子生活支援施設は生活が安定するまでの支援施設であるので、母子世帯向け公営住宅の募集の機会については事情を見て申し込みをすすめる。ただし、母親が精神的に不安定な場合や知的な面で養育についての理解が不足している場合は、入所が長期になる場合もある。

⑺ 男性との交際や子どもを施設において外泊など判断が難しい場合がある。そうした場合でも、子どもをどのように高校卒業まで育てていくか、母親のしっかりした考え方が母と子をささえる。

⑻ 施設内で母親同士が子育ての悩みや生き方について交流し合うことは大切である。毎月の集会で話し合い、行事に参加、分担する場をつくることで、実際の料理、クッキーづくり等をとおして交流を強めることができる。親同士の交流は子ども同士の交流も強める。

これらは、母子支援員に限らず施設内の職員が共同して支援することが必要である。

（4）ショートステイ

母子生活支援施設の多くがショートステイ・緊急入所に母子室の１室を用意し、福祉事務所等からの依頼により実施している。夫の暴力などから避難し行き先のない母と子の駆け込み寺となっており、寝具等たちまち必要な日常生活用品については施設で備えている。緊急入所し精神的に安定すれば、その後の生き方、生活相談に応じることができる。

（5）行事

ナオミホーム（東京都世田谷区）の一年間の行事

４月　新１年生歓迎会、スケート教室、避難訓練、集会
５月　誕生会、幼児プレキャンプ、料理の集い、避難路点検
６月　幼児キャンプ、健康診断、誕生会、避難訓練、集会
７月　手作り広場、プール開き、七夕、夏休みお話会、低学年キャンプ、集会
８月　高学年キャンプ、母子旅行
９月　防災訓練炊出し、プール遠足、誕生会、手作り広場、お月見会、集会

10月　学童遠足、手作り広場、クッキー作り、大バザー、誕生会
11月　会食会、保健福祉地域の集い、誕生会、七五三、避難訓練、集会
12月　冬の遠足、手作り広場、クリスマス会、誕生会、冬休みお話会
1月　書き初め、鏡開き集会、誕生会、たこ上げ、避難訓練
2月　健康診断、チョコレートづくり、誕生会、手作り広場、集会
3月　ひなまつり集会、誕生会、歯科検診、春休みお話会、幼児進級お祝い会

＊　＊　＊

■母子世帯と父子世帯の状況

厚生労働省「平成23年度 全国母子世帯等調査結果の概要」をもとに6.7を追加した。

	母子世帯	父子世帯
1．世帯数	123.8万世帯（115.1）	22.3万世帯（24.1）
2．ひとり親世帯になった理由　離婚	80.8%（79.7）	74.3%（74.4）
死別	7.5%　（9.7）	26.8%（22.1）
3．就業状況	80.6%（84.5）	91.3%（97.5）
正規の職員・従業員	39.4%（42.5）	67.2%（72.2）
自営業	2.6%　（4.0）	15.6%（16.5）
パート・アルバイト等	4.4%（43.6）	8.0%　（3.6）
4．平均年間収入〔世帯の収入〕	291万円（213）	455万円（421）
5．平均年間就労収入〔母または父の就労収入〕	181万円（171）	360万円（398）
6．児童扶養手当受給世帯数〔年収365万円未満〕	1,012,954世帯	65,041世帯
7．生活保護受給世帯数	110,879世帯	※統計なし

注1：(　) 内は前回（平成18年度）の調査結果の値。

注2：「4.」「5.」は平成22年度1年間の収入。

注3：6は平成25年3月末現在の児童扶養手当受給者数(他に祖父母等養育者5,322人)

調 査

1.《調査1》母と子のくらし アンケート

この母子調査（2002年実施、2007年再実施）は、東京近郊の一都市においてアンケート調査を実施し、児童扶養手当受給母子世帯約700世帯の内371世帯から回答を集計した。なお、アンケート調査の回収時に約70世帯について面接による聞き取りに協力していただいた。

●死別・離別から児童扶養手当申請まで

死別・離別後の母自身の行動アンケート調査では死別・離別から児童扶養手当の申請までの期間が2ヵ月以内が60%、6ヵ月以内の場合は80%を超えているが、この短期間に母親は離婚後母と子の生活条件を整えるために多くの場合共通して次のような行動をとっている。

その第一は、死別・離別にともなう住まいの確保、のための資金の確保である。元夫の暴力や嫌がらせから遠ざかるための場合も少なくない。

その第二は転居等による子どもの転校等の諸手続きが必要であるが、それには子どもに離別の理由と環境の変化を理解させておかなければならない。

その第三は、小学校低学年までの子どもの保育所入所や学童クラブ入所等、母親の就労の決断と子どもの預け先を確保することである。

その第四は、就労先の確保あるいは条件の変化にともなう転職先の確保である。

その第五は、元夫に子どもの養育費の支払いを約束させ実行させることである。協議が成り立たない場合でも家庭裁判所での調停や係争の手続きが必要な場合が少なくない。さらには、元夫の負の遺産・借金の支払いや元夫からの嫌がらせが続いている所帯が少なくない。

母子となって生活を立て直す時、母親は一人でこれだけさまざまなことを短期間に解決しなければならない。多くの場合、児童扶養手当申請の手続きは、これら子どもとの生活を整えてから、就労先を探して、どうしてもその収入では生活費に不足することが分かって、各々の判断で児童扶養手当てを申請していることが多いことがアンケートの回答から判明した。

（1）住まいの確保

死別・離別後、とりわけ離別後に急を要するのが住まいの確保である。アンケートから事例を見てみると、以下のとおりであった。

- お金と住むところがなく、職場の人に相談したところ住む所を紹介してくれた
- アパートが私本人の名では借りられなかった。親に相談し、親の知人の息子さんに契約者となってもらいようやく借りられた
- アパートの更新料を支払えなかった。不動産屋に事情を言って待ってもらった。その間に公団住宅空家に入居が決まり更新料は支払わないままにな

った

・引っ越し費用がなく、親にお金を借りた

・母子世帯だということで不動産屋に断られた。親の知人のつてで現在のアパートを借りた

・安いアパートを捜したが見つからず困った。敷金等を親に借りて働いて返した

・転居に思いがけない費用がかかり、友人に借りて手当が出てからかえした

離別時、母子世帯としての再出発は安全に暮らせる住まいの確保が最初の課題になる。そのための転宅資金の確保は急を要するため親や友人から一時的に借金している場合が多いことがわかった。これについては母子福祉資金貸付制度が利用できるが、利用したい人にもっと早く伝えられる必要がある。母子世帯を理由に民間アパートが入居を断ることが実際に少なくないこともわかったが、子どもの泣き声等の理由で断っている低家賃民間アパートの事情もあり、母子世帯向け公営住宅が各自治体で一定戸数確保されていることが望まれる。母子への元夫の暴力や嫌がらせ等から逃れなければならない場合など緊急性のある場合の母子生活支援施設でのショートステイやシェルターなども各自治体で確保されていることが必要である。

（2）子ども環境の変化

離婚のトラブルに子どもを巻き込んでしまった。その上に転居し、子どもの環境を一変させた。子どもの精神面での影響はないだろうか。アンケートではそうした母親の子どもにすまないという思いが込められている記入が多くみられた。

・子どもを抱えどうしたらよいかわからなかった。知人、市役所に相談した

・転校、転園で子どもは新しい学校、園で友達ができるだろうか。学校の先生、保育園の先生に相談した

・離婚のトラブルに子どもを巻き込んでしまった。子どもに隠さずたくさん話し合って解決するようにした

・子どもが母子になったことでいじめられた。その後転校先ではすぐに友達ができて大丈夫だった

父母の争いを見て育った子ども達は、父母の争いがなくなりホッとしている場合も少なくない。そのためには母自身が解決できない生活問題を抱えて精神的に不安定になったり、感情を子どもにぶっつけたりすることがないようにすることが必要である。子ども自身は納得できれば、新しい環境に積極的に適応していける。

母親のどのように子育てしたらよいかなどの悩みについて、アンケート「そのことをどこに、誰に相談しますか」という問いでは、友人、両親、きょうだい、職場の同僚、市役所との回答が多かった。福祉事務所「母子自立支援員」の相談援助の体制が求められる。

（3）就労中の子の保育

小学校低学年までの子どもを持つ母親が就労以前にしなければならないことは、

同居の祖父母がいて祖父母に依頼できる場合を除いて就労時間および通勤時間の間の預け先、保育所・学童クラブ入所を確保することである。就労は預けられるかどうかで左右し、就労開始日は預けられる日によって決まる。ただ保育所や学童クラブは4月1日でなければ空きがない場合が多いので一時的には友人や祖父母、認可外保育施設に預けて働く場合もある。母子の優先入所が決まっているので市町村の窓口で相談することが望まれる。

「子どもをどこに預けて働いたか働いているか」についてアンケート調査の回答を「死別・離別時の子の保育先」、「現在」について比較すると、「死別・離別時」には在宅であった168世帯のうち、「死別・離別後」133世帯の母親は子どもを保育所、学童クラブに入所させ、母親の働く環境を整わせて就労している。祖父母が62世帯あるがこれはとりあえず実家ないしは同居の祖父母に子どもを預けて働いた母親の数である。「死別・離別後」より「現在」は、保育所が減り学童クラブが増加しているのは時間の経過によるものである。このことからは母子世帯となった母親の就労を促進する自立支援の政策にとって、地域に認可保育所や学童クラブが整っていることが必要であることがわかる。

- 借金だらけ、3人とも乳児、仕事はなかった。姉宅に居候し保育所に入所させてから仕事を捜した
- 保育園が決まるまで、認可外の保育施設に預けたので出費が多かった。
- 近くに子どもを預ける保育所がなかった
- 入所できた保育園が遠く車で30分程かかる、妹に送迎を頼んでいる。近くにも保育園があるので変わりたい
- 保育園に入れず4月まで待った

上記のように就労のため空きのあった保育所に入ったが、家から遠くて、もっと近くにある保育所に入れてほしいというものが複数あった。従前、措置入所の時代には、複数の保育所合同の入所判定会議が行われ、希望を無視してでも児童と母親に便利な条件の保育所が考慮されていたことから言えば、自分で問い合わせて空きのある保育所を選ぶという「契約方式」はこうした問題を抱えやすい。

（4）職業紹介、求職活動

死別・離別後就労しなかったのは回答者372名中わずか23名にすぎなかった。死別・離別の際の決意は「一人で働いて子育てする」であることがこの数字から読みとれる。大半の母が転居に始まり、子どもの転校や保育所探し、そして求職活動を短期間のうちに決断し実行している。就労先の確保は、その中でも一人で子育てする上で最も重要なことである。それではどこでどのように仕事を探し、決めているのだろうか。

チラシの情報が多いのはチラシは地域限定の情報が多いのですぐに求人先を訪ねていけ、その場で決められることが多いからである。

知人は、友人のほか保育園で知り合った仲間の場合も多く、情報が交換できる場が重要なことがわかる。調査結果では、ハローワークの紹介の率は多くなかった。

アンケート回答からは、児童扶養手当の申請は多くの場合、母親が就労先を決めてから行っていることがわかった。市役所を訪れるには勇気やタイミングが必要であり、就労先が決まっていると市役所を訪ねやすいからである。行政窓口はそうした母親の心理を理解するものであってほしい。

（5）養育費の協議等

子の父からの養育費は、離別後の子の養育を母親に委ねた場合の父親の扶養義務者として当然の責務であるが、アンケートからは、離別に際して「一番苦しかったこと」の問いに「養育費を含む離婚協議だった」と記入した方が 18 名におよび、そのうちの大半は家庭裁判所に離婚調停を依頼していた。

- 自営業の会社役員だったが、家裁調停で役員を辞退しその家を出た
- 離婚の話し合いができる状態ではなく、家裁調停に持ち込んだ
- 慰謝料、養育費について裁判を起こしたが、調停不成立になった
- 離婚前 2 年間の別居生活は大変だった。弁護士に依頼して裁判で和解、離婚できた
- 別居中の夫からいやがらせがつづき、家裁調停では解決せず地裁に提訴
- 養育費が支払われず、家裁に相談するが解決にはならなかった
- 離婚後生活に困り、家裁に行き養育費を決めてもらった

2002 年改正の「母子及び寡婦福祉法」において「第 5 条　扶養義務の履行の確保に努めるとともに、当該児童を監護しない親の扶養義務の確保に努める。」と条文を挿入したが、特徴的なことは履行の確保に努める努力義務を受け取る側の母親に求めている。大半の母子世帯の母にとって元の夫に直接交渉することは大変な心理的負担となる。仲介する第三者がいない場合は、養育費等について権利擁護センターの活用も考えられるべきである。

離別時の離婚協議および離婚調停と裁判までつづけて、手続きに時間が必要で精神的負担も大きい中で、母親の多くは父親が養育費を支払うのは当然の義務と考えてその義務を履行させるための努力を行っていることがアンケートの回答からわかる。

離別後、母親が抱える問題はそれだけではない。

- 私と子への暴力がつづき、警察、弁護士に依頼して離婚できた
- 離婚後も元夫が子どもを連れに来るため外出できず、ストレス性難聴になった
- 元夫が私名義で借金していて、元夫に直談判し半年後に返済させた
- 自分が保証人になっていた元夫の借金を返済しなければならず、必死に働くしかない
- 別居期間中お金がなく仕事もできず、サラ金にお金を借り解決ができていない
- 家のローンの返済。銀行に説明し家を渡して実家にもどった

離婚に至る理由の一つに元夫の暴力や金銭問題、サラ金等でつくった借金の問

題がある。元夫の暴力や嫌がらせが離婚後も続く場合や、離婚前に元夫の保証人になっていたため苦しい生活費の上に元夫のつくった借金の返済をせざるをえない場合が少なくないことがアンケートからわかる。

当面する生活問題、住宅問題や子育て相談、就労相談に、指示をするのではなく助言ができる母子世帯の支援スタッフが市町村に常時配置されている体制がのぞまれる。

この点では、通常児童扶養手当の申請時手当の申請と同時にさまざまな情報を知りたいし、わからないことを相談したいのである。そうした点で、母子福祉に関する一般的な情報は手当申請の受付者がきちんと説明する。そのためには、市町村は手当申請の受付者に社会福祉に関する一定の知識を有するものを配置すべきである。手当申請の受付者は、個別の問題解決を要すると判断される場合はその場で福祉事務所「母子自立支援員」に引き継ぐべきである。なお、母子自立支援員は母子世帯支援のケアマネジャーとして位置づけられるべきであり、位置づけられることによって仕事の内容がより明確になる。

＊　＊　＊

2.《調査2》父子世帯の悩み・生活と意見　アンケート

この父子調査（2007年実施）は、東京近郊の一都市においてアンケート調査を実施し、調査表配布父子世帯（母非同居の世帯・住民票による推定）約100世帯の内31世帯から回答を集計した。なお、アンケート調査から7世帯について面接による聞き取りにも協力していただいた。

（1）父子世帯の就業、収入の状況

アンケート回答からは、父子世帯の経済状況は、母子世帯の経済状況が年収300万以下の世帯が大半であることと比して一定の収入の確保がなされているが、一般世帯男子の就労に比して「会社から望まれるだけの残業ができない」ため生活にゆとりなく、将来の子どもの教育経費等の預金は難しいことがわかる。したがって、父子世帯への経済的支援は子どもの就学のための入学金・授業料の貸与や子どもの医療費の助成などの施策が求められる。

家庭訪問・面接による聞き取りの中では、住宅を確保した後に妻と離別したため「収入があっても一馬力では、住宅ローンの返済にとても困っている」世帯が複数見られた。これらの事情から父子世帯を対象とする施策において所得制限は設定しないことが望まれる。

父子世帯の父親は、会社に事情を理解してもらっている場合と、会社、同僚には父子であることを伏せている場合がある。面接では「子どもと接する時間を確保するためには、収入が下がってもやむを得ない」と判断している方が多数であった。父子として子育てを優先する覚悟が父親に共通していた。

（2）父子世帯の家事、子育ての状況

アンケート回答からは、父子世帯で父が食事・家事を行う場合、父子世帯とな

って祖父母と同居し、祖父母が食事・家事を行う場合、子どもが食事・家事を行う場合の３通りの方法が採られていることがわかる。祖父母に依頼している場合も、祖父母の健康などいつまで頼めるか、頼めない時はどうすればよいかの不安が強く聞かれた。子どもに依頼している場合も仕事の都合による場合が多く、父親が食事・家事を行う姿勢が強く聞かれた。

「帰宅後、食事・家事・洗濯であっと言う間に 10 時を過ぎる。人には打ち明けられない」「子どもを自分が育てることを決めた限りは自分の責任、子どもに笑われないように責任をとりたい」と言う。妻死別の場合も同様であった。

家庭訪問・面接による聞き取りの中では、食事づくりについて作る姿勢とともに味がだせないなど自治体は父子世帯向けの料理教室を開催してほしいとの要望が聞かれた。

単身世帯ヘルパー派遣制度については「制度を知らなかった。広報してほしい、利用したい」との要望が複数聞かれた。その場合、負担が心配との意見もあった。また「子どもがヘルパーを受け入れないのではないか」との利用時の不安の声も複数あった。

（3）離別・死別と母親の関係

アンケートの回答からは、離別対死別は２対１となっており、母子世帯より死別の比が高い。父子世帯となって５年以上の半数近くを占め、父子世帯は「再婚する」場合が多いので父子世帯施設は一時的なものという意見と実態は異なっていることがわかる。家庭訪問・面接による聞き取りの中では、子どもが高校修学を終えるまでは、再婚は考えないとの意見が多数であった。

「再婚話があると子どもは動揺する、それが原因での非行が心配、子どもの居場所としての家を護りたい」という思いが父親に共通していた。

母親の面会権については肯定しているものの「子どもの生き方にとって面会が必ずしもプラスにならない、会わせたくない」との意見も聞かれた。父親への不満を聞くことになった場合子どもは混乱する結果、子どもの意志で次回の面会は難しくなる。

（4）父子世帯と子どもの現況

アンケート回答からは、調査 31 世帯・離別 20 世帯の内、離別時きょうだい分離した世帯が５世帯であり、母親世帯からみると母子になっていると推定される。離別に際してのきょうだい分離は子どもの年齢等で微妙に判断されたものだが、家庭訪問・面接による聞き取りではきょうだいの関係を持つよう年１、２度母親宅に出入りさせているとのことであった。

祖父母と同居は単親世帯になってから同居した場合が多いが、単親世帯になってそれまでの同居から子どもの意見により同居を止めた場合もあった。「母親が家を出たのは祖父母同居で折り合いが悪くなったから」祖父母との同居が子どもにとって精神的負担になる場合があることを家庭訪問による聞き取りで教えられた。

父子世帯となって父親が困ることは、保育園や学校の行事は平日に開かれるので親として参加しにくいことであるが、参加をする中で子育ての情報を沢山聞くことができ、他の保護者との繋がりが持てるようになったと話されていた父親もいた。

行政についても同様で「平日の利用は困難であり施策があったとしても利用できない」との意見が複数寄せられた。その中で「離婚の法律相談で話が聞けて大変役立った、相談してよかった」との意見も聞かれた。父子世帯の施策として、休日等に話、相談ができる場の確保が望まれる。

家庭訪問・面接による聞き取りでは、会った７世帯のいずれの父親からも「誰にも話せない思いを背負って、仕事と家事を両立させている家族があることを忘れないでほしい」との声があった。

（5）子育ての喜びと悩み

アンケート回答には、父子世帯の父親の悩みが反映されていた。

子育ての喜びについては、死別・離婚後、子どもの成長とともに喜びが減少し、辛さが増している。一番大変だった時期は、死別 10 名は 10 名とも妻の死別をあげている。一番大変だったことは、仕事と家計、子どもと自分の健康、家事、子どものしつけや友達関係、保育先や学費・進路など多方面にわたる。母子世帯は交流によって情報を知る機会があるが、父子世帯の場合利用できる公的制度も情報として届いていない実態がある。

父子世帯の父親にとって、なぜ自分だけが大変さを背負うのか、自分が選択した離別の場合であっても、自分だけという思いは負担になる。父子についても、父子世帯が交流しあえ、利用できる公的制度などの情報を入手できる場が必要である。

（6）子育てで大切なこと

アンケート回答からは、父子世帯であることが子どもたちの精神的発達に障害にならないように懸命に努力している風景が読み取れる。例えば再婚話一つが子どもに大きな影響を与えることを、一人ひとりの父親は慎重に考えながら、毎日の仕事と家事・外食を含む食事、子どもとの会話、子どもとの外出に心掛けていることがわかる。

とりわけ、女子（娘）を育てる場合、父親の言動と日々の生活態度が娘に影響することを父親たちは一番良く理解している。「子どもの生理のことなど自分の姉妹との交流をとおして助言してもらっている」「娘が異性の友達をつくった時など母親なら相談にのれる相談事を聞いてあげられないことが不安」。

家庭訪問・面接による聞き取りでは、「中学２年生の時いじめにあっていたことに気づかず、不登校になってしまい、その後数年たってようやく娘と対話ができるようになった」など多面にわたる生活の実際を聞くことができた。

（7）行政の子育て支援への要望

父子世帯の場合、父親の収入、仕事内容が異なるため、共通したニード、福祉と施策に絞りにくい特徴があるが、アンケートの回答および家庭訪問・面接での聞き取りにおいて共通している行政への要望をまとめると次のとおりである。

(1) 父子世帯として懸命に頑張って子育てしている事実を行政は知ってほしい。

(2) 父子世帯が利用できる情報を届けてほしい。

(3) 父子世帯が参加できる時間帯に相談や交流ができる場を設定してほしい。

■アンケート調査「父子世帯の悩み・生活と意見」から

（別途記載がない場合、回答者は計 31 名）

a〔父子世帯の就業、収入の状況〕

問 1　就業状況

働いている 28 名　働いていない　3 名

問 2　就業形態

常勤 23 名　自営 3 名　パートアルバイト 2 名

h〔子育てで大切なこと〕

問 35　子育てで大切にしてきたこと

他人に迷惑をかけない 17 名　子どもの話を真剣に聞く 16 名
一緒に過ごす時間 13 名　子どもが自分で決める 9 名　約束を守る 6 名
干渉しない 6 名　子どもと話し合って決める 4 名
子どもの甘えを満たす 3 名
子どもの自由時間をつくる 2 名　きょうだいに関わってもらう 2 名

問 36　あなた自身のリフレッシュ

飲み会 8 名　趣味 8 名　ショッピング 6 名　スポーツ 6 名
インターネット・メール 6 名　映画 3 名　釣り 3 名
カラオケ 3 名　地域活動 2 名　他家族と交流 2 名　パチンコ 2 名
ドライブ 2 名　競馬 1 名

問 37　子どもとの生活の楽しみ

一緒に買い物や散歩 17 名　子どもとの会話 15 名　一緒に外食 13 名
一緒にスポーツ 11 名　誕生日など 10 名　レジャー 8 名　旅行 8 名
一緒に家事 5 名　絵本の読み聞かせ・工作 3 名　勉強をみる 2 名
添い寝 1 名

問 38　あなたの健康

快調 4 名　身体快調心不調 11 名　身体不調心快調 1 名　不調 9 名
なんとも言えない 5 名

問 39　あなたの年齢

30 歳未満 1 名　30 － 34 歳 3 名　35 － 39 歳 8 名　40 － 49 歳 11 名
50 歳以上 8 名

i〔行政の子育て支援策への要望〕自由記載

- 会社は介護だけでなく、家事・子育ての時間も考慮してほしい。
- 父子の利用できる制度があれば、表にして教えてほしい。
- 夜 8 時帰宅、10 時半にやっと家事が終わる毎日です。
- 親身になって聞いてくれる相談先はひとつもない。
- 家事ヘルパーを紹介してほしい。
- 妻のパート分、経済的にきつい。
- 保育料負担が離別後高くなった。軽減してほしい。
- 住宅ローンの返済、一人分の収入になったため自己破産になりそう。子どものために自己破産は避けたいが、どうすればよいか。
- 子どもの放課後、ヘルパーを派遣してほしい。
- 金銭的な支援をしてほしい。

3.4 子どもの健全育成―放課後児童クラブ―

学習のねらい

子どもの健全育成

子どもの登下校中などで子どもが誘拐されるなどさまざまな事件が起きている。そうした中で、小学校低学年生の放課後の子どもの居場所、学童保育所が増え続けている。全国で２万ヵ所になり、全国のほとんどの小学校に学童保育所が設置されている状態になった。

子どもの親の貧困が拡大する中、保育所に預けて働く母親が増えて保育所の待機児童問題がおきるとともに、保育所に預けていた子どもが小学生になって家で「鍵っ子」にすることはできない現代の危険な状況がある中で、「学童」に預けたいとここでも待機児童が増え続けている。

地域における子育て支援

一方、地域における子どもの孤立は、親自身の孤立から進んでいく。そうしたことから「公園デビュー」の場と機会が親子になくてはならない。つどいの広場・子育て広場があって、親子が参加することで子ども同士、親同士が知り合うことが大切である。さらには、地域の母親クラブや幼稚園・保育所等の親の会、PTA の活動に親自身が参加することも、児童養育の知識や技術を高めるとともに、そのことをとおしてその場が子どもたち同士の交流を深める契機になり、児童の健全育成を図るために大切である。

■「子どもの健全育成・学童ほいく」学生のノートから

1．知っていますか、読んでいますか（保育を学ぶ学生の方へ）…

保育カリキュラム雑誌（10 種類いずれか）　□よく読む　☑時々読む　□知らなかった

保育絵本雑誌（10 種類いずれか）　□よく読む　☑時々読む　□知らなかった

◎保育カリキュラム雑誌は保育者になった時自費で毎月購入して保育にとり入れること

2．あなたが育った地域であなたは…

☑地域子ども会	（　）
☑夏のラジオ体操	（最後の日に参加するとお菓子がもらえる）
☑地域の祭	（友達とかき氷の屋台を手伝った）
☑児童館	（友達と学校帰りに遊んでいた　）
□児童遊園	（　）
□子どもの国等	（　）
□学童保育	（　）
□地域の子ども対象のスポーツクラブ	（　）

3．学童保育について、「私の家族」について思ったこと…

学童保育について、学童保育は親が働いているために、放課後家で一人ぼっちになってしまう子どもを危険から守る上で重要な施設であると感じた。また、学童保育に通っている子どもたちであっても、自分の家での家族の様子をしっかりと見ていて、朝や夜寝る前のとても短い時間であっても、親は子どもと、しっかりとかかわる必要があると感じた。

地域における子どもの健全育成

1．地域子ども会・児童館・児童遊園

本来「地域子ども会」は小地域における児童の集団活動の場として、遊びとともに社会奉仕活動、レクリエーション活動、夏休みのラジオ体操など児童の社会体験、社会性の育成に大切な役割を持っている。町会・自治会等に支えられて活動を続けている地域も少なくないが、少子化の中で、地域での子ども集団自体が形成されにくくなってきており、長く活動を続けてきた子ども会でも活動の継続が困難になっている地域が多い。市町村は「子ども会リーダー養成研修」を開催するなどにより子ども会活動を支援している。地域での子ども集団が地域の祭や伝統文化を継承していくことも大切である。

地域の母親クラブや幼稚園・保育所等の親の会、PTA の活動に親自身が参加することも、児童養育の知識や技術を高めるとともに、そのことをとおしてその場が子ども相互の交流を強める契機になり、児童の健全育成を図るために効果的である。

地域における子どもの居場所としての「児童厚生施設」は、どの子にも開放された児童福祉施設の一つであり、「児童館」と「児童遊園」がある。

児童館は、主に屋内での遊び、活動の場であり、①小地域の小型児童館、②体育機能を備えた児童センター、③児童館の中枢に位置する大型 A 型児童館、④自然環境の中で宿泊体験もできる大型 B 型児童館、⑤芸術、科学、体育等総合的な活動ができる大型 C 型児童館の 5 つのタイプがある。子どもの遊びを指導する「児童厚生員」が配置され、地域における児童文化活動の拠点としての機能を持っている。

児童遊園は、屋外で、都市公園法に基づく公園を補完するもので、主に幼児や小学校低学年の児童の遊び場となっている。設置の条件は 320㎡以上であること、広場、遊具、便所、水飲み場を設けなければならないことである。幼児の「公園デビュー」の場になることも多い。なお、市町村が地域に設置した児童遊園や都市公園法にもとづく都市公園については、子どもが事件や事故に遭わないよう子どもの安全を見守る周辺市民の協力体制が大切である。

2．学童保育（放課後児童健全育成事業・放課後児童クラブ）

保護者が働いているなどで家に帰っても養育者のいない小学生（主に 1 ～ 3 年生）の放課後の安全な居場所として、「学童保育所」（放課後児童クラブ）がある。2013 年現在すでに全国で 20,000 ヵ所の学童保育所、児童数は 900,000 名となっており、女性の就労の増加とともに年々増加し、地域に 1 ヵ所の学童保育所から 1 小学校区に 1 ヵ所の学童保育所が設置された段階になってきた。

従来、児童福祉法において「特別の事情があるときは、小学校低年齢の児童も

保育所に入所できる」となっていたことから小学生の放課後を預かる施設を「学童保育」と呼ぶようになった。各市町村は独自に留守家庭児童の鍵っ子対策として、保護者などが運営する学童保育所に補助を行ってきたが、長く国の制度にはなっていなかった。1997年児童福祉法の改正でようやく学童保育所は「放課後児童健全育成事業」として位置づけられ、さらに2003年法の改正では「子育て支援事業」の一つとして位置づけられ、予算化されるようになった。今日、放課後留守家庭の子どもを守って学童保育が果たしている役割はかけがえのないものである。現在、小学校空き教室の活用、一校で複数の部屋と指導員の確保、指導員の身分保障、専門性が求められている。近年学童保育においても待機児童問題が深刻になっており、2016年国は対象児童を小学6年生まで可能とした。

2020年新型コロナにより小学校休校の際にも国の方針で学童保育は開所を続けた。

3．放課後子ども教室

学校が週休2日制となるとともに少子化で空き教室も増える中で、学校の多目的な利用が求められるようになり、文部科学省は2007年度から地域のボランティアによる「放課後子ども教室」の実施を、市町村の教育委員会に促している。文部科学省と厚生労働省は連携して、市町村が「放課後子どもプラン」を作成し事業として推進することが求められた。だが一部の自治体で、児童一人ひとりを把握している学童保育をなくして小学校の入り口で子どもの出入りのみを把握する子ども教室に変える動きがあるが、指導員が一人ひとりの子どもを把握する学童保育でないと、子どもの安全は確保できない。

4．就学援助

「教育基本法」第3条（教育の機会均等）では「すべて国民は、ひとしく、その能力に応ずる教育を受ける機会を与えられなければならない」と定めている。教育基本法、学校教育法に基づき各市町村は、義務教育費に困窮する世帯に学用品費、給食費、修学旅行費、虫歯・中耳炎等治療の医療費などの「就学援助費」を支給している。この制度は1900年児童の義務教育登校を奨励するために作られ、1932年には欠食児童について学校給食が始まり、戦後就学奨励法となり、現在は自治体の事務となったものである。(1.1参照)

生活保護世帯は「教育扶助」が支給されているため、就学援助では修学旅行費が支給される。生活保護は受給していないが、生活保護基準と同等ないしは1.2倍程度までの低所得世帯の児童に申請により上記の各就学援助費が支給される。就学援助費に該当し対象となっている公立小・中学校の児童は近年急速に増加し、2012年度全国平均は15.64％、対象児童数は1,552,023人となっている。子育て世代において、子どもを育てる親の半数近くが無権利な就労状態におかれ、あるいは疾病や家庭崩壊などの生活問題を抱え、生活格差や貧困化が進んでいること、さらに今日、各年齢とも児童数の１割が母子世帯の児童であり、その多くが年収 365 万円に満たない児童扶養手当該当世帯であることを反映している。

5．放置あるいは虐待されている児童の発見と児童相談所

市町村子育て支援課には民生・児童委員や保健師、保育士、近隣の住民から児童の放置あるいは虐待の通報が寄せられる場合が少なくない。要保護児童を確認した市町村子育て支援課・子ども家庭支援センターは児童相談所に連絡し、児童を送致する義務がある。

連絡を受けた児童相談所では、児童福祉司が家庭訪問し保護者と面接するなど事実を調査し、児童を「一時保護」し、保護者宅に返すことが不適当と判断される場合ないしは保護者の同意があって施設入所が望ましい場合は乳児院、児童養護施設、児童自立支援施設等に入所措置を行う。施設入所以外に「里親」に児童の養育を依頼する場合もある。

近年児童虐待の増加や反社会的拘束事件が続いており、これらの児童養護系施設や里親委託先が不足する事態が進んでいる。また、通報が入ったにもかかわらず児童の死亡に至る事件を防げなかった場合が続いている。児童福祉司や市町村子育て支援課の職員、福祉事務所ワーカーは直ちに家庭訪問し直接児童に会う努力をして事実を確かめるべきである。

6．在宅児童対策

夜間ひとり暮らし児童等の夜間保護者が帰宅するまでの間の居場所として、児童養護施設などが夜間地域の児童を預かる事業を「トワイライトステイ事業」という。1991 年に制度化され、実施する施設には国・自治体からの補助がある。都市部では各自治体に一箇所設置され、夜７時～ 10 時、親が仕事で遅くなる時間について預かっている。

ひきこもり・不登校について、1991 年厚生労働省は「ひきこもり・不登校児童福祉対策モデル事業実施要綱」を都道府県、政令指定都市に通知し、その後各児童相談所は大学生などに依頼して友愛訪問活動を行う「メンタルフレンド事業」を実施している。

文部科学省ではいじめ・不登校児童対策として各都道府県に「スクールカウンセラー」（心理士資格が必要）、児童虐待等の家庭問題に対処するため社会福祉士等による「スクールソーシャルワーカー」の配置を進めている。

これらの在宅児童対策をより具体化するものとして、各自治体や地区社会福祉協議会における子どもの居場所、子どもの学習支援の場づくりが求められている。

7．児童委員・主任児童委員

民生・児童委員は、各市町村の推薦に基づき厚生労働大臣の委嘱により任命される民間奉仕者で、任期は３年である。各市町村の一定の区域を担当し、児童

相談所・福祉事務所等の行政機関の職務の遂行に協力する。民生委員としての活動は民生委員法、児童委員としての活動は「児童福祉法」第12条に基づく兼務のため、児童委員としての独自の活動が不十分であった。そのため1994年から地域単位に単数あるいは複数の児童福祉法のみを担当する「主任児童委員」が委嘱され、地域全体の民生児童委員活動の調整役となっている。実際には、親が帰宅せず子どもだけで生活していることがわかった場合に「おにぎり」を作って届け、児童相談所や福祉事務所に子どもを引き継ぐなどの活動をしている。

近年児童の登下校時の危険に対応し、日中在宅する地域の篤志家の家が「子ども110番の家」に設置されてきたが、さらに事件が相次いでおり、地域ぐるみでパトロール隊など子どもを守るさまざまな対策が行われている。

■**豊かさの底辺—東京23区の就学援助費認定状況—**

東京23区の統計資料により筆者作成。

数字は「認定者数〔単位：人〕(全生徒数に対する割合%)」を示す。

	1989年				2005年			
	小学校		中学校		小学校		中学校	
千代田	51	(1.2)	23	(0.9)	198	(7.0)	76	(6.9)
中央	573	(11.8)	265	(12.0)	620	(13.9)	243	(19.6)
港	1,070	(12.4)	517	(13.8)	1,218	(22.1)	537	(32.3)
新宿	1,732	(12.3)	1,041	(14.1)	1,709	(21.1)	818	(27.8)
文京	849	(9.0)	525	(11.0)	969	(14.6)	435	(19.9)
台東	837	(9.2)	543	(11.1)	1,638	(25.8)	768	(32.5)
墨田	2,158	(16.6)	1,447	(20.1)	3,207	(35.4)	1,484	(40.2)
江東	5,315	(20.8)	3,254	(25.2)	5,131	(30.8)	2,402	(36.3)
品川	2,940	(15.7)	1,868	(20.4)	3,176	(27.5)	1,366	(31.4)
目黒	930	(8.0)	577	(17.8)	893	(10.5)	452	(16.0)
大田	6,496	(17.3)	3,780	(19.3)	8,058	(28.6)	3,402	(32.6)
世田谷	3,507	(9.1)	2,567	(13.3)	3,989	(13.4)	1,871	(19.2)
渋谷	989	(10.9)	587	(13.2)	1,212	(24.0)	504	(29.3)
中野	2,728	(18.0)	1,364	(17.8)	2,234	(23.4)	958	(26.9)
杉並	2,443	(10.0)	1,564	(12.4)	3,791	(21.9)	1,569	(24.5)
豊島	1,128	(9.8)	701	(11.9)	1,384	(20.1)	676	(26.4)
北	2,643	(13.5)	1,940	(17.2)	3,451	(30.6)	1,595	(34.8)
荒川	2,049	(21.2)	1,343	(27.1)	2,294	(32.0)	1,067	(37.4)
板橋	5,760	(10.2)	3,496	(21.9)	7,815	(35.9)	3,573	(40.3)
練馬	6,340	(17.5)	3,464	(17.9)	8,572	(25.5)	3,820	(29.0)
足立	7,719	(19.2)	5,594	(23.8)	13,631	(41.3)	6,140	(44.0)
葛飾	5,578	(22.2)	3,676	(27.5)	6,282	(29.8)	3,129	(35.7)
江戸川	6,685	(18.1)	4,149	(20.5)	11,986	(32.1)	4,889	(34.9)
合計	70,520	(15.6)	44,285	(18.5)	93,458	(27.4)	41,774	(32.2)

注：認定基準は世帯の収入が生活保護基準の1.1～1.25の範囲で各自治体で異なる。

放課後の児童

放課後児童クラブを知っていますか

—いきいき・たくましく　楽しく・仲良く—

学童保育所の指導員の先生に、放課後の子ども達の生活の様子を聞きました。

1.「ただいまぁ」から帰宅まで

放課後の子ども達は、毎日元気に学童保育所に帰ってきます。

「ただいまぁ」→宿題･絵日記かき→自由遊び→おやつ→静かな時間（本の読み聞かせ・お話会）→かたづけ・そうじ→みんなで遊ぼう（製作・戸外でのゲーム）→「さようなら」

内容は、学童保育所により、その日によって多少異なりますが、子ども達がリズムのある、いきいきとした日課がおくれるように努めています。

2．放課後の子ども達の生活は

●絵日記

放課後、学童保育所に登所して、子どもの様子（健康状態や心の変化）をつかみ、落ち着かせる意味もあって、座って会話をし、宿題・絵日記を済ませるように指導しています。

また、学童の連絡帳で、親からの連絡を子どもの一人一人についてたしかめます。

●遊び

おやつの時間までは、自分がやりたい遊びで自由に遊んでいます。（泥だんごづくり、虫取り、ごっこ遊びなど）

おやつ終了後は、友だちといっしょに遊ぶようにし、集団での遊びの楽しさを知り、仲間意識を高め、遊びのルールも覚えていくようにしています。（鬼ごっこ、缶けり、けいどろ、大なわとび、ドッジボール、キックベースなど）

●おやつ

放課後のおやつは、子どもの栄養を補給し空腹を満たすだけでなく、子どもの心をも豊かにします。

学童保育所では、家庭の味“手づくり”を心がけ、おやつ当番が中心となって準備することで、自分たちが工夫をし、“つくりだすよろこび”を持てるように教えています。

ある学童保育所の手作りメニューは

春　よもぎを摘んで草だんご、フルーツポンチ、竹の子ごはん、ホットケーキ

夏　ゼリー、冷しきつねそうめん、なす入り田舎風まんじゅう

秋　大学芋（いも）、ポテトフライ、手打ちうどん、パンプキンまんじゅう
冬　パンづくり、ケーキづくり、スープ各種、洋風すいとん、じゃが芋焼き

●読書

月に１～２回、近くの市民センターの図書館分館へ行って、図書の団体貸出しを受けています。図書館へ行くことで、図書館内でのマナーや本の選び方を学ばせています。

学童で、おやつの後に“本の読みきかせ”の時間をもって、聞く訓練・物語のイメージを自分の頭に描いて、想像を豊かにできるように努めています。

“お話キャラバン”の方を学童に呼んで、お話を聞くこともあります。

●製作

月に一つほど、課題を決めて製作をし、工夫して作り上げることで“完成のよろこび”を知るようにしています。（ビュンビュンごま、お手玉、ペンダント、グニャグニャだこ、ちぎり絵、折り染めなど）

その他、夏休みには、地域の方より指導をうけて竹とんぼづくりなどに挑戦しています。

●畑仕事・小動物の飼育

学童によっては、一坪農園・畑をもって野菜の栽培をしている所もあります。

自分たちでくわやスコップを持って、自然との接触・自然への愛を知り、収穫のよろこびを味わっています。

また、チャボの飼育など小動物の飼育をとおして、子ども達のやさしさを育てています。

●掃除

自分たちが生活している学童保育所は、自分たちの手できれいにしていこうと、班ごと交代で掃除当番をおこなっています。ホーキの使い方、ぞうきんを洗いしぼることも、大切な学習です。

学童保育所の周囲の清掃にも心がけています。

●自然に親しむ野外活動

学童では、四季を通して自然を探して出かけるようにしています。野外活動では、特に生き生きとした子どもの姿を発見することができます。（ザリガニ・おたまじゃくし取り、野の花探し、草笛づくり、いなご取りなど）

●文化とのふれあい、身体づくり

学童まつりなど学童保育所での行事では、子ども達が自分達でつくった紙芝居や人形劇を上演することもよくあります。

また、年一回市内の全学童で文化行事（児童向け観劇会）を開催するなど、豊かな文化にふれあうよう努めています。

新一年生が、早く学童にも慣れて上級生とも力をあわせられるよう、市内の全学童で、ドッジボールをとり入れ、夏休みの終わりのドッジボール大会をめざして、どの子も自分の力を発揮できるように努めています。

■ある学童保育所の月別計画表

4月　〈新一年生を迎えての仲間づくり〉町の散歩、千駄堀遠足、こいのぼり絵製作
5月　母の日プレゼント製作、ハイキング
6月　〈室内遊びの工夫〉本土寺見学、ドッジボール大会、文化行事観劇
7月　〈親子合宿に向けて〉映画鑑賞、親子合宿（キャンプ）
8月　〈市内学童ドッジボール大会に向けて〉プール、折り染め製作、上野動物園、博物館見学、市内学童ドッジボール大会
9月　〈体をきたえ力をつける〉なし・ぶどう狩り、学童まつり
10月〈自然に親しもう〉いなごとり、ざりがにとり
11月〈戸外で楽しく〉子どもまつり、収穫祭、年賀ハガキ作り
12月〈全体遊びにみんなで入ろう〉クリスマス準備、ケーキ作り、クリスマス会、もちつき大会、大そうじ
1月　〈伝承遊びを工夫しよう〉こま大会、百人一首、たこ作り
2月　〈新しい友だちを迎える準備〉紙芝居作り、はり絵共同製作
3月　〈入退所式に向けて〉ひな祭り

（「松戸の学童ほいく」より・筆者編集による）

＊　＊　＊

放課後の子どもたちの作文「私の家族」

―大橋ありのみ学童保育所『文集 だあいすき』から―

□なわない

今日、子どもまつりで、さいしょになわないをしました。
赤いはちまきのおねえさんが、わらのかたほうをむすんでくれました。
足でふんでいるうちに、足がロボットのようになってしまいました。
つなげたとき、ふとくなってしまったので 「へんなの。」と思いました。
なわとびのなわは、すごくながくなりました。
とてもたのしかったです。　　（ありさ　2年）

□ゆかとさとみとおかあさんのこと

ゆかは、あさ、はやおきができます。でも、おねしょがでます。さとみは、たまにしかでません。だから、おかあさんは、いま、おねしょのほんで、おねしょのべんきょうをしています。

おかあさんは、あさ7じにおきます。でも、日ようびだけ、早くおきられません。

ゆかとさとみは、たまにしか、くつしたをはいたことがありません。だから、からだがじょうぶです。ゆかは、とても、はがじょうぶです。ほいくえんで、はのけんさのときも、はがよいですっていわれます。だから、いつも、きゅうりとか、たべるとき、ぽりぽりとか、かりかり、おとがします。　（ひろみ　1年）

□まあくんのこと

まあくんは、ぼくのいうことをききます。でも、きかないときも、あります。

ぼくが、おりがみでいろいろなものをつくっていると、「なにをつくっているの」と、ききます。ぼくのつくっているおりがみをほしがったりします。　（かずひろ　1年）

□おかあさんのこと

おかあさんは、いつものんびりしています。あさ、がくどうへいく土よう日の日に、おべんとうをつくっとかないで、わたしがおきてからつくりはじめます。それに、よるねるときに「ねむろう。」とおかあさんがいったのに、そのあと、ざぶとんでねてしまうのんびりおかあさんです。　（ゆき　1年）

□おかあさん

おかあさんは、いつもごはんのときぼくが、「おちゃ。」といったら、「はい。」といってわすれてしまいます。また「おちゃ。」といっても、「はい。」といって、でもまたわすれてしまいます。だからいつもじぶんでおちゃをくんできます。前から、おかあさんは、わすれっぽいです。そういうおかあさんのことをすきです。　（みつひろ　1年）

□おかあさんのこと

おかあさんは、いつも早くおきて、あさ7じ40ぷんに、めぐをおこします。そして、8じにうちをでていきます。そして、たかをほいくえんにつれていきます。

そして、おかあさんは、えきのラーメンやさんにいってはたらきます。

ゆうがたかえってきて、すこしねっころがって、それからごはんのしたくをします。

（めぐみ　1年）

□おとうさんとたけちゃんのこと

おとうさんが、あしをおって、いま、まつばづえでいます。あともうすこしでたいいんします。たけちゃんは、いま、おふろあらいをしています。きれいにあらわないと、おかあさんにおこられます。　（あつこ　1年）

□ちいたんのこと

ちいたんは、やることをやりなさいといっているのに、いつも、さきに本をよんで、さいごにあわてます。よる9じ20ぷんごろにねて、つぎの日のよるにべんきょうをさせられます。

（ただお　1年）

□おとうさんのこと

おとうさんは、いつも、ぼくをがくどうまで、むかえにきてくれる。帰ってから、ごはんができるまで、ぼくといっしょに、やきゅうのれんしゅうをする。ぼくが、だらけると、すぐおこるのは、すごくこわい。ほかの人じゃ、ないちゃうとおもう。（ひろと　2年）

□おかあさんと私

おかあさんは、さおちゃんがかぜをひくと、すぐ水まくらをつくって、ふとんをかけて、ねるよういをしてくれます。そしてすぐ、夜ごはんをつくるので、ほうちょうできる音がトントンして、私は、ふとんの中で、おどってしまいます。わたしは、立ってテレビをつけて、ねながらみていたら、おかあさんがテレビの前を歩いているので、みえませんでした。そして、かおちゃんがかえってくると、「おべんとうだして。」といつもいっています。
やさしいおかあさん、わたしは、大すきです。（さおり　2年）

□母のこと

いつも、おかあさんは、いそいでいます。ごはんのよういとせんたくがあるので、とてもいそいでいます。たまには、やすんでいいのになぁとおもいます。（ふみ　2年）

□家族のこと

おかあさんは、あさ6じ20ぷんぐらいにおきて、わたしと妹の朝ごはんをつくります。

だけど、おしごとに行かなくちゃいけないので、わたしと妹が、おきたりようふくをきがえたりするのがおそいと、すぐおこられます。でも、やさしいときもあります。おかあさんは、学どうへむかえにきて、うちにかえって、ごはんをつくったり、おふろをわかしたり、とてもたいへんです。おとうさんは、おしごとで、よるの10じごろかえってきます。

（かなこ　2年）

□家族のこと

おかあさんは、とてもどじです。手をつくえに、ぶつけたり、おふろがまだつめたいのに、はいってしまったりします。おかあさんのどじがうつって、わたしもどじです。おふろを2じかんもわかしてしまったりします。

でも、わたしのたいかくは、とてもおとうさんににています。だけど、こうへいだけは、だれにもにていなくて、びょういんでまちがえられたのかもしれないと、いっています

（まゆみ　3年）

□弟のこと

うちの弟の名前は「豪」といいます。私は弟のことを「豪ちゃん」とよんでいます。弟は、今、カレンダーを見て、数字を書いたり、自分が覚えたひらがなを書いたりするのにむちゅうです。あと、弟は、かわったことがすきです。

それは、私が、口びるにつけるリップクリームをつけていると、「豪ちゃんにもかして。」

といって、自分で、口びるよりもはみだして、たのしそうにつけています。

なので、お母さんは、「おかま。」といいます。でも、豪はしらんぷりをしています。私は、そういう弟をみていると、女の子だったらよかったんじゃないかなぁと思います。

（いちこ　4年）

3.5 女性と福祉—婦人相談所・婦人保護施設—

学習のねらい

なぜ売春防止法・DV 防止法の学習が必要なのか

2012 年度から、保育士養成学校の「児童福祉」の科目が「児童家庭福祉」に変更になるとともに、児童家庭福祉に関係する法律の一つに「売春防止法」が加えられた。今日、婦人相談所、婦人保護施設は売春防止法・DV 防止法の 2 つの法律に基づいて設置されているからである。

戦前・戦後の廃娼運動、売春防止法制定運動が実るのは戦後 11 年を経た 1956 年であった。この売春防止法の成立によって国内の多くの花街、「慰安街（いあんがい）」は消え、売春・買春は犯罪であることが明記された。

いのちと性

近年女性と性をめぐる事件が頻発する中で、1999 年児童買春、児童ポルノ禁止法、2000 年ストーカー規制法、2001 年 DV 防止法が制定されるに至った。けれども、性を商品化する風潮は、手を変え品を変えている。しばしば繰り返される生活保護の「水際作戦」などによって社会福祉のしくみからこぼれる人々の受け皿をここに作ってはならない。

■「女性と福祉」学生のノートから

1．次の用語、法律名を知っていましたか…

（都道府県立）婦人相談所	□知っていた	☑知らなかった
売春防止法	☑　〃	□　〃
ＤＶ防止法（ドメスティックバイオレンス）	☑　〃	□　〃
児童買春児童ポルノ禁止法	☑　〃	□　〃
花街・廓（くるわ）	☑　〃	□　〃
赤ちゃんポスト	☑　〃	□　〃

2．婦人相談員の記録、慈愛寮の記録について思ったこと…

保護を受けている人の中には、10 代の子がいるということに驚きを感じた。入所の理由は様々ではあるが、家庭環境、経済環境が影響していることが多いと感じた。私は初めはなぜ、このような施設があるのか分からなかったが、この記録を読んでいるとこのような施設は、女性、子どもを守っていく上でとても重要であると感じた。。

3．森光子「光明に芽ぐむ日」について思ったこと…

日本には、かつて生活のために娘を売り、売られた娘はとても辛い生活をしたという事実があるということを改めて実感した。この娘は辛い生活をしている中で、ほんの少しの希望を捨てずに死ぬ覚悟で脱出をしたということから、このような女性が少なくなかったということを感じた。日本にこのような事実があったことを忘れてはいけないと感じた。

婦人相談所

1．婦人保護事業の目的

「婦人保護事業」は、1956（昭和 31）年「売春防止法」に基づき要保護女子についてその転落の未然防止と保護更生を図ること及び配偶者からの暴力の防止及び被害者の保護に関する法律に基づき配偶者からの暴力の被害者である女性の保護を図ることを目的として、社会環境の浄化、配偶者からの暴力の防止等に関する啓発活動を行うとともに、要保護女性及び暴力被害女性の早期発見に努め、必要な相談、調査、判定、指導・援助、一時保護及び収容保護を行う。

上記の事業を実施するため、各都道府県に婦人相談所（婦人相談センター）が設置されていて、婦人相談員等所要のスタッフを配置するとともに、自立支援施設として婦人保護施設が設置されている。さらに、特別区やおもな市の福祉事務所またはこども家庭担当課に非常勤の婦人相談員が置かれていて相談にあたり、都道府県の婦人相談所と連携している。

2．婦人相談所

「婦人相談所」は、「売春防止法」（1956）に基づき要保護女子の保護更生を目的に設置されたが、2002（平成 14）年 4 月からは「配偶者からの暴力の防止及び被害者の保護に関する法律」（いわゆる「DV（ドメスティックバイオレンス）防止法」）に基づき配偶者暴力相談支援センターの機能を担うこととなり、婦人相談所の役割が DV 問題に関する意識啓発と被害者に対する相談、保護、自立支援へと大きく変化してきた。

婦人相談所は、婦人保護事業実施の中枢機関として、要保護女子の転落の未然防止と保護更生及び暴力被害女性の保護を円滑に推進するため、関係機関等との連絡協議体制を整備し、個々の事案について連絡協議する等により密接な連携を保っている。

女性が抱える問題全般にわたって幅広く相談を受け、警察、地方裁判所、家庭裁判所、福祉事務所、児童相談所、民生児童委員、保護司、人権擁護委員などの関係者と連携を図りながら問題の解決に当たっている。

全般的には、夫婦間や親族・その他の人間関係についての問題が多く、「配偶者からの暴力の防止及び被害者の保護に関する法律」の成立に伴い、配偶者からの暴力に関する相談が増えてきている。

●婦人相談所の業務

(1) 相談及び相談員や相談機関の紹介
(2) 医学的または心理学的な指導その他必要な指導
(3) 被害者の一時保護
(4) 自立生活のための就業の促進、住宅の確保、援護等に関する制度の利用等

の情報提供その他の援助

(5) 保護命令についての情報提供、助言、関係機関への連絡その他の援助

(6) 被害者を保護する施設の利用についての情報提供、助言、関係機関との連絡調整その他の援助

3．婦人保護事業の経路

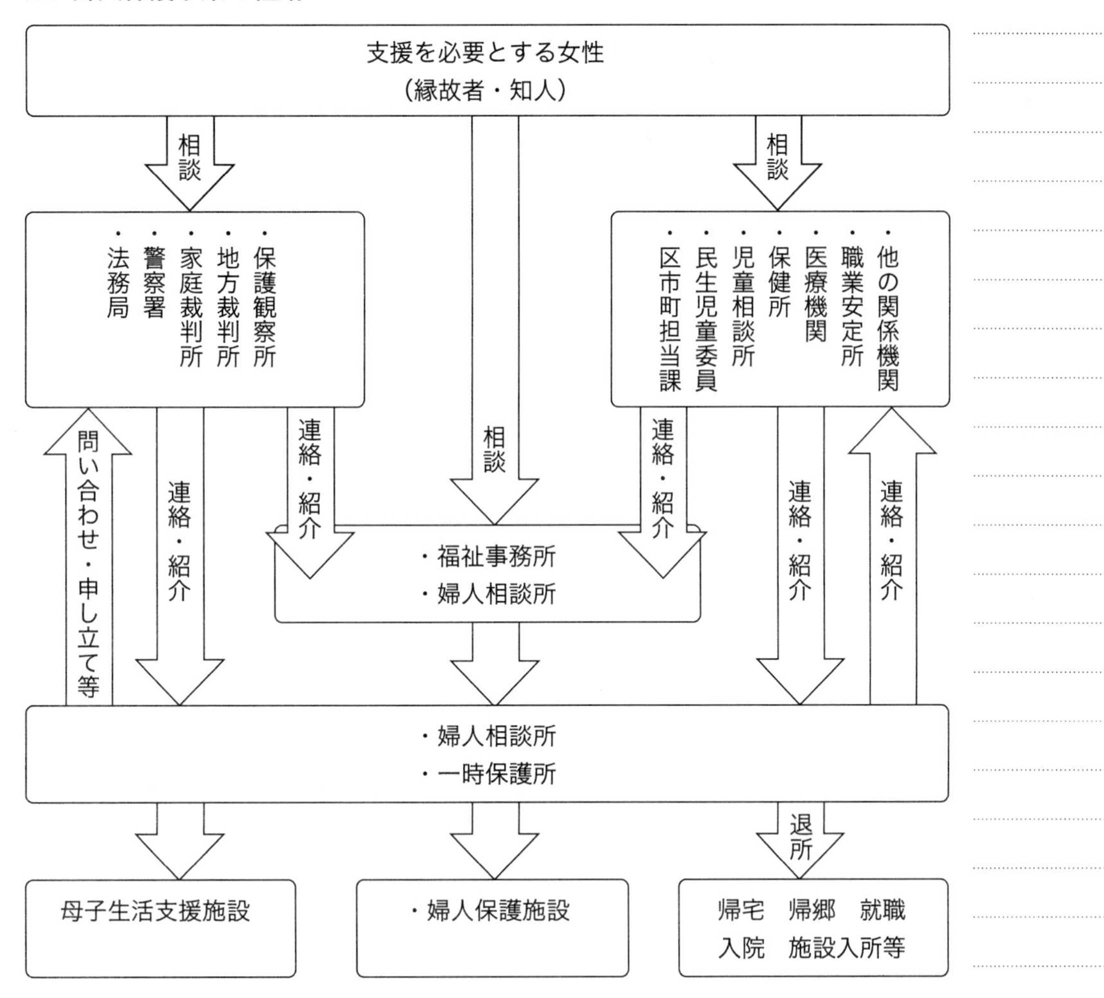

4．配偶者からの暴力の防止及び被害者の保護に関する法律

(DV 防止法　2001 年制定)

配偶者からの暴力に係る通報、相談、保護、自立支援等の体制を整備し、配偶者からの暴力の防止及び被害者の保護を図ることを目的とする法律であり、2001 年 10 月 13 日公布、施行（一部は翌年 4 月 1 日から)、保護命令の対象範囲の拡大等を中心とした改正法が 2004 年 12 月 2 日から施行された。「DV 防止法」と略称される。

配偶者暴力相談支援センターを中心とした DV の被害者の保護や自立支援態勢の確立、裁判所における保護命令手続をメインとしているが、要(かなめ)は、本法により新設された保護命令の制度である。

●保護命令　被害者は、加害者を遠ざけるために、裁判所に保護命令を申請することができる。被害者からの申し立てにより、裁判所が加害者に対して発する命令で、「接近禁止命令」と「退去命令」がある。保護命令に違反した者は、1年以下の懲役又は100万円以下の罰金に処せられる。

接近禁止命令　加害者に、被害者（被害者と同居している未成年の子についても可能）の身辺への付きまといなどを6ヵ月間禁止するもの。

退去命令　加害者に2ヵ月間住居からの退去を命ずるもの。

5．売春防止法（1956年制定）

売春防止法とは、売春を助長する行為等を処罰するとともに、性行又は環境に照らして売春を行うおそれのある女子に対する補導処分及び保護更生の措置を講ずることによって、売春の防止を図ることを目的とする法律である。同法は、売春が人としての尊厳を害し、性道徳に反し、社会の善良の風俗をみだすものであるという基本的視点に立脚している。

売春行為自体は刑事処分の対象としていない。同法が刑事処分の対象としているのは、

⑴　売春勧誘（同法5条1号）

⑵　売春の周旋（同法6条1項）

⑶　売春をさせる契約（同法10条1項）

⑷　売春をさせる業（同法12条。俗にいう「管理売春」は、これに含まれる。）

などの売春を「助長」する行為である。

6．児童買春、児童ポルノに係る行為等の処罰及び児童の保護等に関する法律

（児童買春、児童ポルノ禁止法）（1999年制定）

児童買春、児童ポルノ禁止法は、1999年「児童に対する性的虐待が児童の権利を著しく侵害することおよび児童の権利擁護の国際的動向を踏まえて児童買春、児童ポルノに係る行為等を処罰し、心身に有害な影響を受けた児童の保護等により児童の権利を擁護する」ことを目的に制定された。

児童買春、斡旋、勧誘、人身売買、児童ポルノの提供等の行為をした者（海外からの輸入、情報機器による場合を含む）を処罰するとともにそれらによって有害な影響を受けた児童を保護する。本法の対象児童は18歳未満で、行為者は年齢を知らない場合も処罰の対象となる。

《ある婦人相談員の記録から》

弱い立場の女性の転落未然防止について

婦人相談所に来た女性の事例から、どのような女性達が売春を行い、警察官に保護され婦人相談所に来ているのでしょうか。

ある若い女性が働いてキャリアウーマンになるという夢を持って田舎から都会に出てきました。手持ち金は10万円で、その手持ち金はアパートを借りるのが精一杯で、仕事を探しても月収10万円程度であり、家賃、ガス代、電気代を払うと、食べるのが精一杯です。そんな時、アパート側の電柱に「コンパニオン募集、一日1万円」、その女性は本当だろうかと半信半疑でその店を訪ねました。

店の経営者からは「誰にでもできる、何の心配もいらない」と説明され、金の必要が有れば貸してあげると優しい声を掛けられたものの、さすがにすぐに売春は出来ません。1週間考えて断りの電話を入れたところ、店の経営者がアパートに訪ねてきて、優しい言葉で熱心に本人を説得し、金を見せられてとうとう店にでることになったとのことです。

このような女性達の転落の背景には、両親との不和で家を飛び出した者、父が再婚し義母になじめず家を出て悪い男に騙され売られた者など、見せかけの優しさに騙され、一時のつもりで金儲けに走ったということです。

果たして一旦売春をした女性が更生できるのでしょうか。確かに更生は難しく、そう簡単にできるものではありません。

その難しい理由の一つに、いかなる理由で売春を始めたとしても、その女性が陥る危険なワナがあります。それは金銭感覚のズレ、マヒということです。それまで、ブラウス一枚買うのに正札を見、サイフの中味と相談して買っていたのが、値段をよく見ないでパッと買ったり、レストランで豪華な食事をしたり、金遣いが荒くなってきます。売春は自分の心を偽り、自己の感情を殺さなければできないわけですからストレスは大きくそのストレスを解消するために贅沢な食事をしたり、高価なものを身につけるということもあるのです。

このように一旦身についた贅沢、金遣いの荒さを修正することは非常に困難です。

さらに難しい理由の一つに、表向きは金儲けができて派手な生活をしている女性をそれらのプロの男性たちが放っておくはずがありません。大半の事例でその結果は儲けのすべてが吸い取られると言うことです。

売買春は、得る側の女性だけでなく、買う側の男性がいるから成り立っていることをしっかり胸にとめておいてもらいたいと願います。また「出会い系」サイトを含めてしばしば事件にまきこまれることも若い女性に知っておいてほしいと思います。

売買春は人権に関わる問題で、人間の品位に関わる問題です。さらには東南アジアでの買春等、国の品位に関わる問題として真剣に考えていかなければならないと思います。

私たちは一人でも多くの女性たちが安易にあるいは騙されて売春に走らないようにこれからの情報をきちんと伝え未然防止に努めていきたいと思っています。

婦人保護施設

「売春防止法」第 36 条

都道府県は、要保護女子を収容保護するための施設を設置することができる。

「配偶者からの暴力の防止及び被害者の保護に関する法律」第 5 条

〔通称・DV（ドメスティックバイオレンス）防止法〕

都道府県は、婦人保護施設において被害者の保護を行うことができる。

●概要

婦人保護施設は、「売春防止法」（1956 年制定）第 36 条による要保護女性の転落の未然防止と保護更生を図るための施設であるが、今日では独立して自立生活をすることが困難な女性の入所施設となっている。さらに、「DV 防止法」（2001 年制定）第 5 条による暴力被害者である女性の保護を図る施設とも位置づけられている。2020 年現在施設数 47 カ所、職員構成は施設長、生活支援員等である。

建物は通常居室のほか相談室、教養娯楽室、食堂、調理室、浴室等が設置されている。

●入所

転落の未然防止のため警察官が保護した女性や、夫や男の暴力等から逃げるなどで各福祉事務所、配偶者暴力相談支援センターに相談した女性が、各都道府県に設置されている「婦人相談所」（婦人相談センター）を経由して入所する。父親やきょうだい、子どもからの暴力を受ける場合もある。各都道府県とも婦人相談所あるいは婦人保健施設に一時保護施設を併設し、即日入所の一時保護も実施している。一時保護の期間はおおむね 2 週間であり、その後は「婦人保護施設」に入所するか他の関係機関の施策に移る。

子どもについても「同伴児」として入所できる。東京新宿「慈愛寮」等の婦人保護施設は、妊娠し出産の環境が整っていない女性がさまざまな危険を避けて出産、育児する駆け込み寺となっている。（出産前後 2 ヵ月を対象としている）

一時保護施設及び婦人保護施設入所期間は衣食その他日常生活で必要な費用は売春防止法によるが、治療が必要な時の医療費については入所前居住の福祉事務所に申請し生活保護医療扶助を受給する。

●生活支援

婦人保護施設の生活支援員は、入所した女性が抱える問題全般にわたって幅広く相談を受け、婦人相談所、配偶者暴力相談支援センター、福祉事務所などの関係者と連携を図りながら、問題の解決にあたる必要がある。

(1)　配偶者からの暴力だけでなく夫婦間や親・親族との人間関係について問題を抱えている

ことが多く、そのことで家を出たがそれらを打ち明ける人がいなかった場合が多い。聞き役に徹して、不安な思いを聞くことが手がかりの一歩になる。

⑵ 疾病および機能障害の有無、診療の要否について、婦人相談所ないしは入所してからの健康診断により把握し本人に伝えておく。性病等は治療を促すとともに、集団生活における配慮が必要である。

⑶ 男性観について、恐怖感や依存心がトラウマとなっている場合も少なくない。高利金融等、弱い女性に用意されている社会の落とし穴について正しく伝えるとともに、「自分の 10 年後を見つめる」ことから自立することの大切さをアドバイスする。

⑷ 社会生活上の諸手続き（年金、健康保険等）について、本人に同行するなどして一つずつ解決していく。精神あるいは知的障害の手帳及び施策の対象であることも多い。

⑸ 一時保護の場合でその後居宅生活となる場合、夫等の接近禁止の「保護命令」を地方裁判所に申し立てて命じてもらうことが必要な場合がある。婦人相談員とともに手続きをアドバイスする。

⑹ 施設では日中作業を行っている場合が多いが、作業とともに退所後の就職につながる技術の習得の機会をつくることが望まれる。

⑺ 退所して自立生活を始めるにあたっては、公営住宅の確保や生活保護の受給、医療の継続のための医療機関の紹介、婦人相談員や地元の民生児童委員の協力を得ることなどについてアドバイスが必要である。同伴の子どもについて、保育所入所等の手続きについても同様にアドバイスする。

●ステップハウス

近年「一時保護施設」「婦人保護施設」以外にも、各地で女性たちの手による任意の NPO 法人による女性の「休憩所」「グループホーム」が作られている。DV 被害者等が一時保護の期間の枠を超えて入居し、長年の暴力を受けたことからくる様々な困難を癒し、自立生活を目指すために作られているものである。

《婦人保護施設からの報告》

慈愛寮からみた婦人保護事業

●現況

- 年齢層は、10代13名（このうち15歳2名）、20代37名、30代13名、40代1名
- 外国人女性は韓国2名、中国1名、タイ国2名、フィリピン2名

●辿（たど）りつくまで

- 一緒になれると思っていた人が、女性の妊娠を知ると出て行った。あるいは、その人に追い出された。
- 中絶せねばと思っても費用がなかった。
- 頼れる実家ではない。どうしても親には言えない。
- 働けないので貯金を使い果たすと、ビジネスホテル、又はアパートで、じっと途方にくれていた。
- 食べるものもなく、カッパえびせんで数日過ごしていた。
- 陣痛が来るまで働いて、とび込み出産。
  退院する所がない。病院のケースワーカー等を通して福祉事務所に。
- 近所の人が福祉事務所に行くことをすすめた。
- アパートの人が「出産していったらしい」と通報。トイレ出産で救急車で病院経由。

以上のような経緯で、多くはギリギリになって福祉事務所経由で入寮してきた。

中学3年生。レイプで妊娠した彼女も、ここで出産して復学した。母親と同居で妊娠8、9ヵ月まで母親が気づかなかったもの6件と非常に多いのに驚く。

64組の中には家庭的に恵まれない、崩壊家庭で成育したものも多いが、親と同居で普通の中産階級の子女もいる。この場合、親との関係が、よくないもの等である。

また、夜の仕事をして沢山稼いでいたと豪語するものでも入所時の所持金は僅かで、ほとんどが1万円に満たない。

●入寮してから

お腹の子の父は解らない。或は責任を取らないと言う場合が大多数で（責任を持つなら福祉の援助は無用？）、他に頼る人もなく経済的自立も出来ない状態で“この子を養育して行けるかどうか？”と不安は大きい。“無理ではないだろうか。あぁどうしよう”と涙ながらに入寮してくる。

しかし、ここでは、年齢も境遇も“私”と同じようだし現在おかれている状態も同じ女性たちが、その子をかわいがって育てている。また、職員の先生たちの暖かく見守る姿に接したとき、“私”もできるのではないか。「福祉の援助を受けられるなら私も出来そうだわ」と次第に

心が和んで来る。

また、子をお腹にかかえて経済的苦境にあるものも、衣食住が安定してくると人間性を取り戻し、自然に力が湧いて来る。共同の生活、規則の中の生活は、辛いこともあろうが、指導員、看護婦、栄養士の指導を受けながら、育児法等を身につけていく。

平均3、4ヵ月在寮の後、1/3近くは母子生活支援施設や母子アパートに入居し、約半数は帰宅、その他帰郷と退寮が決まっていく。

●巣立つとき

母親になった61名の退寮生の中、退寮時母子分離せざるを得なかったのは8名（10代は1名、中学3年生のみ）であった。また、12名の10代の母親が巣立っていった。

しかし、17歳の彼女が「この子を育てます」と言って母子寮に行ったが、行く手はどんなに多難であろうか。想像以上ではなかろうか。余程、手厚い援助がなければ不可能といってもよいであろう。初めて自分の赤児を1人で扱うということは、その道のプロでも戸惑うものである。精神的支えが必要な時であり、また乳呑児をかかえては充分生活のためには働けない。身内もいない。

せっかく慈愛寮で母性愛がめざめて“この子は自分の手で育てる”と頑張っても、現実の厳しさには勝てないで、その子を置きざりにしたまま母子生活支援施設を出てしまったり、ついに母子分離になることを聞くのは辛いことである。しかし、10代母子でも乳児の時は生活保護を受給し、そして漸次減給し、保育園も確保し、パート勤務で何人かは頑張り続けている。

●アフターケア

上述の如く、私たちの仕事は退寮してからが勝負である。目下の職員数では、とても退寮後のことまで手を延ばせない。しかし、手紙や電話で連絡してくるもの、日曜祭日は子を連れ立って訪ねてくるもの、また相談に来るものがいる。婦人保護事業に退所者自立生活援助事業費予算が計上されたことは喜ばしい。新しい気持ちで取り組んでゆきたい。

●生む性

生むときは、最大の力が授かり、喜びの発露のときであるが、この性はこの時、社会的には、もっとも弱く生活力のないものにならざるを得ない。とにかく新しい生命のために充分に援助の手を差しのべなければ、とり返しのつかないことになってしまう。次の世代を担うこの子どもらは、安定した胎児期、新生児期を過ごさせなければ悲劇はまた繰返されることになる。

保育・福祉に携わる方々に、是非こういう女性の実態—性の悲劇—を知ってほしい。親にも言えず一人悩んでいる人が助けを求めて来た時、その事情を察してあげてほしい。そして彼女たちに必要な情報が届くよう一層の努力をお願いしたい。

特に婦人保護事業の最前線で働く支援員が充分に活躍ができるよう支援員の増員と立場の確立を望むこと切である。施設側としても、このめまぐるしく変わる社会の中にあって、共々に重責を担ってゆきたい。

（慈愛寮：東京都新宿区百人町　柿澤路得子〈執筆時寮長〉）

■《事例》

1．Aさんのこと

17歳で退寮したAさんは生後4ヵ月の乳児と共に母子生活支援施設に移って2年以上になるが、そこでは、未だ児童福祉法適応年齢なのだからと、職員会で「児童福祉法の中でAさんを護る方針」を定め、就労援助も18歳まで棚上げし、本人の希望もあり基礎学力の獲得（小中学生の勉強）を行い、同時に自己認識に関わる援助等を続けた結果、すっかり落着きをみせ、最近逢ったがその変容に驚いた。きめ細かい、的確な処遇には深く敬意を表するものである。

2．Bさんのこと

34歳で、上の長男は児童養護施設。本人は韓国籍で、日本人の夫は10年近く前に死亡。入寮時「誰の子かわからないのだから、出産と同時に養子に出したい」と、国際養子縁組「I.SS」の方もいらして手続きを始めようとしていた。「養子に出すのは精神的な理由？それとも経済的な理由？」との問いに「そうですね。両方ですね」と涼しい顔して答えていた。

しかし、出産後、支援員も職員も、それとなく励ましている中に「私が育てます」と言い出した。その変化の理由はいろいろあると思うが、やはり“福祉が自立するまでは助けてくれそうだ。もう落ち着いて自分の人生を歩まねば”と感じはじめた。今までと違う生き方が出来ると自信が湧いてきたのか明るい表情に変わってきた。

■（資料）入所時の状況

ある年度の入所者69名（4月1日現在の入所者に年度中の新規入所者を加えた数）、赤ちゃんは63名。妊婦（妊娠期からの入所）44名、産婦25名。年代別には10代親の妊産婦が多く、15名の入所者であったことが年度の特徴の一つである。

全体的には20代が多く4割を占めていた。平均年齢は26.6歳。

入所理由は経済困難が利用者の9割強、次いで育児習得が6割、何らかの病気や障害（または障害の疑い）を持つ場合がそれぞれ4割、生活困難が3割だった。ほとんどが入所理由を複合的に抱えており、当所で分類している入所理由20項目の内、一人平均4つ程度の入所理由を持っていた。平均在所期間は79.3日だが、暴力被害などの理由で広域受け入れ可能な施設探しや、退所後の生活イメージづくり等の練習のために6ヵ月近く入所していたケースもあった。

※入所時の年齢	
～18歳未満	2
～20歳未満	13
～22歳	10
～25歳	9
～30歳未満	11
～35歳	13
～40歳未満	8
40歳～	3
（合計69）	

※在所期間	
～1ヵ月	13
～2ヵ月	14
～3ヵ月	16
～4ヵ月	12
～5ヵ月	8
～6ヵ月	6
（合計69）	

※入所理由（複数記入可）			
居所無	65	夫（内夫）の暴力	16
生活困難	22	売春防止法5条違反	2
経済困難	62	売春強要	2
ホームレス	2	犯罪被害	2
退院	11	育児習得	44
借金・サラ金	5	母子分離検討	9
アルコール	1	家庭事情（世間体、家族関係不和など）	15
薬物	2	その他	1
精神疾患	10		
知的障害	7		
知的・発達障害の疑い	11		
身体障害	0		

文献研究

森光子「光明に芽ぐむ日」から
—紀田順一郎『東京の下層社会』から—

いよいよ初見世の当日。彼女は窮屈な花魁（おいらん）の衣装を身にまとって張店にでる。どうか客がこないようにと祈る甲斐もなく花魁部屋へ呼び出される。刑場へ引き出される囚人のように放心して客の前に座った彼女は、耐えきれずに泣き出してしまうが、その客から、「決して悪い事はしないから安心しなさい。だが、そう泣いてばかりいたって仕方がないじゃないか。もう金は借りているし、帰れはしない。帰れば警察に訴えられて、監獄へ入れられるし、死ねば、その金は又お母さんの方へかかって、もっと酷い目に会うから、早まったことはできませんよ」などとお為ごかしに慰められ、安心したところを襲われてしまう。

彼女は一週間苦しみ抜き、何度も遺書をしたためたが、同時に自分を欺いた周旋人や楼主、操（みさお）を奪った男に対する憎しみが猛然と湧き上がってくるのを覚え、どんなに苦しくとも生き抜くことによって、彼らに復讐しようと決意した。

もう泣くまい。悲しむまい。
自分の仕事をなし得るのは自分を殺す所より生まれる。妾（わらわ）は再生した。
花魁春駒として、楼主（ろうしゅ）と、婆（ばばあ）と、男に接しよう。
幾年後に於て、春駒が、どんな形によつてそれ等の人に復讐を企てるか。
復讐の第一歩として、人知れず日記を書かう。
それは今の慰めの唯一であると共に、又彼等への復讐の宣言である。
妾の友の、師の、神の、日記よ！
妾はあなたと清く高く生きよう！

極限状況のなかで、日記をつけることのみが自己の人間性を保つ道であることを、彼女は発見した。このようにいえば型通りになってしまうが、プライバシーに乏しい環境下で、しかも文章を書くという行為の困難性は想像以上のものがあったろう。第一、このような復讐の決意などを盗み読みされたら最後、生命の危険さえ覚悟しなければなるまい。（略） このように決死の思いでつけられた日記の中で、最も頻繁に出てくるのは搾取システムの実態である。もともと彼女は三百円の借金で首が回らない実家を救おうと、千三百五十円で身を売ったのであるが、十分余裕ができると期待したのも束の間、周旋人（あっせんにん）に二百五十円も取られ、さらに借金を返してしまうと、家には差引八百円しか入らなかった。

光子が娼妓になって間もなく、一人の朋輩が逃亡した。それは彼女の心に「ある大きなもの」を残したが、みずから逃亡を考えるまでにはいたらなかった。数ヵ月後、馴染み客の一人から救世軍の廃娼運動について教えられたとき「希望を持つ事の出来たのは今日が初めてだ」と心の昴ぶりを記している。おそらく、このときから彼女は慎重に計画を練ったに相違ない。

日記の最後の部分は「脱出記」として、大正十四年の、おそらくは秋の一日、彼女がついに逃亡を決行するにいたった経緯を記している。それは再発した性病治療の最終日であった。この日を逃すと外出の口実がなくなる。

宵からの雨が少しやんだ。寝ている客を帰し、苦楽を共にした朋輩に心のなかで別れを告げると、彼女は下駄を突っかけて飛び出した。桜の北の裏口から出ようとしたが、いつもとちがって固く鍵がかかっているではないか。駄目だ、やっぱり自分はここで死ぬように運命づけられているのか……。いったんは絶望しかけるが、死を賭した行動であることを思い起こし、あちこち探し回ったあげく、やっと人の出入りができそうな個所を見つけることができた。

ところが、外へ出ると車夫が二、三人、こちらをじっと見つめているではないか。咄嗟の機転で、朋輩といっしょに医者へ行きたいので迎えにいってくれと頼む。車夫が訝しげに立去るや否や、彼女は袂から帯上げを取り出して伊達巻を隠し、電車道（馬道）へと駆け出した。生憎、電車は出たばかり。角の巡査がジロジロこちらを見ているようだ。うろたえそうな気持を、必死に瀬戸物屋の十銭均一の品に集中させようとする。

ようやく来た電車に飛び乗り、菊屋橋で降りる。さて上野行の電車の乗場がわからない。交番の巡査がこちらを見ている。引きこまれるように近寄って「上野行の電車は何処で乗るんでしょうか？」と訊ねると、丁寧に教えてはくれたが「君は何処から来たね。何処へ行く？」などと質問される。

駄目だ！一時は気が遠くなりかけたが、意外にも落ち着いた声で「浅草田町から目白へ行きます」という答が口をついて出る。その巡査は、彼女が電車に乗ってからも、じっと見ていた。職業柄、廓の女性ではないかと思ったのだろう。

上野から省線電車で新橋へ出、一度は逆方向の電車に乗ってしまうが、引き返して目白で降りた。駅から俥でと思ったが、あとで追手に喋られるかもしれないと、歩くことにした。当時白蓮は豊島区目白町 3-365 に住んでいたので、光子は駅から僅々三、四百メートルを歩いたに過ぎないようだが、その間に胸中の不安を示すようなどす黒い雨雲が空いっぱいにひろがる。白蓮にもし断られたら、どうしよう……。一面識もない賤しい自分を受け入れてくれるだろうか。怖れが失望に変わりかけた。

ようやく探しあてた邸に「宮崎」の表札を見いだしたときの感動をもって、彼女の日記は終わっている。

お！

奥様！

お助け下さいませ！

自分は急に泣きだしてしまつていた。御邸(おやしき)を拝見しただけで、感激の涙がとめどなく落ちてくる。

御許しも得ない先から、有難さに身をふるはした。

「お助け下さいまし！」妾の両手はいつか固く固くむすばれて拝んでいた。

険悪な模様の空からは、大きな雨つぶが落ちて来た。

（紀田順一郎『東京の下層社会』）

（注） 戦前・戦後の廃娼運動については、「婦人保護施設の始まり」（6頁）を参照されたい。

「光明に芽ぐむ日」で光子が援助を求める白蓮（宮崎邸）は、2014年上半期NHK朝の連続ドラマ「花子とアン」に登場した「葉山蓮子」のモデル柳原白蓮である。

《ある婦人相談員の記録から》、《婦人保護施設からの報告》は婦人保護研究会『現代かけこみ寺考』より、筆者編集による。

第4部
福祉と教育
―子どもの貧困―

4.1 子どもの貧困、貧困の連鎖と学習支援

学習のねらい

子どもの貧困率

「子どもの貧困率は、平均的な所得の半分を下回る世帯に暮らす18歳未満の子どもの割合。厚生労働省が3年ごとに国民生活基礎調査で公表している。2003年の13.7%から、2006年には14.2%、2009年は15.7%、2012年は16.3%と増え続けており、ほぼ6人に1人が貧困状態。ひとり親世帯の貧困率は50.8%（2010年）で、OECD（経済協力開発機構）加盟国34カ国の中で最悪となっている。」2014.12.14付「四国新聞」

わが国の大学進学率は50%台で長期にわたって上昇していず、大学生の40%が奨学金を借りる深刻な状態である。

貧困の連鎖を防ぐために

生活保護世帯の児童の高校進学率は、高校就学費生業扶助が支給されるようになったにもかかわらず一般の高校進学率である98～99%になっておらず、いまだに90%前後に留まり、この部分を一般に近づけなければ貧困の連鎖が生じることは目にみえている。

2013年6月「子どもの貧困対策推進法」が制定され、その政策大綱が2014年8月に閣議決定された。その主なものは、子どもの貧困率の把握と生活保護世帯の高校進学率の把握であり、国および都道府県と市町村がこれらの数字を把握することで、学習支援などの必要な対策を行うことが求められている。

■「貧困の連鎖と学習支援」学生のノートから

（きょうの授業の前にご記入ください　記入後変えないこと　評価対象外）

1．高校の教育は絶対に受けるべきだ　☑そう思う　□そうは思わない

2．家庭の事情があれば高校へ進学できなくてもしかたがない　□そう思う　☑そうは思わない

3．「勉強がきらい」な子は中学卒業後早く手に職をつけるべきだ　□そう思う　☑そうは思わない

1．「ひとりで生きる18の宿命」を読んで思ったこと…

私はこの記事を読んで、児童養護施設の子どもたちは、大学に行き勉強をするためには、自分でお金を貯めて、自力で入学するしかないということに驚きを感じた。しかし、ミカさんは、厳しい環境の中でも様々な工夫をして、自立し、自分が施設に住んでいることを隠そうとしたりもせずに、どうどうと生活をしていてすばらしいと感じた。

2．学力不振、不登校、非行の子どもたちが中学生勉強会に通ってくるのはなぜか…

社会の中で働いていくために、このように十分な教育を受けることができなかった子どもたちが、もう一度勉強をやり直し、社会の一員になろうという意識をもつようになったからであると考える。

3．国はなぜ児童養護施設、生活保護世帯の子どもの高校就学費、学習支援費を支給するようになったのか…

どのような家庭状況であっても、子どもたちに勉強をする機会をあたえることによって一人でも多くの子どもたちが、しっかりと勉強をし、社会の中で自立して生きていくことができるようにするため。

4．その他きょうの授業をとおして思ったこと気づいたこと…

様々な環境によって十分な教育を受けることができない子どもたちに勉強をする機会をつくることはすばらしいことであると感じた。各地域で様々な取り組みがあることが分かった。

「子どもの貧困」を防ぐために求められること

1.「子どもの貧困対策推進法」の成立

2013年6月26日、「子どもの貧困対策の推進に関する法律」（以下「子どもの貧困対策推進法」と表記する）が公布された。議員立法によるもので、衆議院、参議院とも全会一致で成立した。

第一条（目的） 子どもの将来がその生まれ育った環境によって左右されることのないよう、貧困の状況にある子どもが健やかに育成される環境を整備するとともに、教育の機会均等を図るため、子どもの貧困対策に関して、基本理念を定め、国等の責務を明らかにし、及び子どもの貧困対策の基本となる事項を定めることにより、子どもの貧困対策を総合的に推進することを目的とする。

第二条（基本理念） 子どもの貧困対策は、子ども等に対する教育の支援、生活の支援、就労の支援、経済的支援等の施策を、子どもの将来がその生まれ育った環境によって、左右されることのない社会を実現することを旨として講じることにより、推進されなければならない。

2 子どもの貧困対策は、国および地方公共団体の関係機関相互の密接な連携の下に、関連分野における総合的な取り組みとして行わなければならない。

第八条 政府は子どもの貧困対策を総合的に推進するため、子どもの貧困対策に関する大綱を定めなければならない。

一 子どもの貧困対策に関する基本的な方針
二 子どもの貧困率、生活保護世帯に属する子どもの高等学校等進学率等子どもの貧困に関する指標及び当該指標の改善に向けた施策
三 教育の支援、生活の支援、保護者に対する就労の支援、経済的支援その他の子どもの貧困対策に関する事項
四 子どもの貧困に関する調査及び研究に関する事項

「子どもの貧困率、生活保護世帯に属する子どもの高等学校等進学率等子どもの貧困に関する指標及び当該指標の改善に向けた施策」が大綱の内容として具体的に書かれ、大綱の作成を拘束することとなった。大綱は2014年8月29日閣議決定された。

以下に、ここに至る経過をまとめておきたい。

2.「子どもの貧困」と「貧困の連鎖」

筆者は、江戸川区東部地域各中学校における学力不振・不登校・非行児童に対する福祉事務

所の取り組みを様々な機会に報告してきた。30年前にさかのぼるが、区内東部地域を担当し、子どもの貧困状態に愕然とした。各中学校において学力不振・不登校・非行児童が一定数になっており、それらの多くが中学卒業後「高校に進学も就職もしない、できない」状態で「無職少年」となり、地域の荒廃を生み、生活保護世帯を再生産する結果になっていることを、職場、地域の関係者に明らかにし、次のような取り組みを行い、数年後、中学校や地域の荒廃はほぼ食い止められた。

⑴ 生活保護世帯の児童、母子父子世帯等低所得世帯の中学生とその親に、就学資金貸付等高校就学の方法をケースワーカーが直接家庭訪問時等に口頭で情報として知らせる。学力不振とならないよう小学生の親にも同様に伝える。

⑵ 地域の高校進学率が全国平均と比較して著しく低く地域荒廃の原因になっていることを、行政担当者、地域の民生児童委員等が理解するよう、民生委員協議会等の会合で知らせていく。

⑶ 中学3年秋の進路に関する三者面接で不進学となった児童の中学校を個別に訪ねて、校長等に生活保護世帯等に高校就学の方法が有ることを伝える。

⑷ 以上によりさらに残った高校不進学者について、福祉事務所で夜間に中学生勉強会を開く。講師はケースワーカーがボランティアで行う。

すでに40年前から県全体の高校進学率が98～99%となり全国一を続けている富山県では、女性の就労率が高く、生活保護率も全国最低となっている。

一方、この間、高校不進学者が多く残されてきた都市においては、高校進学も就職もできない16～17歳の無職少年層が形成され、しばしば犯罪の温床になるとともに、就職できたとしても不安定な場合が多く長続きせず、家庭崩壊等により生活保護世帯になっていくという貧困の連鎖、貧困の世代間継承、貧困の再生産になる事例が少なくなかった。

江戸川区の福祉事務所ではケースワーカーたちが、中学3年の三者面談時に高校不進学の意向の子らを夜の役所に集めて「中学生勉強会」を開いてすでに28年になるが、学力不振、不登校、非行のまっただ中にいて、教師に聞かれた時は「勉強は嫌いだ」「進学はしない」と告げるこれらの子どものほとんどが、この勉強会を知った日から夜の勉強会に通って、高校進学に希望を見つけつづけているのである。それは、学力不振のまま社会に出ることへの彼らの不安がいかに大きなものであるかを表している。九九ができない、ABCが読めない不安は、実際は若干の援助で容易に解決できることをこの勉強会は長期にわたって証明してきている。

この勉強会は学生ボランティアの参加も得て続けられ、現在は区内葛西・小岩の2ヵ所で続けられている。27年間で600名を超える高校進学を諦めていた学力不振・不登校・非行等の問題を抱えていた中学生が、基礎的な学力を学びなおして高校に進学している。この取り組みは、1987年3月、東京都の「生活保護世帯児童高校入学準備金」制度となったが、1989年4月、国の「児童養護施設の児童の高校就学奨励通知」に反映され、さらに、2004年社会保障審議会生活保護のあり方に関する専門委員会の検討を経て国は2005年4月生活保護世帯「高校就学費生業扶助」を支給することとなって反映された。

筆者は、2009年の秋から、千葉県八千代市の中学生勉強会「若者ゼミナール」立ち上げに参加し、学習支援を続けている。

3.「貧困の連鎖」と「学習支援」

それではなぜ国の制度として生活保護世帯の高校生に高校就学費が支給され、小・中学生の教育扶助を含めて学習支援費が支給され、学習支援の場が作られるようになったか。

生活保護世帯・母子父子世帯等生活困難家庭の子どもの高校就学が世帯全体の自立に果たす効果は、決定的に大きい。生活保護世帯の場合、子どもが高校卒業後の就職によって世帯の生活保護が廃止になる場合も多い。

一方で高校不進学の場合は、それらの子どもの多くが途中でその世帯から離れ、世帯の生活苦はその後も続いていく。そうしたことは弟妹にも影響し、さらに家庭が崩壊していく場合が多い。「底辺校とされる高校でも、進学することで本人と家族の生活が再建できる」

したがって、子どもが貧困の連鎖・再生産を繰り返さないことだけでなく、世帯全体の社会的自立の観点からもこれらの子どもへの高校就学援助の徹底が求められてきた。

江戸川福祉事務所ケースワーカーの取り組みから30年、中学生勉強会の発足から27年を経て、今日、生活保護世帯の児童の高校就学費支給、学習支援費支給が実施されるとともに、直接的な学習支援を行うことが貧困の連鎖を防止する方策となることから、生活保護世帯の増加を防ぐ「生活保護自立支援プログラム」の課題の一つとして位置づけられた。

これらの経過について、2010年10月11日付「朝日新聞」では、「生活保護世帯へ進学支援」の解説記事が掲載された。

> 「貧困の連鎖」に関心が高まったきっかけは、堺市健康福祉局の道中隆理事が07年に公表した調査結果だ。生活保護を受ける世帯主の25％は、自ら育った家庭も生活保護世帯だった。この「世代間継承」は母子世帯では4割に達した。生活保護世帯の学歴は中卒および高校中退が73％を占めた。国も進学支援に腰を上げた。09年、参考書代などに使える学習支援費を生活保護に上乗せ。加えて自治体が進学支援に取り組んだ場合の国の補助率を10割に引き上げた。

この時点ですでに国の補助の対象になっている千葉県八千代市等学習支援を行っている自治体の一覧も掲載されている。

2010年12月1日付「毎日新聞」にも同様の解説記事が掲載された。

直前の2010年7月20日付「東京新聞」では、「貧困再生産断ち切れ・江戸川、子の進学へ「中

三生勉強会」」として、

> （生活保護世帯が急増する中で）受給世帯の子の自立を図る、長期的な取り組みもある。東京都江戸川区のＣＷが 1987 年に始めた「中三生勉強会」は釧路市や東京都大田区、杉並区でも行われている。江戸川区では……　**（注）** ＣＷ：ケースワーカーのこと

と、勉強会の様子が紹介されている。横浜市各区や埼玉県・さいたま市はこの時期から学習支援をスタートさせた。その後多くの政令指定都市において学習支援が取り組まれている。なお、2014 年度埼玉県は学習支援の予算を 4 億円組んでいる。

厚生労働省は、2011 年 6 月に「生活支援戦略」を公表しているが、その中で生活保護世帯の増加の中で「生活困窮者の経済的困窮と社会的孤立からの脱却と親から子への『貧困の連鎖』の防止」を基本目標の位置に掲げ、「幼年期・学齢期における取り組みにより『貧困の連鎖』を防止」の具体的施策を各自治体に求めている。

関係資料では、「学歴が貧困率に与える影響」として、「平成 22 年国民生活基礎調査」の集計において、「学歴別、年齢層別貧困率でみると、特に若年層においては『中卒（高校中退を含む)』の貧困リスクが非常に高い」「学歴プレミアムは貧困リスクの差という形で一生つきまとう」、また「中卒女子の 30 歳代での貧困率は 40%、中卒男子の場合は 25%以上で、高卒は男女とも 15%、大卒は男女とも 5%に比して、著しく高い。」としている。この指摘は、筆者も研究員として行った「八千代市における生活保護母子世帯調査」の結果と、全く一致している。

こうした実態がようやく国においても把握されて、貧困の連鎖の防止には学習支援が必要となったもので、筆者の現場レポートから 20 年が経過し、その間に貧困の連鎖が江戸川区・足立区等東京の下町から、非正規雇用の増加による二極化、生活格差の拡大の中で全国に拡大し、就学援助対象世帯の増加および生活保護世帯の増加となったことに関係者がようやく気づいたことになる。

さらに、2012 年度より、国は、母子及び寡婦福祉法の実施において「学習ボランティア事業」を新設し、ひとり親家庭に大学生などのボランティアを派遣し、児童等の学習支援や進学相談に応じることになった。この事業は、受諾したＮＰＯ法人等がコーディネートを行い、地域の施設または自宅にボランティアを派遣する仕組みで、児童等の学習を支援する経費を補助するものとなった。

「子どもの貧困対策推進法」と合わせて成立した「生活困窮者自立支援法」にもこれらの経過が反映されている。

国と自治体は、子どもの貧困率、生活保護世帯に属する子どもの高等学校等進学率等子どもの貧困に関する指標及び当該指標の改善に向けた具体的な施策の実施が求められる。各自治体

では、自治体ごとの高校進学率と自治体における生活保護受給世帯の子どもの高校進学率を調べ、高校進学率を高めるための施策を実施し、国に報告しなければならない。

貧困の連鎖は、このことを徹底することによってのみ防げる。

4．子どもの貧困を防ぐために求められること

「子どもの貧困対策の推進に関する法律」によって、国と自治体は、子どもを育てている生活保護家庭、母子家庭、その他の低所得家庭に対して、教育の支援、生活の支援、保護者に対する就労の支援、経済的支援その他の子どもの貧困対策を講じなければならなくなった。この法律の第九条では、都道府県が「子どもの貧困対策計画」を策定することが求められている。具体的な支援として、下記のことについて、国の大綱にもとづき計画を策定しなければならない。

教育の支援　就学の援助、学資の援助、学習の支援その他の貧困の状況にある子どもの教育に関する支援のために必要な施策を講ずるものとする。

生活の支援　貧困の状況にある子ども及びその保護者に対する生活に関する相談、貧困の状況にある子どもに対する社会との交流の機会の提供その他の貧困の状況にある子どもの生活に関する支援のために必要な施策を講ずるものとする。

保護者に対する就労の支援　貧困の状況にある子どもの保護者に対する職業訓練の実施及び就職のあっせんその他の貧困の状況にある子どもの保護者の自立を図るための就労の支援に関し必要な施策を講ずるものとする。

経済的支援　国及び地方公共団体は、各種の手当等の支給、貸付金の貸付けその他の貧困の状況にある子どもに対する経済的支援のために必要な施策を講ずるものとする。

調査研究　子どもの貧困対策を適正に策定し、及び実施するため、子どもの貧困に関する調査及び研究その他の必要な施策を講ずる。

筆者は30年前から貧困世帯の多くの子どもたちと接する中で「子どもの貧困」が起きていること、放置された子どもは無職少年になっていること、これらの無職少年は犯罪予備軍ともなるが生活保護予備軍ともなる。けれども「貧困の連鎖」は防げることを学習支援、中学生勉強会の実践を通して提案し続けてきた。そうした立場からこの法律に託す期待は大きい。

「子どもの貧困対策推進法」第15条において、国は「子どもの貧困対策会議」を置くことが定められている。「子どもの貧困対策」を継続的に把握し、改善することを義務づけたものである。「子どもの貧困」は「子どもを育てている親の貧困」であり、ここ十年余にわたって家庭の子育てを無視して進められた様々な施策が、結果として「貧困の連鎖」を生み、「子どもの貧困」を拡大してきたことについて真摯(しんし)に取り組み、子どもを育てる家庭が一世帯でも多く、安定し安心して暮らせ、子どもの未来が「貧困の連鎖」、貧困の悪循環に陥(おちい)らないように、国も自治体も地域社会も真剣に取り組むことを切に願うものである。

5．子どもたちとどう接するか・学習支援

現在、各地で、経済的に塾に行けない生活保護世帯・母子父子世帯等の中学生を対象とした学習支援の場・中学生勉強会が組織され、学力不振になりがちな家庭環境におかれている子どもたちと対面による学習支援が取り組まれはじめている。

その際に学習支援を行う人が心がけてほしいことは次のことである。

⑴ テキストはまずその子の持っている教科書・問題集を使用する

わからなくなった箇所がわかれば中一、高一からさかのぼって使用する。中学生に小学生の、高校生に中学生の教科書・問題集は使用しない。

⑵ マンツーマンに近い状態で学習を支援する

寺子屋はその子の進度に合わせて教えていた。寺子屋の教え方で、人手が足りなくなったらボランティアを増やす。

⑶ 朗読・発声させて問題を解くなど子ども自身の学びを工夫する

その日の中で、一つ「やった！」と実感できるものを。まずその子の得意を知って、得意な問題からともに考える。

⑷ 地域や商店街のこと、学校のこと、自分の健康のこと、様々な情報を共有する

進路についてその子が知っている範囲のことにプラス一点、情報を増やす。メンバーが固定したところで交流会、料理教室やクリスマス会を開く。

⑸ 勉強会のスタッフはけっしていばらない。子どもたちと対等な立場で接する

退職教員でもよいが「先生」の意識で教えない。「先生」の呼び方は勉強会では一切使わないこと、学力不振、不登校の子どもたちは「先生」の言葉に恐怖心を抱くことが多い。

⑹ 個々のスタッフ（ボランティア等）と子どものメールの交換は禁止のこと

個々のスタッフは子どもから話がない限り、家庭事情を聞いてはいけない。階層格差を感じさせること（学生がマイカーで勉強会会場に来るなど）がないように努めること。通ってくる子どもの写真は撮ってはならない。

⑺ 「学習支援」を営利目的にしない。ボランティアに徹する

勉強会は、家庭環境による勉強の遅れをとりもどし、将来の社会生活に必要な知識と生きる力を獲得していくためのものであり、学習塾とは異なる。したがって、経費を集めてはならない。問題集、参考書等の経費は市民・自治体の職員からの寄付の範囲とすること。

これらの勉強会は、自治体ないし自治体から依頼を受けた社会福祉協議会、NPO 法人、個人等の「公」が行うことによって、親にとっても、子ども自身にとっても、安心して通える場になっていることに特徴がある。各自治体は、地元から「貧困の連鎖」の原因をつくらないよう、学習支援に取り組んでほしい。

（注） 埼玉県は非常勤の学習支援担当「教育相談員」を、千葉県八千代市は「家庭・就学支援相談員」をおいて、生徒への案内と家庭との連絡を行っている。

6．新たな施策と動向

国は 2010 年から中学生等の学習支援に補助を行うとともに、2020 年度から児童養護施設・生活保護・非課税の一人親家庭等低所得世帯の大学・専門学校進学に際して「給付型奨学金制度」を設け、学びたい児童を後押しするようになった。

2019 年 11 月国の「子どもの貧困新大綱」では、生活保護世帯の高校進学率 93.7%、大学進学率 36.0%、児童養護施設の高校進学率 96.8%、大学進学率 30.8%、ひとり親世帯の高校進学率 96.9%、大学進学率 58.5%と報告されている。

■表　子どもの貧困・学習支援に関する３つの法律の概要

法律名	子ども・若者 育成支援推進法	子どもの貧困対策の 推進に関する法律	生活困窮者自立支援法
成立年月	2009 年 7 月	2013 年 6 月	2013 年 12 月
成立の 背景	いじめ・不登校・ひきこもり等孤立し社会生活に困難を抱えた子ども・若者が増加	子どもの貧困率が調査毎に増加、非正規雇用の増加で貧困の連鎖が心配	生活保護世帯の増加傾向の一因として稼働年齢「その他世帯」が増加
目的	子ども・若者をめぐる環境が悪化し、困難を有する子ども・若者の問題が深刻な状況にあることを踏まえ、社会生活を円滑に営むための支援	子どもの将来が生まれ育った環境に左右されることがないよう環境整備、教育の機会均等を図る	生活困窮者自立相談支援事業の実施、住居確保給付金の支給、その他の自立支援
事業	大綱を定める 一　子ども・若者育成支援の基本的な方針 二　・教育・福祉・保健・医療・矯正・更生保護・雇用その他関連する各分野の施策 ・良好な社会環境整備 ・就学・就労をしていない子ども・若者の社会的困難に即した支援	大綱を定める 一　子どもの貧困対策の基本的な方針 二　子どもの貧困率、生活保護世帯に属する子どもの高校等進学率等子どもの貧困に関する指標・当該指標の改善に向けた施策 三　教育・生活・保護者の就労・経済的各支援 四　子どもの貧困に関する調査・研究	生活困窮者就労準備支援事業等 一　生活困窮者就労準備支援事業 二　生活困窮者一時生活支援事業 三　生活困窮者家計相談支援事業 四　生活困窮者である子どもに対し学習の援助を行う事業 五　その他必要な事業

4.2「学校に行きたい」―山びこ学校―

学習のねらい

「山びこ学校」を知っていますか

無着成恭（むちゃくせいきょう）は 20 歳で山形県山元中学校の教師となり、子どもたちに作文を書かせて『文集きかんしゃ』にまとめる。その作文集が『山びこ学校』として出版され、時の文部大臣が山元中学校を視察する。ベストセラーとなり映画化もされて、戦後の民主主義・民主主義教育の金字塔となり、戦後の貧困の中で生きる多くの国民に明るい希望を灯した。

一方、無着成恭は「村の貧乏をさらけ出した」「村を売った」と村人の批判を浴びて退職し、東京に出る。明星（みょうじょう）学園の教員となり、TBS ラジオ「全国こども電話相談室」の名回答者となるが、その後千葉県の寺の住職となり、1995 年カンボジアに「カンボジア山びこ学校」を建てる。

(注)「学校に行きたい―山びこ学校 50 年―」民間教育放送協会製作 1999 年 2 月 11 日テレビ朝日放映。

生きる力と総合学習

今日、家庭や地域において、子どもの情操、知性、生活技術を育てる機会が減少しており、社会的に弱い立場の家庭においては、さらにそれらを育てる機会が減少している。総合学習は、そうした子どもたちにも生きる力、生活力を身につける機会として大切である。

保育士も含めて、地域の中で、子どもの最善の利益を護り、可能性を引き出す教育者でありたい。

■「学校に行きたい 山びこ学校」学生のノートから

1．『山びこ学校』を □知っていた ☑知らなかった

「生活綴方」という言葉を □知っていた ☑知らなかった

2．無着成恭は教育現場でなぜ生活綴方（作文）を書くことを重視したか。書くこと、記録することはなぜ大切か…

子どもたちに考えをまとめる力をつけさせ、自分達の生活を少しでも進歩させるため、作文を書くことによって自分たちが生まれた村はどういう村であるかを知り、今後どうすればもっと村は良くなるのかということを考えるための手段であり、現実をきちんと理解する目を養い、問題の本質を見極め解決するために大切であるから。

3．無着成恭の教育とあなたが受けた総合学習の共通点はなにか。あなたが受けた総合学習で印象に残っていること…

共通点は、ものごとを本質的に見つめ一人が疑問に思ったことを、クラス全体の問題としてみんなで解決していく点である。私が受けた総合学習で印象に残っていることは、栃木県の歴史について同じ疑問を持った人同士でグループをつくり、調べてまとめ、みんなで発表をし合い、情報を共有したことである。

4．無着成恭が山形県山元村を離れたのはなぜか。無着成恭の生き方、生き方の選択に思ったこと…

無着が山元村を離れた理由は、マスコミ等の注目のため、子どもたちの自由な人間教育の場が、村の人々の生活が妨げられてしまうことを防ぐためであると考える。無着成恭の生き方というのは、社会の中の疑問に対してなぜだろうと考え、より良い方法を探して生きていくものだと感じた。

5．その他、授業をとおして思ったこと、考えたこと…

私は今回の授業を通して、普段の生活での疑問をそのままにしないで考えることの大切さ、そして、生活の様子を作文、文章にすることの大切さを感じた。また、良い教育をした先生というのは、何十年たってもしたわれ、温かく迎え入れられるのだと感じた。日本の子どもの変化について、これからどんな教育をしていくべきか、どんな社会にしていくべきかということを考えていく必要がある。

レポート「山びこ学校」

■レポート１　「山びこ学校」と現代 ―「山びこ学校」「遠い『山びこ』」を読む―

私はこの「山びこ学校」「遠い『山びこ』」を読むまで「無着(むちゃく)成恭」という名前は聞いたことはあったが、このような教育を行っていた人物とは全く知らなかった。私はこの２冊を読み、「山びこ学校」の教育について、また、現代の教育について様々なことを考えさせられた。

１．まず、「山びこ学校」の子ども達にとって生活を記録することはどのような意義があるかを考えてみたいと思う。まず無着が考えたことは、子どもたちが社会にでても困らないようにするにはどうすべきかということであった。そのためには現実を見る目を養うこと、正しく理解する目と耳を養い、問題の本質を見極め、解決することが必要であり、それこそが本当の教育であり、社会科教育の未来の使命と考えたに違いない。これは無着が新任の挨拶で言った「学校は物知りをつくるため、あるいは立派な人間をつくるためなどと言わなければならぬほど難しいところではなくて、いつどんなことが起こっても、それを正しく理解する目と耳を養い、そして誰が見ても理屈に合った解決ができるよう勉強し合うところなのです。とにかく愉快に楽しく暮らしましょう。」という言葉にもよく表れている。

　また、無着が常々言っていたように、子ども達に作文を書かせるのは、決して文章をうまく書くためにあるのではなく、子ども達に考えをまとめる力をつけさせ、自分達の生活を少しでも進歩させるためのものである。特にこの「山びこ学校」は嘘偽りのない生活記録であるので、このように作文を書くことによって自分たちが生まれた村はどういう村であるかを知り、今後どうすればもっと村は良くなるのかということを考えるためのひとつの手段であったものと考えられる。つまり生活を記録するということで、彼らは人生を生きていく上で必要なものを養っていった、すなわち現実をきちんと理解する目を養い、問題の本質を見極め解決できるようになっていったと言えるであろう。

２．次に「山びこ学校」が教え子たちの生活史に残したものは何か、ということを考えてみたい。彼らは「山びこ学校」を卒業後様々な人生を歩んできた。奉公に出された者、出稼ぎに都会へ出た者、あるいは少数ではあったが上級学校に進学した者。また、現在では清掃職員として働く者、牧場を開いている者、タクシー運転手、医療機器販売会社を経営している者、あるいは主婦など様々である。このように様々な人生を歩みながらも彼らに共通して言えることは、一つは彼らの前にはいつも厳しい現実が立ちはだかっていたということ、そして、もうひとつはそういった厳しい状況にあっても彼らはその現実から目を背けずに目の前にある現実ときちんと向き合い闘って、精一杯頑張り通したことである。彼らがこのように人生を闘ってこられたのは、「山びこ学校」時代に自分たちの生活を嘘偽りなく記録することによって、現実をしっかりと見つめる目や、さらにいい方法はないか常に考える頭を養ってきたからであろう。これこそまさに「山びこ学校」時代の無着の理想とする教育であり、それを子ども達はしっかりと身につけていたのであろう。卒業後も世間に理想像を押し付けられ、マスコミに追いかけまわされる中でも、このように彼らの中には無着に教えを受けた精神は確かに残っていたのであろう。

「いつも力を合わせて行こう」「かげでこそこそしないで行こう」「いいことを進んで実行しよう」「働くことが一番好きになろう」「なんでもなぜ？と考える人になろう」「いつでももっといい方法はないか探そう」

という精神である。つまり、無着に教わったこの精神があったからこそ、彼らは厳しい現実の中で生きてこられたであろうし、常にこれを心の支えとして頑張ってこられたのではないだろうか。

3．次に「山びこ学校」と授業の「福祉と教育」から思った現代における教育の問題と課題について考えていこうと思う。まず、両方に共通して言えることは、やはり学歴によって人の職業や人生がある程度決まってしまうという現実である。「山びこ学校」の生徒達の多くは中学卒業しただけであり、この時代はまだ中卒者が金の卵などともてはやされる時代でもなかったし、職業を選ぶ余地もないくらい毎日食べていくのに精一杯の日々であっただろう。また、彼らの後の人生を見てみても、やはり中卒という壁が彼らの前に立ちはだかっていた様子がうかがえる。また、逆にほとんどのものが高等学校や専門学校、大学など上級学校へ進学している現在においても、中卒者は職業が限られてしまうという現実がある。現在の日本は、少しずつ見直されてきたとはいえ、今なお、いかに良い学校に入り、いかにして良い会社に入るかという学歴社会である。多少は本人の努力次第で何とかなるにしても、やはり限界はどうしてもあるだろう。

このような社会の中でもっと本人の努力次第で何とかなるという状況を作るためにも、日本の社会全体でこの問題を何とかしなければならない。しかし、現在でも低所得層の子どもは高校に進学するとお金がかかるし、早く働いて家計を助けて欲しいという理由で進学しない・できない子どもがいる。中卒者が職業を選ぶのにどうしてもいろいろな制約を受けてしまう現在においては進学率を上げることが一番良い方法ではないか。そのためには行政は生活保護を受けていても、進学できるのだということをもっと広く伝えるべきである。

4．最後に、私は教育について、そして子どもを育てるということについて考えさせられたので、それについて述べたいと思う。時代は流れ、現在の日本は物質的に「山びこ学校」の時代からは考えられないほど、また比べものにならないほど豊かになった。しかし、「山びこ学校」が教えてくれた「どんな世の中になってもうまく乗り切ることができる人間にならなければならない」ということは、「山びこ学校」の時代も、また、豊かな現代であっても変わらないのではないだろうか。逆に、現在は豊かになりすぎて、何が本当に大切なのか見失いがちである。そんな時代だからこそ「山びこ学校」の精神はより大事になってくるのではなかろうか。

現代の親は子どもを守ってやる事ばかりを考えている。子どもがつまずかないよう、親が体を張って守ってやるという姿勢である。また、子どもが何かに挑戦しようとしても、心配だからと何にでもすぐ手を出してしまうのである。これでは子どもを育てていることにはならないのではないか。ただ単に親は子どもを本当に見守ってやる我慢ができずにすぐ手を出してしまっていて、あくまで親の自己満足に過ぎないのではないか。

私が考える「子どもを育てる」ということは自立をさせるということであって、何が起こっても自分で生きていく力をつけさせてやることであると考えるのである。その点から、「山びこ学校」が教えてくれるこの教育法は、問題意識は問題意識のまま残されそれを解決するだけの知識や技術を子ども達に習得させるまでには至らなかった、という批判はあるものの、どんな状況からその現実から目をそらさずに、自分の足で生きていくためのものであり、これこそまさに真の教育、本当の意味での「子どもを育てる」ということであると私は考える。

（早稲田大学第二文学部生のレポート）

＊

■レポート2　『山びこ学校』『遠い「山びこ」』を読んで

1．無着成恭編『山びこ学校』を選んだ理由

この本の表紙をめくってまず目に飛び込んできた一枚の写真が私の心を打った。決して広いとは言えない教室に溢れんばかりの子どもたちがひしめき合い、学級自治会を開いている。議長が教壇に立ち、三、四人の子どもが発言しようとまっすぐに手を伸ばしている。よそ見をしている者など一人もなく、皆しっかりと前を見つめ、座っている。その写真からは子どもたちの真剣でやる気に満ちた様子が伝わってくる。

この写真を見たとたん、思った。こんなに一生懸命に取り組んでいる教室は、今の小中学校にあるのだろうか。なぜそこまで熱中して取り組むことが出来るのだろうかと。

無着先生が目指し、実践した「ほんものの教育」とはどのようなものだったのだろうか。戦後間もない日本の農村の教育のあり方と、子どもたちが戦後の混乱期をどのように生き抜いたのかを知るには『山びこ学校』がぴったりの文献だと思い、選択した。

2．『山びこ学校』の要旨

ほんものの教育をしたいという願いから、社会科を手がかりに生活綴方の指導をおこなった山形県山元村中学校の教師、無着成恭。43人の教え子たちが書いた作文や詩をまとめ、発行されたのが『山びこ学校』である。無着成恭の教育実践の集大成といえる。その作品はいずれも山元村の生活のありのままの姿を素直に表現している。

例えば、「僕の家は貧乏で、山元村の中でもいちばんくらい貧乏です。」という書き出しで始

まる江口江一君の「母の死とその後」は、母と父の死をめぐる親類や先生とのやりとりを交え、村からの扶助料（生活保護費）のことなどにも触れながら、これからどのように生活していけばよいかを細かく分析している。

そして最後は、「お母さんのように貧乏のために苦しんで生きていかなければならないのはなぜか、お母さんのように働いてもなぜゼニがたまらなかったのか、真剣に勉強することを約束したい」「僕たちの学級には僕よりもっと不幸な敏雄君がいます。僕たちが力を合わせれば、敏雄君をもっとしあわせにすることができるのではないだろうか。みんな力を合わせてもっとやろうじゃありませんか。」と結んでいる。

また「学校はどのくらい金がかかるものか」という調査報告では、グループでテーマを設定し、調査をするにいたった経緯や、調査結果、議論し発展していく過程等が丁寧にいきいきと描かれている。

3．気づいたこと、興味を持ったこと、調べたこと

●「無着成恭」について

無着成恭は昭和２年、山形県南村山郡本沢村菅沢の曹洞（そうとう）宗の禅寺、沢泉寺の長男として生まれた。昭和23年３月山形県師範（しはん）学校を卒業。21歳のとき南村山郡山元中学校教諭となり、昭和29年に駒沢大学に進むまでの６年間、山村の子ども達の教育にあたった。生活綴方を通じて、戦後の混乱期の農村に新しい息吹を与え、教育に新しい分野を築いた点、まさにその教育実践の集積である『山びこ学校』が全国的な注目をあつめ、映画化されるに及んで、この教育が全国の教育界に与えた影響は大きい。

また、無着の活動は全国の無名の若い教師に自信と勇気を、若い世代に希望を与えた。現在、無着成恭は、山形を離れ、成田空港の近くの寺で住職を務めている。

●「生活綴方（つづかた）」について

生活綴方とは、児童・青年、さらには成人に自分の生活を取材したまとまった文章を書かせることによって、文章表現能力または、表現過程に直接あるいは間接的に現われてくる知識、技術、徳目、権利意識、意欲、広くはものの見方、考え方、感じ方を指導しようとする教育方法、またその作品、あるいはその運動のこと。大正初期に発生以来、時代、指導者の違いにより、どこに力点を置くかが異なってきた。その原型を打ち出したのは小学校教諭で国語教育者の芦田恵之助（あしだえのすけ）や作家の鈴木三重吉（みえきち）、小砂丘（ささおか）忠義など。

昭和初期の小砂丘以後の運動は、秋田県の成田忠久ら東北地方の教師たちの「北方教育運動」等と呼応し、綴方や生活指導を通して子どもの生活、学習意欲を培うことを目指し、「生活綴方運動」と呼ばれた。1942年10月に運動の母胎となる雑誌『綴方生活』創刊。その伝統は戦後に継承され、1951年３月刊の無着成恭編『山びこ学校』や国分一太郎著『新しい綴方教室』はその再興といわれた。

4．まとめ

無着先生の取り組んだ教育は「生きる」ということに深くつながっていたように思う。私は今まで何度となく「何のために勉強するのだろう」という疑問にぶつかった。学校に行き、机に座って先生の話を聞く、ひたすら教科書を暗記する、そんな行為が不思議でたまらなかったのだ。その都度、今は必要だと思えなくてもいつかきっと、ここで学んだ知識が役に立つだろう、だからその日のために学んでおくのだ、と自分に言い聞かせ、あいまいに納得してきた。

しかし無着先生と一緒に勉強した子どもたちはそんな疑問は抱かなかったのではないだろうか。少なくとも私よりははるかに明確な問題意識を持って、学校に通っていたように思う。なぜなら無着先生と学んだ 43 人は、その時、自分自身が抱えている問題を文章にすることでしっかりと見つめ、時には教室のみんなで議論し、どうしたら解決できるかということを真剣に考えていたのだから。そしてこれこそが無着先生の目指した「ほんものの教育」のあり方なのだろう。子どもたちは生活綴方を通して、自分の力で（時にはみんなの力を借りて）生きるということを身につけていったのではないか。

また文章には過酷な状況下での生活がありのままに描かれているのに、読後に嫌な気持ちが残らないのは、過酷さを嘆くだけでなく、現状を克服しようという前向きな姿勢を常に忘れない子どもたちのおかげであろう。

無着先生の実践した教育方法を現代の小中学校で日常的に行うことは無理かもしれない。指導要領の関係や時間的余裕、先生と生徒の数の比率などから見ても、無着先生式の方法をそのまま実践することは難しいだろう。しかし、一週間に一時間でも実践してみてはどうだろうか。それを継続させることによって、学級崩壊やいじめ、登校拒否、引きこもり等、さまざまな問題が山積みの現代の学校現場に明るい光が差し込むように思う。

（早稲田大学第二文学部生のレポート）

（無着成恭編『山びこ学校』、佐野眞一『遠い「山びこ」』）

生きる力を育てる教育

教育の目的としてよく使われるのが「生きる力」で、その語源は「生活力」である。白沢久一と筆者の共著『生活力の形成』（1984 年）では、人が生きていく上では、生活力、生活知識、生活技術および民主主義社会で必要とされる社会性が求められるとしている。

生活力は、さまざまな生活問題の解決策を見つけられる生活能力と生活意欲である。

生活知識は、教育で獲得する知識とともに社会生活で得られる知識や知性を含む。

生活技術は、生活知識を実際の社会生活で活かして得られるさまざまな技（わざ）である。

社会性は、自然や社会の環境や他者との日々の相互交流を通して、身につくものである。

「生きる力」は、学力偏重の教育のとらえ方から、一人ひとりが総合的なものの見方や判断力を身につけていくことが必要として使われるようになった経緯がある。

「生きる力」を育みささえるのは、個々の子どもが会得してきた感動する心、情操（じょうそう）によって培われた心の豊かさ、落ち着いた判断力である。情操の豊かさが引き出すのが生活意欲であり、生活知性である。したがって、豊かな情操の中で育つことで、「生きる力」は獲得できるのである。

1.「生きる力」と「総合学習」

今日の社会は少子化の中で、家庭での教育機会が限られるとともに、地域においてはともに遊ぶ異年齢集団がなく、地域文化も縮小し地域社会でのさまざまな体験が子どもの育ちからなくなってきている。地域で子どもを見守る「駄菓子屋さん」はコンビニに変わってとっくの昔に消えてしまった。さらに、ピアノ教室やそろばん塾などの習い事に通う所さえ、すっかり見かけなくなった。地域で豊かな心を育むことは、とても難しくなっている。

今日、家庭や地域において情操・知性・生活技術を育てるさまざまな体験ができないことから、子どもたちの「生きる」視野が狭くなる。これらの問題を解決しようとしたのが「総合学習」であった。クラスのみんなで、共通の課題と取り組む。共通の課題を解いていく。そのことが、同じような問題を抱えた時、解き方のヒントになり、ささえになる。「総合学習」は、「生きる力」になり、その経験がさまざまに応用できる。

家庭や地域における教育の困難さは、さらに深刻になってきている。それは、今日の子どもを育てる親の多くが深刻な生活問題を抱え、生活に余裕・ゆとりを持てなくなってきているからだ。国民の生活階層の二極化、格差社会が進み、いわゆる「子どもの貧困」と言われる現実が拡大している。そうした中で、子どもの情操・知性・生活技術が育つ機会はどんどん失われてきている。

どのようにして、家庭や地域で失われてきた情操・知性・生活技術を、幼児教育・学校教育が補うことができるか。果たして幼児教育・学校教育が補うことができるものなのか。このことは、国民全体が広く考えていくべき課題である。

豊かな情操・知性・生活技術を育てる糸口はある。

最近、高校生の俳句甲子園や漫画甲子園、合唱・吹奏楽コンクールや演劇コンクールなど、高校生のさまざまな活動が、高校の部活動の範囲を超えて広がってきている。そうした創造的な高校生活と取り組んだ人の中から、感受性に富んだ若い芥川賞作家などの書き手も登壇してきている。多くの高校生に、高校生活をいかに楽しみながら過ごしていくかを自分でプロデュースする能力が育ってきている。高校生活でのさまざまな学びは一人ひとりの情操・知性を育てている。それゆえに、すべての子どもが高校体験をすることは、そうした可能性を広げる上で大切なことである。

小学生においても、家庭の生活の問題から働く母親が増える中で、現在２万ヵ所、全国の大半の小学校に「放課後児童クラブ」学童クラブができている（3.4参照）。学童に通う子どもは小学生低学年総数の１割を超えている。これらの子どもたちの放課後の過ごし方は、地域で失われてきた「異年齢集団でのあそび」である。ここでは情操・生活技術を育てるメニューが豊富である。

働かなければいけない親が増える中で子どもが安全に放課後を過ごせる「学童クラブ」について指導員の専門職化をすすめるなどして充実させるとともに、文部科学省が推進している「放課後子ども教室」も「児童館」の一つの形態として位置づけて有給の指導員をおき、ボランティアを望む地域の人々の参加を得て、学力面だけでなく自然と接する外あそびなどのメニューを充実させていけば、学校が情操・知性・生活技術を育てるもう一つの子どもの居場所になっていくことができる。

近年、幼稚園、保育所、小学校において、「食育」教育が注目され、取り組まれるようになっている。野菜の種まきから、水まき、間引き、支柱立て、収穫、手づくりの料理、食事会までの一連の過程を、季節をまたいで実践しようとするものである。これらの一連の流れの中にも、情操・生活技術を育てるたくさんの鍵があると思われる。

運動会や体育祭において、学年全体等で民謡や歌舞、民俗芸能を取り入れている学校も増えている。これらを学校で習っておくと、子ども時代をとおしてだけでなく大人になってからも地域の祭にとても参加しやすくなる。地域の活力が求められている中で、学校教育での経験が長く活かせる。

最近、地方に行くと地域の放送局と幼稚園・保育園が連携して、わらべうたの保存に取り組み、高齢者から収集したわらべうたを子どもたちに伝える番組に出会うことがある。地域の伝統文化をどう受け継いでいくかは大切な課題である。

近年、長く高水準だった日本の教育レベルが低下したと騒がれ、学力テストの実施や授業時間を増やすことなどの対策が実施された。けれども、日本の教育レベルの低下の大きな要因は親の経済力格差による「子どもの貧困」である。若年者の非正規雇用が増加する中で、子どもを育てている家庭において生活困難な家庭が増え、親が生活に追われる一方で、子どもの学力、学習意欲の低下が起きているのだ。「子どもの貧困」を現している全国の公立小・中学校の「就学援助対象世帯」は、2012年度1,552,023名で過去最高になった。

日本では2000年代になって大学進学率は50～60％の横ばいになっているが、この間に、欧米諸国や韓国、中国の都市部では70％台になったことが報道されている。競争で落伍者をつくることに奔走するよりも、すべての家庭の豊かさを求めることが、「生きる力」「学習意欲」を高め、学力向上につながる。

筆者は、30年前から子どもの学習が遅れがちな生活保護世帯や母子父子世帯等の子どもたちの学習支援を提案し、学習支援の場を作ってきたが、そうした場で生活知識を増やすことができれば、ほぼすべての子どもにおいて「生きる力」「学習意欲」は獲得できることがわかってきた。

2．問題を抱えた子どもの処遇

かつて、非行少年の多くが、親が貧困や疾病のため生活に追われ子どもに関われない、また家庭のトラブルから家庭に居場所がない子どもたちであった。共通して、これらの子どもたちは生まれた時から家庭に絵本・玩具がない、添い寝して絵本を読み聞かせてもらったことがないなど家庭で情操を育てる文化と接したことがほとんどなく、多くの場合親はネグレクトの状態で子どもを育て、そうした中で子どもは人を信頼することができずに育ってきた。これらの子どもたちはおおよそ情操とは縁のない環境の中で育っていたのである。(2.3 参照)

私たちが、長年福祉の現場でこれらの子どもたちと接してきた中で判ったことは、これらの子どもは「変わることができる、非行をしたくてそうした行動をとったのではない」ということである。これらの子どもたちには、家庭で見ることのできなかった夢とほっと安らげる場を与えていくことが大切なのである。

そのために今日では、全国の児童自立支援施設も児童養護施設においてあるいは少年非行が多いといわれる都市部の低所得者の多い地域において、今まで教室の隅に置かれた学力不振、不登校、非行などの悩みを抱えた子どもたちを集めて学習支援、「中学生勉強会」が取り組まれるようになってきている。彼らは、「このまま自分は社会に出てやっていけない」という不安を強く持っている。したがって、彼らの学力の遅れをとりもどしながら人とふれあう楽しさ、知性、情操、社会性を獲得するよう、誰もが高校に進学できて、さらに高校中退者をなくして高校卒業に至れるよう支援がなされれば、状況は変わってくる。国も、1989 年から児童自立支援施設・児童養護施設における在籍児童の高校就学の徹底、2005 年から生活保護世帯の高校就学費の支給が行われ、2010 年からは生活保護世帯等の地域での中学生勉強会などの学習支援に補助金を支給するように変わってきている。そうしたことから近年までわが国の刑法犯の半数近くを占めていた少年犯罪は、ここ数年急速に減少している。

これらの子どもたちは、共通して心は純粋で、素直に新しい人と出会えば、新しい知識を吸収しようとする。これは、長く非行少年と関わった私たちが共通して体験している感想である。彼らは、家庭が精神的なくつろぎの場でなく居場所が無くて「切れる」振りをし、たまたま同じ境遇、同じ年代の行き場のない友だちや非行グループに出会って、彼ら先輩たちから自分の知らない遊びや快楽や犯罪の知識を得て、出来事を起こして自分の存在を示そうとする。

同じ学力不振、不登校、非行の問題をも抱えた子どもたちが、前述の勉強会を開くと通ってくる。彼らは、家庭等で教えてくれない新しい知識を教えてくれる人なら、遊びや快楽、犯罪の知識ではなく、勉強の知識でもよかった、児童自立支援施設・児童養護施設の職員でも、地域で学習支援するボランティアの学生、大人でもよかったのである。したがって、地域社会が

これらの子ども達によい出会いを作っていけば、学校や地域での非行問題は、意外に簡単に解決できる。(4.1 参照)

3．教育者として心がけること

今日の教員は忙しすぎると言われている。それは、家庭、地域の子育て能力が低下する中で、家庭、地域で担うべき情操・知性・生活技術も、現在は学校が引き受けて行う以外にないからである。もちろん、家庭、地域の教育力の再構築は必要だが、それを待ってはいられないのが保育・教育の現場である。

幼稚園教諭・小学校教諭をめざす皆さん、保育所保育士をめざす皆さんには、次のような気概を持っていてほしいと思う。

(1) 家庭環境の違う子ども一人ひとりの置かれた状態を理解して、子どもの向上心を信頼し、さまざまな学びの機会をつくっていくこと。

(2) すべての子どもと公平、平等に接するとともに、支援が必要な子どもに早く気づいて必要な支援を行うこと。その場合、他の教員、専門家の意見を聞くなどして我流におちいらないこと。

(3) 保護者や地域住民一人ひとりの生き方に接して共感し、地域社会の中で一人ひとりの住民、保護者が果たしている社会的役割を理解すること。

(4) 教育環境の変化に対応しつつ、自分のオリジナリティーを発揮するよう、常に日常の仕事にプラスアルファーの意識、改善を工夫する開拓精神を欠かさないこと。

(5) 自分の生活に余裕、ゆとりをつくり、普段の生活の中で、教育内容だけでない、広い視野の文化、教養を取り入れていくこと。そのことで、子どもたちに豊かな情操を伝えていくことができる。

(6) 自分が配属された保育・教育の現場で、地域の民俗芸能、文化を理解し、教育実践に取り入れて、次の世代に民俗芸能、文化が継承されるように中継役を果たしていくこと。さらに、今日異文化の中で育った子どもたちが増えている中で、教育の中に、異文化の理解、異文化との交流を取り入れていくこと。

■主な教師ドラマ・映画とその時代

1952	山びこ学校（映画）	中央教育審議会を設置	
1954	二十四の瞳（映画）	学校給食法公布	
1965	青春とはなんだ（TV）		
1968		東大紛争、学生が安田講堂占拠	
1978	熱中時代（TV）		
	ゆうひが丘の総理大臣（TV）		
1979	3年B組金八先生（TV）	国公立大の共通1次試験開始	1981 ↑
1983		全国で校内暴力が多発	
1984	スクールウォーズ（TV）		
1986		中野富士見中いじめ自殺事件	
1987		臨教審が個性重視などを答申	
1988	教師びんびん物語（TV）	愛知アベック生き埋め殺人事件 （1989足立コンクリート詰殺人事件）	北の国から（TV）
1992		学校週5日制（月1回）導入	
1996	学校（映画）		
	白線流し（TV）		
1998	GTO（TV）	栃木の中学生が教諭をナイフで刺殺	↓
2002	ごくせん（TV）	学力低下批判で文科相が「学びのすすめ」	2002
2003	ヤンキー母校に帰る（TV）	国立大学の法人法が成立	2003 ↑
2005	ドラゴン桜（TV）	生活保護児童高校就学「生業扶助」支給	
	女王の教室（TV）	中教審が教員免許更新制導入を提言	
2006	長い散歩（映画）	改正教育基本法成立　いじめ事件相次ぐ	
2010		高校授業料無料へ　学習支援に補助	ピュアにダンス
2012	マルモのおきて（TV）		（TVドキュメント）
2013		子どもの貧困対策推進法	38頁参照
2015	コウノドリ（TV）	各地で学習支援、子ども食堂広がる	
2017	過保護のカホコ（TV）	児童虐待事件あいつぐ	
2019		幼児保育・教育無料へ	↓
2020	アンサング・シンデレラ	新型コロナ対策・全世界で	2020

4. 3「異文化理解」

学習のねらい

異文化で育つ子どもが増加

最近横浜市のある小学校では、異文化の家庭で育つ子どもたちが過半数になったと報じられている。各々の地域で、異文化の家庭で育つ子どもは増え続けている。南米からの日系人や在日朝鮮・韓国人の子どもたち、中国残留孤児・婦人の帰国に伴う孫たちなどとともに、グローバル化の中で日本企業のアジア進出による国際結婚による子どもたちも多くなっている。母親はまだ日本語が話せない、家では母国語、母国の料理の場合も多い。そうした異文化に理解をもってコミュニケーションをとることが求められる。

残留孤児・婦人はなぜ生じたのか

2007年8月に刊行された城戸久枝（きどひさえ）著『あの戦争から遠く離れて』は、日本生まれの中国残留孤児（ざんりゅうこじ）二世である著者が、中国の大学に留学して、残留孤児となった父の日本への帰国までの中国での生活を丁寧にたどったもので、わが国が忘れてはならない戦後についての記録である。

今日、残留孤児・婦人の帰国に伴う孫たちを保育・教育の現場で受け持つことも少なくない。どうして残留孤児・婦人が生じたのかを知っておきたい。

（映像）「遥かなる絆」2009年4月18日から6回NHK土曜ドラマ放映。
（図書）城戸久枝『あの戦争から遠く離れて』、『祖国の選択』

（『あの戦争から遠く離れて』「遥かなる絆」）の要旨は次頁）

■「遥かなる絆」学生のノートから

1．2009年NHKがこのドラマを放映したことを… □知っている ☑知らなかった
2．残留孤児・婦人がいたこといることを… ☑知っていた □知らなかった
3．子どもの現場（幼保小中）では、外国・異文化で育った子ども、日本で育つ外国籍の子どもも多くなっています。このことを今回の授業以前に知っていましたか？…
a．日系ブラジル人 ☑知っていた □知らなかった
b．在日朝鮮人・韓国人 ☑知っていた □知らなかった
c．残留孤児・婦人の帰国で一緒にあるいは後に日本に来た二世・三世の子どもたち
☑知っていた □知らなかった

4．「遥かなる絆」を観て思ったこと、気づいたこと…

戦争孤児について、当時の中国にとって日本の子どもは、本来憎んでもよい存在であるのに本当の子どものように愛情を持って育てていて、国籍を超えた愛を感じた。たとえ言葉が通じなくても、血が繋がっていなくても子どもに対する気持ちをしっかりと持っていれば、子どもはそれに応え、親子関係というものを築くことができると感じた。

しかし、日本の子どもを育てるということは、まわりの人からは数多くの偏見もあり、子どもも、養母もとてもつらい思いをしていたと感じた。孤児の主人公が成長していく中で日本人だという理由で大学に合格することができなかったり、とてもつらい思いをしなければならないということに、国籍の壁を感じた。

忘れようとしたこと、忘れてはならないこと

1．戦後、大陸に残された日本人

戦後11年を過ぎ経済成長が続くと、昭和31年発表の「経済白書」が「もはや戦後ではない」と書き、日本は国内の戦争被害者やアジア諸国の戦争被害者にたいしても、太平洋戦争の責任を曖昧にしたまま、経済発展を遂げてきた。それは、「嫌な戦争のこと早く忘れたい」との戦争被害者の思いとともに戦争加害者意識のある人びとの思いにも合致していた。岩波新書ですら、一時期、扉の言葉に「戦争は終わった」と書き、戦争体験者の高齢化と死亡により、戦争はやがて日本人から忘れられるものとなろうとしていた。

実際には、私たちが日々接しているすべての高齢者は、戦争体験と戦後体験を胸に秘めている。けれども戦争のことはほとんど語られず、記録に残されずにきた。そうした中で、多くの児童、女性が大陸に取り残されままに忘れられようとしていた。

わが国の引き揚げ・帰国事業は終戦後数年で再三中断され、1951年以降大連からの船は絶え、1958年以降は全く閉ざされてしまう。城戸幹さんのように引き揚げ・帰国の途中で父母と離れ離れになり、多くの日本人孤児、女性が大陸に取り残されたままになっていた。

1961年以降断続的だが残留婦人等の自費帰国が再開され、日中・日韓の間の交流が始まる中、1967年から残留婦人・孤児の帰国は急増していく。

帰国者の多くは帰国後生活保護を受給して生活を整え、子どもの教育環境等を整えていくが、その経過の歴史については公けにはどこにも記録されていない。

1972年日中国交回復後に民間の手で中国残留孤児肉親探し事業が始まり、国が動くのはさらに後になってからである。

帰国者の多くは帰国後、日本語を習得する等生活を整えた後は、就労して生活保護を辞めるが、すぐに高齢となって就労先を断られ、再び生活保護を受給することとなった者が少なくなかった（厚生労働省資料で帰国者の6割）。だが、他に蓄財もなく頼れる親族もない帰国者にとって唯一の生活手段であった生活保護は、2000年代になって老齢加算の廃止などで年々支給金額が減少して受給が厳しくなっていった。

そうした中で、『あの戦争から遠く離れて』が刊行される直前の2007年7月、日本政府を

●城戸久枝『あの戦争から遠く離れて』（遥かなる絆）要旨

著者の父城戸幹は4歳の時日本への帰国が可能な最終列車に乗せられるが、列車が途中で戦火のため停車した時、父母と離れて残留孤児となり、中国人養父母に育てられる。勉学して大学受験の手続きをとるが、日本人と名乗ったことでいずれの大学にも進学できずに、工員となって働き、養父亡き後養母と生活する。懸命に日本赤十字社宛に手紙を出して日本の実父母探しを依頼し、実父母が判り、単身日本への帰国の機会を待つ。その頃、文化大革命の嵐の中『日本鬼子』として排斥され、公安から監視される。文化大革命が収まる中、ようやく帰国が認められ、1970年父は香港経由で日本に帰国する。軍人だった祖父はシベリアに抑留された後1948年興安丸で舞鶴経由で愛媛県に帰国しており、28歳になった父を羽田で出迎える。

帰国後父は、日本語習得のため地元の定時制高校に入学し、看護師の母と知り合い、結婚して著者が生まれる。大学生になった著者は1997年中国吉林大学に国費留学し、中国で育った父の足跡、養母の親戚、父の友人たち……をたどっていく。

相手に帰国した残留孤児の9割近くが起こしていた中国残留孤児国家賠償訴訟について、原告側は新たな国の支援策を受け入れて和解し、2008年1月および4月から国の新しい支援策が実施された。支援策の対象は終戦時13歳以上だった「残留婦人等」、12歳以下だった「残留孤児」を合わせて2007年の厚生労働省資料で6,354名に及んでいる。

その他2005年厚生労働省資料によると、残留孤児・婦人の二世・三世は合わせて20,159名が親と一緒に帰国するか、親の帰国後に帰国している。なお、三世は帰国後に出生している数を含む。ただし、二世・三世は新支援策における給付の対象にはならない。

2．引き揚げ・帰国者との出会いと生活支援

1951年には、日本政府による中国からの日本人の引き揚げ事業は終了した。その後、朝鮮戦争を経て、日本政府は、戦争直後の中国や韓国などからの引き揚げ・帰国に漏れ、大陸に残された人びとの把握をしてなかった。戦後、大陸に残された人の多くは、引き揚げ・帰国の混乱のなかで現地人家族に預けられ、または買われ、現地人家族が自分の子として育て、または現地の人と結婚して、懸命に生き抜いていた。中国、韓国はいずれも伝統的に「儒教」思想による大家族意識、孝行意識が強く、そのなかで多くの残留日本人の生命が支えられていた。

1967年3月以降、中国や韓国から東京都に引き揚げてきた日本人婦人とその家族が、一時宿泊所「東京都常盤(ときわ)寮」に入居した。常盤寮は、それまで婦人保護施設だったが老朽化し使えなくなったもので、東京都は管理人を置くのみであった。そのため、入居後の生活は、本人が福祉事務所に「生活保護」を申請する以外になかった。

ちょうどその年の4月、江戸川区福祉事務所の新人ケースワーカーになった筆者は、福祉事務所管内でもいちばん訪問が不便な常盤寮とその周辺の地域を担当することになった。

常盤寮は3月に引き揚げていた一家族がいたが、4月からは引き揚げ・帰国者が相次いで入居し、2～3ヵ月後には10世帯ほどになった。筆者は地域の生活保護世帯を訪問するたびに常盤寮に寄って、引き揚げ・帰国者からの相談や抱えている問題の解決にあたった。

引き揚げ・帰国者は、戦後、大陸に残された後、現地の人と結婚し日本国籍を抹消した人、日本の戸籍はそのままに残っている人など異なっていた。後者は「引揚者」あつかいになり、「引揚者特別援護法」から旅費と一時金が出たが、一時金は「戦後援護法」が制定された時の金額のままで、わずか1～2万円のみであった。いずれの場合も、日本に帰ってきて無一文から生活をスタートすることとなり、日本での最初の生活は「生活保護法」によるしかなかった。生活扶助による生活費だけでなく医療扶助や平常着、布団、什器などの生活一時扶助の活用により、文字どおりの最低生活によるスタートであったが、解決すべき問題はそれだけではなかった。

3．帰国者の子どもたちと教育支援

引き揚げ・帰国者の家族には、現地で中国人の夫の死亡で母子家庭になった家庭など義務教育年齢の子どもや義務教育年齢を過ぎているが義務教育が必要な青年もいた。帰国当初は義務教育年齢の児童でも日本語が話せないため、地元の小・中学校への入学を断られてしまい、親たちが学校へ日参して入学を依頼し、同年９月地元の葛西小・中学校に「日本語学級」が開設された。翌 1968 年２月隣区である墨田区曳舟中学の夜間学級が義務教育年齢を過ぎている青年たちの通学を引き受け、その後地元江戸川区にも小松川第二中学校に夜間中学が開設され、その後全国 35 校の夜間中学はいずれも引き揚げ・帰国者の学びの場となっていった。生活保護では、引き揚げ・帰国者が日本語を習得し、日本社会で就職などを通じて自活した生活ができるまでを援助していくことになった。

なお、帰国者の孫が幼児の場合、日本語を話せないことから入所をためらう保育所も見られたが、いずれも数日で子どもたちは仲良くなり、いずれの園においても不安はすぐに解消した。

4．燎原（りょうげん）の火のように

その後、東京都常盤寮に引き揚げ・帰国した人びとから中国・韓国残留日本人婦人、孤児に日本に帰国しての生活の様子が燎原の火のように伝わったと聞く。当時は、彼女らの多くは日本人であることを名乗れず、さらに中国残留婦人の多くは満蒙開拓に従事し、終戦後の帰国情報からも漏れる中国東北部の田舎に在住していた人が多かったため、その情報がどのように伝えられたかは不明である。

1968 年３月韓国残留日本人婦人たちが入国した下関港の入国管理事務所で「帰国後身元保証人のいる出身県に帰るのでなく、受け入れの整った東京都常盤寮に入寮させてほしい」と座り込みを行っている。中国だけでなく韓国の残留婦人たちにも常盤寮の情報がたちまち伝えられていた。

これらのことが伝わり、その後今日まで、中国から帰国した婦人・孤児は約 6500 人、残留婦人・孤児の家族（子ども、孫）を合わせて３万人を超える人々が引き揚げ・帰国した。韓国から帰国した婦人とその家族は 800 人と推定されている。

5．引き揚げ・帰国事業　肉親捜し事業

厚生省が引き揚げ・帰国事業に取り組むのはそれから５年後、1972 年日中国交回復後のことであり、前述した５年間は厚生省などの記録には残されていない。

1974 年、引き揚げ・帰国者を支援する民間団体による中国残留孤児肉親捜しが始まる。1975 年、厚生省は「中国残留孤児肉親捜し事業」による邦人情報の公開を始めた。1981 年には肉親探し訪日調査が始まり、残留婦人・孤児が日本に実父母やきょうだい、親族を求めて訪れるようになる。同年厚生省は引き揚げ・帰国者の帰国後の生活の準備のための「定住セン

ター」を全国３ヵ所に設置し、各都道府県および都道府県社会福祉協議会は、引き揚げ・帰国者の相談窓口を設置し、「日本語教室」を開設するなどの支援の体制をつくっていく。1975年に東京都常盤寮は建て替えられ、専門相談員が常駐した。

1982年、法務省が「中国帰国者戸籍登録事務取扱い」通知を出している。1986年は、１年に５回の訪日調査で672人が来日し、内225人の肉親が判明している。1987年２月には、一度訪日調査が打ち切られ、世論の批判により11月に再開する。1991年、それまでは帰国が可能なのは肉親の身元引受人がいる場合に限られていたが、「特別身元引受制度」ができて、第三者の身元引受けが可能になった。

1993年、中国残留婦人の強行帰国を契機に、厚生省は帰国希望の全員の受入れを表明し、1994年には国の責任を明記した「中国残留邦人等帰国促進・自立支援法」が制定された。同法により、1995年には国民年金保険料について帰国までの国民年金期間は免除期間同様に計算されるとともに「中国引揚者特例納付」が実施された。

肉親捜し事業は年数が経つにしたがって肉親が亡くなっている場合が多くなり、肉親捜しは困難をきわめるようになった。1999年11月、肉親捜し23人の来日を最後に厚生省は訪日調査による「中国残留孤児肉親捜し事業」を再度終了させる。その年の訪日調査では、肉親が判明したのは一人のみの結果であった。厚生省が行うその後の肉親捜しは個人対応になるが、それ以降のメディアによる情報が期待できない個別の肉親捜しは、きわめて困難なものとなった。また、2001年３月、東京都常盤寮は閉鎖された。

終戦時21歳だった日本人婦人は2014年現在90歳、１歳だった孤児は70歳になっているが、結婚していて帰国しなかった方で、配偶者に先立たれてから帰国する方もいる。したがって、個別の帰国者や先に引き揚げ・帰国した折に中国に残った家族の帰国は今日も続いている。

６．日本で迎えた老後

戦後70年を経て、戦後、大陸に残され1967年以降に自力で日本に帰ってきた引き揚げ・帰国者は、帰国後すでに中高年で就職も容易でなかった方が多く、一時期就職できた方も日本語の会話ができないことから孤独な仕事を与えられている場合が多かった。そのため収入は低く、あっという間に高齢になり、すでに大半の人が雇用を断られた。

収入の低い雇用であったため預金や資産はないままで、年金の受給資格がある場合でも加入期間は短く、当初帰国前後の免除期間は基礎年金の1/3の計算だったため年金額は著しく低く、大半の人が高齢でふたたび生活保護受給による最低生活の老後を余儀なくされた。その生活保護は、それまで高齢者にあった高齢者加算が段階的に廃止となり、年ごとに扶助費は減少した。帰国の際に身元引受人となった肉親の家庭も、すでに世代替わりをして、生活苦を抱えた引き揚げ・帰国者との交流は避けられてきた。

引き揚げ・帰国者の子どもや孫たちの就職や結婚についても、中国での仕事のキャリアが活かせない、日本での生活と仕事のリズムになじめない、資力も人間関係のストックもない自分の親には頼れないなど、親子の間も含め様々な溝が生じた。

戦後の早い時期から日本政府が引き揚げ・帰国事業をきちんと続けて、もっと早く日本に帰ることができていたならば、引き揚げ・帰国者の老後はもっと違ったものになっていたはずである。

2001年6月、帰国者の残留孤児ら600人は、老後の生活保護を求めて国会に請願し、2002年にも同様の請願をし、いずれも不採択になった。2001年12月には、帰国者の残留婦人ら3人が、国の謝罪と損害賠償を求めて提訴し、その後各地で引き揚げ・帰国者が国の謝罪と損害賠償を求める訴訟を起こした。大半の引き揚げ・帰国者が高齢を迎える中で、2007年7月残留孤児は国の「新支援策」を受け入れて和解した。新支援策は、生活保護をベースに、老齢基礎年金を満額支給し、その年金額は収入として差し引かない内容であった。だが、ここには、大陸に長く残留孤児・婦人を放置してきた国の責任が明らかにされていない。1951年に引き揚げ・帰国の道を絶たれてから大陸に残された一人ひとりの残留婦人・孤児がこの間どのような思いで日本を見つめ、日本人ということでどのような思いをしてきたかを考えるならば、その責任を認め、不戦の誓いを新たにすることが、日本国としての最低の義務ではないだろうか。

■帰国した残留孤児・婦人に現在行われている国・自治体の支援策（2008年4月から実施）

⑴　中国帰国者等の援護

●地域生活支援プログラム

中国帰国者等が地域で安心して生活を営むことができるよう支援を行う。

①日本語学習支援 ②交流事業参加支援 ③就労に役立つ資格取得支援　など

（問合せ）各市・区中国帰国者等支援給付窓口　ただし町村部は都道府県福祉事務所または各支庁　担当部署　都道府県の福祉部

●中国帰国者日本語教室

中国帰国者等で、日本語の会話が困難な人に対し、日常会話を中心に基礎的な日本語の習得を目的として、日本語教室を開催している。

（申込み・問合せ）中国帰国者生活相談コーナー 担当部署 都道府県の福祉部

⑵　中国帰国者等の生活支援

中国残留邦人等の特別な事情に鑑み、「老齢基礎年金の満額支給」を受けても世帯の収入が一定基準に満たない方を対象とし、支給する。生活保護とは別制度だが、支援の内容・金額等は生活保護を準用して行う。

（対象）①「老齢基礎年金の満額支給」の対象となる方で世帯の収入が一定の基準に満たない方及びその配偶者

②施行（平成20年4月1日）前に60歳以上で死亡した中国残留邦人等の配偶者で、法施行の際、現に生活保護を受給している方

支援給付の種類　①生活支援給付　②住宅支援給付　③医療支援給付　④介護支援給付
⑤出産支援給付　⑥生業支援給付　⑦葬祭支援給付

支援・相談員　中国残留邦人等の方々に理解が深く、中国語等のできる支援・相談員を実施機関に配置し、相談や事務手続を支援する

手続・問合せ　各区・市中国帰国者等支援給付窓口　ただし町村部は都道府県福祉事務所または各支庁　担当部署　都道府県福祉部

まとめ ―保育・福祉・教育の現場に求められること―

1．子ども・利用者から人間の生き方を学ぶ

保育・福祉・教育の援助者は、子ども・利用者から一つひとつを学びながら援助を工夫して実践している。個別援助についてはマニュアルや正解はなく、子ども・利用者の表情を見て自分で納得するしかないが、一つひとつの援助をとおして援助者が学ぶものはかけがえのないものである。

子どもは、日々とても早く成長していく。子どもに教えられながら、子どもの発達にふさわしい教材の準備が欠かせない。保護者の子育てと生き方から教えられること、学べることも多い。

さらに、さまざまな困難を抱えたなかで生きてきた福祉利用者の「生きぬく力」を、もっとも身近に知り得る一人として、福祉利用者の生き方から人間の生き方を学ぶことができる。

高齢者・障害者の介護では、援助者が声かけ、利用者とのコミュニケーションを取ることによって、利用者の意欲、能力を引き出し、体力の低下を最小限に食い止めることができる。下から支える姿勢が何よりも大切である。

2．余裕・ゆとりが欠かせない

人間らしく生きる実感を持ち、文化に触れて記憶し文化を創造していくためには、生活に余裕・ゆとりがあることは、利用者にとっても援助者にとっても欠かせないことである。

こんにちの社会は、人の暮らしを生活の豊かさの実感から遠ざけている。余裕・ゆとりを持つことで、生活に文化を取り入れ、変化を工夫することができる。

とりわけ、子どもに接する援助者は、さまざまなことに気づき、興味・関心を膨らませる子どもの文化にふれることが欠かせない。

さらに、スポーツ、レジャー、遊びをとおして生きる実感が記憶され、精神世界の調整を行えることが大切である。生活の中に作文や俳句、短歌、絵手紙などの生活記録を積極的に取り入れることで、自分では気付かなかったことなどの生活の再発見ができる。

3．生活文化は人と環境をとおして高められる

人は個人間、社会の各システムのなかで、さまざまな周辺の環境を取り入れて生活をしている。それらの環境には時間や空間も含まれる。人にとって環境は日々同じではない。人と環境をとおしてつくられる生活の積み重ねの総体が、生活の豊かさ、生活文化となる。文化はよい記憶として記録され、豊かなものになっていく。

子どもははじめて高齢者と接して、その方と握手をし、その人の体温が伝わってきたとき、「このおばあさんを大事にしなくては」と気付く。

特に、ふだんの保育、介護、援助で心がけることは、さまざまな施設においても居宅においても、

一つは静かで落ちついた環境

一つはやさしく穏やかな働きかけ

一つは適当な運動と社会的刺激

これは木村松夫さんの写真集『母は恋人』に書かれているが、とても大切な三点である。

4．福祉には、援助者の開拓精神が欠かせない

三重苦のヘレン・ケラーにはA・M・サリヴァンという専任の援助者がいたことはよく知られている。サリヴァンは、ヘレン・ケラーを「地域社会に引き出しただけでなく、世界に引き出した」（リッチモンド）が、それを可能にしたのはサリヴァンの援助者としての役割にプラスアルファの援助の開拓によるものである。

すべての援助内容は、おのおのの対象の子ども・利用者とともによりよい方法を工夫することが必要である。それらは、援助者の援助をしようとする意欲が欠かせない。それによって、援助者・介護者は子ども・利用者から援助の喜びを教えられる。

最近、ラブジャンクスによる障害児、ダウン症児のダンス教室が注目されている。今までの障害者観を大きく変えるほど障害児が自らダンスに参加する。私たちは福祉と違った分野の人に教えられることが大きい。

5．歴史遺産の平等な継承者として捉える

戦争や飢餓状態からはゆとり・豊かさは生まれない。いきいきとした子どもの成長や高齢者・障害者が長寿になることの幸せや日々の生活の豊かさは、平和と民主主義の土壌の上に育まれるものである。

社会資源も生活の豊かさ、文化も、人間が平等に受け継ぎ、より豊かなものにして次世代に継承していくべきである。先達（せんだつ）たちはけっして特定の人を指定して富や文化を残したのではない。すべての人は歴史の遺産の平等な継承者でなければならない。

子どもの命と成長は、大人の社会がどんなときであろうと確保されなければならない。「子どもの貧困」は、他のどんな施策よりも先に解決されなければならない。

福祉は各国の歴史のなかでつくられてきたもっとも崇高な文化の一分野である。福祉の言葉のない時代からさまざまな相互扶助、協同は続けられてきた。福祉の仕組みが整ったこんにちにおいて、それらの福祉が必要な子ども、必要な人に届かないことがあってはならない。

編集ノート

――「どのようにして人は生きてゆくのか。どのようにして人を支えることができるか」

筆者は、早稲田大学第二文学部で10年間、松山東雲女子大学で4年間、こども教育宝仙大学および白鷗大学で6年間、「社会福祉」「児童家庭福祉」「相談援助」等の授業を担当してきたが、毎回の授業で、一つ一つの「章」をプリントして教材を作り配布してきた。各大学における卒業生から「授業で配布された山のようなプリントを綴じて保存している」との声をよく聞く。それで、本書に、今まで作成してきたプリントをまとめることにした。

以下に、これらの教材を使った授業を受けた学生の感想の一部を紹介する。

- 全体的に「人間が生きていくために」という部分が共通していた気がする。人間はそんな簡単には生きていけないということ、また、様々な形があるということを学んだ。
- 様々な角度から、生活の問題や身の周りの事件や出来事を見つめることで、将来保育者になるための考えを深めることができた。
- 一回一回の授業が新しい発見の連続だった。知らなかったこと、それでも知りたかったことばかりだった。障害児のダンスグループ・ラブジャンクスは希望にあふれたものに見えた。一方で、厳しい現実の話も多くあったが、ラブジャンクスにしても、夜間学校（中学生勉強会）にしても、支援する人たち、提供する人たちの愛がつまっているなと感じた。
- この授業を受けて、福祉のことであったり、児童のことであったり、幅広いことを学べた。それぞれ印象に残ることだらけだった。自分の知っている世界のせまさに驚きを隠せなかった。
- ごぜ、ケースワーカーの実際、中国残留孤児・婦人、障害児施設のことなど、知らないことがありすぎて驚いた。多くの分野を知ること、視野を広くもつこと、そういうことも保育につながる重要なことだと感じた。もっと世の中のことに目を向けようと思うようになった。

ある学生は、筆者の授業が伝えていることを一言で表すと「どのようにして人は生きてゆくのか。どのようにして人を支えることができるか。このようなことだと思う」と書いてくれた。

対人社会サービスの「社会福祉」「児童家庭福祉」「相談援助」の総体的な課題は、そのとおりである。

これらの授業によって、学生が将来の仕事をより身近に理解して勉学に励み、現場に出てから何かのことで悩むことがあったら本書を引っ張り出して、再確認してがんばり続ける支えにしていただければ幸いである。

各回の授業のいずれの教材も筆者の現場における実践活動と縁のある方の生活記録および映像を中心に使わせていただいている。そのため、これらの現場には今日も再三お伺いして、その後の変化状況を含めて、教材内容の更新に努めている。教材に使わせていただいているご縁のある方々に厚く御礼申し上げたい。

2015年3月

著　者

参考文献・資料

本書に引用したものを主に基本的な参考文献を挙げた。

（全体にわたるもの）

宮武正明『子どもの貧困―貧困の連鎖と学習支援―』みらい（2014）

ケン・プラマー（原田勝弘ほか監訳）『生活記録の社会学―方法としての生活史研究案内―』光生館（1991）

（章）

（1.2）　下重暁子『鋼の女―最後の瞽女・小林ハル―』講談社（1991）、集英社文庫（2003）

下重暁子『思へばこの世は仮の宿』講談社（1984）

水上勉『はなれ瞽女おりん』新潮社（1975）

江戸川区教育委員会社会教育課文化財係編『（江戸川区郷土資料集・第 12 集）江戸川区の古文書にあらわれた瞽女の記録』（1982）

（1.4）　木村松夫 写真・文『母は恋人―ある痴呆性老人の素顔 フォト・ドキュメント―』雲母書房（1989）

（1.5）　山縣文治・柏女霊峰編『社会福祉用語辞典―福祉新時代の新しいスタンダード―』ミネルヴァ書房（2000）

『新・社会福祉士養成講座（1-21）』中央法規出版（2009-2011）

島村直子・典孝『姉弟文集 ぼくらも・まけない』牧書店（1958）

（2.2）　渋谷昌三・小野寺敦子『手にとるように心理学がわかる本』かんき出版（2006）

（2.4）　中野智子『ともⅡ』中野智子（1994）

（2.5）　毛利甚八作・魚戸おさむ画『家栽の人』小学館（1988-1996）

立原正秋『冬の旅』新潮社（1969）

谷昌恒『ひとむれ―北海道家庭学校の教育―』（第 1-9 集）評論社（1974-1998）

（3.1）　M.E. リッチモンド（小松源助訳）『ソーシャル・ケース・ワークとは何か』中央法規出版（1991）

M.E. リッチモンド（佐藤哲三監訳・杉本一義監修）『社会診断』あいり出版（2012）

F.P. バイステック（尾崎新・福田俊子・原田和幸訳）『ケースワークの原則―援助関係を形成する技法―』誠信書房（2006）

（3.4）　『松戸の学童ほいく』（1984）

大橋ありのみ学童保育所『文集 だあいすき』（1984）

（3.5）　紀田順一郎『東京の下層社会―明治から終戦まで―』新潮社（1990）、ちくま学芸文庫（筑摩書房 2000）

婦人保護研究会『現代かけこみ寺考』（1991）

（4.2）　無着成恭編『山びこ学校―山形県山元村中学校生徒の生活記録―』青銅社（1951）、『山びこ学校』岩波文庫（岩波書店 1995）

佐野眞一『遠い「山びこ」―無着成恭と教え子たちの四十年―』文藝春秋（1992）、文春文庫（文藝春秋 1996）

（4.3）　城戸久枝『あの戦争から遠く離れて―私につながる歴史をたどる旅―』情報センター出版局（2007）、文春文庫（文藝春秋 2012）

城戸久枝『祖国の選択―あの戦争の果て、日本と中国の狭間で―』新潮社（2015）

索　引

（著者紹介） 宮武正明（みやたけ まさあき）

1945 年、香川県生まれ。日本社会事業大学卒業後、東京都職員として江戸川区に勤務。東洋大学大学院（社会学修士）修了。早稲田大学第二文学部非常勤講師、松山東雲女子大学准教授、こども教育宝仙大学准教授、池坊短期大学教授を経て、現在江戸川学園おおたかの森専門学校非常勤講師。
社会的活動として学習支援を提案、江戸川中 3 生勉強会および八千代市若者ゼミナール発起人の一人。
各地で「子どもの貧困」「学習支援」研修講師を担当。
2014 年　東京都民生児童委員連合会研修・講師
2016 年　内閣府子ども・若者相談業務民間団体職員研修・分科会講師
2017 年　国立青少年教育振興機構青少年相談研究集会・分科会講師

絆を伝えるソーシャルワーク入門
社会福祉・児童家庭福祉・相談援助のサブテキスト

2015 年 4 月 4 日　初版発行（大空社）
2018 年 4 月 7 日　改訂版初刷発行
2021 年 2 月 5 日　三訂版初刷発行

著　者　宮武正明
発行者　鈴木信男
発行所　大空社出版㈱　〒114-0032 東京都北区中十条 4-3-2
電話（03）5963-4451㈹
www.ozorasha.co.jp

定価 2,310 円（本体2,100 円＋税 10％）　ISBN978-4-908926-39-6　C3036